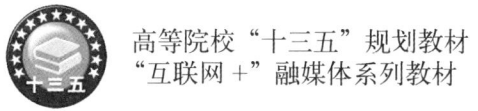

高等院校"十三五"规划教材
"互联网+"融媒体系列教材

财务分析学习指导书

杨秀秀 卜梦洁／主编

图书在版编目(CIP)数据

财务分析学习指导书 / 杨秀秀，卜梦洁主编. —上海：立信会计出版社，2023.1(2024.12 重印)
ISBN 978-7-5429-7177-7

Ⅰ.①财… Ⅱ.①杨… ②卜… Ⅲ.①会计分析-高等学校-教学参考资料 Ⅳ.①F231.2

中国国家版本馆CIP数据核字(2023)第001271号

策划编辑　郭　光
责任编辑　郭　光　张忠秀
封面设计　吴博闻

财务分析学习指导书

出版发行	立信会计出版社
地　　址	上海市中山西路2230号　邮政编码　200235
电　　话	(021)64411389　传　　真　(021)64411325
网　　址	www.lixinaph.com　电子邮箱　lixinaph2019@126.com
网上书店	http://lixin.jd.com　http://lxkjcbs.tmall.com
经　　销	各地新华书店
印　　刷	上海华业装潢印刷有限公司
开　　本	787毫米×1092毫米　1/16
印　　张	13
字　　数	309千字
版　　次	2023年1月第1版
印　　次	2024年12月第2次
书　　号	ISBN 978-7-5429-7177-7/F
定　　价	42.00元

如有印订差错,请与本社联系调换

前　言

财务分析是高等院校会计学、财务管理、工商管理、财政学、金融学等专业的主干课程。同时,财务分析作为企业决策的支持系统,在企业管理中起着举足轻重的作用。在大数据时代,财务分析的发展呈现多元化、数字化趋势,企业外部和内部利益相关者都更关注财务分析的效率和效果。为了使学生更好地理解财务分析的基本理论,掌握财务分析的具体分析方法,提高学生应用财务分析方法分析数据资料的能力,我们在《财务分析》(杨秀秀主编)的基础上,编写了本书。

作为《财务分析》的配套学习指导书,本书立足高校应用型人才培养目标,具有以下几个特点。

1. 实用性和针对性较强

本书按照《财务分析》的框架编写,根据各个章节的学习重点与难点,有针对性地设计了大量练习题。其中,思考题将本章节主要理论以题目的形式呈现出来,起到提纲挈领的作用;计算分析题将具体案例与财务分析方法相结合,着重培养学生综合运用财务数据的能力。学生在掌握现代企业财务分析方法和原理的基础上,学会从财务报表和财务效率两个方面对企业进行财务分析,巩固企业财务分析实践的实施效果,提升自身综合运用财务分析理论和方法的能力,从而具备从事经济管理工作所必需的业务知识和工作能力。

2. 答案解析详细具体

本书每章习题包括单项选择题、多项选择题、判断题、简答题、计算分析题五部分。每部分习题针对重点和难点题目都配有难点解析,力求通俗易懂,简明扼要,便于学生进行自测学习,也可用于教师的教学参考。

3. 内容概要简单明了,逻辑清晰

本书设置了内容概要部分,将《财务分析》教材中的重点和难点内容进行了总结,并将其主要内容、重点公式整理出来,清晰明了,前后逻辑连贯,便于学生掌握。

本书由杨秀秀、卜梦洁、迟甜甜、孔令一、李满林编写。在编写过程中,参考和借鉴了大量相关教材成果,得到了立信会计出版社郭光编辑的大力支持,在此表示诚挚谢意!

由于作者水平所限,本书在体例安排和内容表述上,如存在某些缺点或不足,在此诚恳地希望读者批评指正,以便我们进一步修订和完善。

编　者
2022 年 10 月

目 录

第一章　财务分析概述 ··· 1
　　第一部分　内容概要 ·· 1
　　第二部分　练习题 ··· 8
　　第三部分　参考答案 ··· 12

第二章　资产负债表分析 ··· 18
　　第一部分　内容概要 ·· 18
　　第二部分　练习题 ··· 23
　　第三部分　参考答案 ··· 30

第三章　利润表分析 ·· 39
　　第一部分　内容概要 ·· 39
　　第二部分　练习题 ··· 46
　　第三部分　参考答案 ··· 52

第四章　其他报表分析 ·· 59
　　第一部分　内容概要 ·· 59
　　第二部分　练习题 ··· 69
　　第三部分　参考答案 ··· 76

第五章　企业偿债能力分析 ··· 83
　　第一部分　内容概要 ·· 83
　　第二部分　练习题 ··· 93
　　第三部分　参考答案 ··· 98

第六章　企业盈利能力分析 ··· 104
　　第一部分　内容概要 ·· 104
　　第二部分　练习题 ··· 109
　　第三部分　参考答案 ··· 112

第七章　企业营运能力分析 …… 118
第一部分　内容概要 …… 118
第二部分　练习题 …… 123
第三部分　参考答案 …… 128

第八章　企业发展能力分析 …… 132
第一部分　内容概要 …… 132
第二部分　练习题 …… 137
第三部分　参考答案 …… 142

第九章　综合分析与业绩评价 …… 149
第一部分　内容概要 …… 149
第二部分　练习题 …… 155
第三部分　参考答案 …… 161

第十章　财务战略分析 …… 167
第一部分　内容概要 …… 167
第二部分　练习题 …… 178
第三部分　参考答案 …… 184

第十一章　财务分析报告 …… 191
第一部分　内容概要 …… 191
第二部分　练习题 …… 194
第三部分　参考答案 …… 195

第一章 财务分析概述

第一部分 内容概要

一、财务分析的含义与类别

财务分析是以会计核算和报告资料及其他相关资料为依据,采用一系列专门的分析技术和方法,对企业等经济组织过去和现在的有关筹资活动、投资活动、经营活动的盈利能力、营运能力、偿债能力和增长能力状况等进行分析与评价,为企业的投资者、债权人、经营者及其他关心企业的组织或个人了解企业过去、评价企业现状、预测企业未来、作出正确经营决策、管理控制和监督管理提供准确的信息或依据的经济应用学科。

从相关主体来看,财务分析可分为投资者财务分析、管理者财务分析、监管者财务分析、客户财务分析、供应商财务分析、员工财务分析等;从分析方法来看,财务分析可分为会计分析与比率分析;从服务对象来看,财务分析可分为外部财务分析和内部财务分析;从职能作用来看,财务分析可分为基于决策的财务分析、基于控制的财务分析和基于监管的财务分析。

二、财务分析的目标

财务分析的目标是建立财务分析理论体系和内容体系的关键。财务分析的目标应与财务分析信息使用者的目标相一致。随着财务分析信息使用者的增加及信息使用者目标的多重化,财务分析目标必然会呈现多样性与多重性。

无论从主客体还是从使用目的看,财务分析的目标都是要满足投资者、债权人、经营管理者及其他利益相关者决策与控制的需要。因此,研究财务分析的目标可从以下几方面进行。

(一)从企业股权投资者角度看财务分析的目标

企业的股权投资者包括企业的所有者和潜在投资者,他们进行财务分析的最根本目标是了解企业的盈利能力状况,因为盈利能力是投资者资本保值和增值的关键。

(二)从企业债权人角度看财务分析的目标

企业债权人包括企业借款的银行和一些非银行金融机构,以及购买企业债券的单位与个人等。债权人进行财务分析的目标与经营者和投资者都不同,其主要目标如下:一是看其对企业的借款或其他债权是否能及时、足额收回,即研究企业偿债能力的大小;二是看债务人的收益状况与风险程度是否相适应。为此,相关人员还应将偿债能力分析与盈利能力分析相结合。

(三)从企业经营者角度看财务分析的目标

企业经营者主要是指企业的经理以及各分厂、部门、车间等的管理人员。他们进行财务分析的目标是综合的。从对企业所有者负责的角度,他们关心盈利能力,这是他们的总体目标。但是,在财务分析中,他们不仅关心盈利的结果,还关心盈利的原因及过程,分析的目标是及时发现生产经营中存在的问题与不足,并采取有效措施解决这些问题,使企业利用现有资源获取更多的利润,同时不断增强企业的盈利能力。

(四) 其他利益相关者财务分析的目标

其他利益相关者主要是指与企业经营有关的企业单位和国家行政管理与监督部门。与企业经营有关的企业单位主要是指原材料供应者、产品购买者等。这些企业单位出于保护自身利益的需要,也非常关心往来企业的财务状况,愿意进行财务分析。它们进行财务分析的主要目标是搞清企业的信用状况,包括商业上的信用和财务上的信用。

三、财务分析的原则

财务分析的基本原则既是财务分析工作内在要求的集中反映,也是财务分析所提供信息的使用者对分析工作具体要求的集中体现。财务分析的基本原则来源于财务分析工作实践经验的提炼与概括,它已成为财务分析工作的指导规范。财务分析应遵循如下基本原则。

(一) 实事求是原则

实事求是原则,即要从企业实际财务状况出发,对其进行财务分析。坚持实事求是原则,具体问题具体分析,具体情况具体对待,即要求相关人员在尊重事实的基础上,充分考虑分析对象的特殊性,善于把分析对象与所处的特殊环境结合起来,全面、深入地对影响分析对象的各种不同因素进行分析,找出使其发生增减变动的真实原因。

(二) 成本效益原则

成本效益原则要求相关人员在开展财务分析时,要讲求成本最低,效果最佳。成本效益原则还要求财务分析注意时效性。对于财务活动中出现的新情况、新问题,相关人员要及时展开分析,找到问题的症结,防止矛盾扩大;企业管理者作出各种财务决策的同时,相关人员要积极配合开展可行性分析,以便及时发现问题、总结经验,为下一阶段更有效地开展各项理财活动提出建设性意见。

(三) 可理解性原则

财务分析是财务信息深度加工与转换的过程,其目的是为企业管理者和外部利害相关者提供更具有使用价值的决策信息。可理解性原则要求分析结论简明扼要,通俗易懂,不仅专业人员可以理解,也尽量能为广大非专业人士所接受。

四、财务分析的形式

由于财务分析的角度不同,如分析的主体不同、客体不同、目的不同等,财务分析形式也有所不同。通常,财务分析的形式可从以下几方面进行划分。

(1) 财务分析根据分析主体的不同,可分为内部分析与外部分析。
(2) 财务分析根据分析的方法与目的的不同,可分为静态分析和动态分析。
(3) 财务分析根据分析的内容与范围的不同,可分为全面分析和专题分析。

五、财务分析的信息来源

财务分析的信息来源,主要是指企业本身披露的信息资料、企业内部信息资料、行业信息与产业政策以及宏观经济政策等。

(一) 企业自身披露的信息资料

来自企业本身披露的财务信息资料主要包括企业财务报告、招股说明书、上市公告书、注册会计师审计报告。

1. 企业财务报告

财务报告,是综合反映企业某一特定日期财务状况和某一会计期间经营成果、现金流量等会计信息的书面文件,是进行财务分析的非常重要的信息来源。

2. 招股说明书

招股说明书是股份有限公司在向社会公众发行股票时,按照规定向社会公众公开有关发行信息的书面文件。公司首次公开发行股票,必须制作招股说明书,供社会公众了解公司发起人和即将发行股份的有关事宜。

3. 上市公告书

上市公告书是发行人在其股票上市交易之前,向公众公告与发行上市有关事项的书面文件。

4. 注册会计师审计报告

审计报告是企业委托注册会计师,根据独立审计准则的要求,对企业对外编报的财务报告的合法性、公允性和一贯性作出的独立鉴证报告。它可增强财务报告的可行性,是财务分析人员判断公司会计信息真实程度的主要依据。

(二) 企业内部信息资料

企业内部资料是指企业未对外公开披露的各种生产经营活动资料。企业财务活动受业务活动的影响与制约,财务报表提供的信息只是对企业生产经营活动的综合概括。仅依赖企业对外公开的信息进行分析,无法满足企业改善管理的需要。企业内部资料往往能揭示出比对外财务报表更具体、更详细的信息,并且具有针对性强、时效性强、灵活性强的特点。

(三) 行业信息与产业政策

行业信息主要是指企业所处行业的相关企业、产品、技术、规模、效益等方面的情况。企业的财务特点受制于企业的行业特点,对企业财务状况的优劣进行评价,要结合行业特点和横向类比进行判断。

产业政策是政府为了合理调配经济资源、实现特定经济和社会目标而对特定产业实施干预的政策和措施。特定的产业政策面向特定产业,对产业内的企业发挥作用。产业政策按照其作用方向,可分为产业扶植政策、产业规范政策和产业抑制政策。

(四) 宏观经济政策

宏观经济政策是指政府调节宏观经济运行的政策与措施。宏观经济政策主要着眼于经济增长、稳定物价、促进就业等目标。它包括财政政策、金融政策、收入分配政策等。

1. 财政政策

财政政策是指政府运用支出和收入来调节总需求、控制失业和通货膨胀、实现经济稳定增长和国际收支平衡的政策。财政政策工具包括财政支出(政府购买和政府转移支付)、政府税收、国债等。

2. 金融政策

金融政策是指中央银行为实现宏观经济调控目标而采用各种方式调节货币、利率和汇率水平,进而影响宏观经济的各种方针和措施的总称。

3. 收入分配政策

收入分配政策是指国家为实现宏观调控总目标和总任务,针对居民收入水平高低、收入差距大小在收入分配方面制定的原则和方针。

六、财务分析的基本程序与步骤

财务分析的程序,是指进行财务分析所应遵循的一般规程。研究财务分析程序是进行财务分析的基础与关键,它为开展财务分析工作、掌握财务分析技术指明了方向。财务分析的程序规划分为四个阶段十个步骤。

(一) 财务分析信息搜集整理阶段

财务分析信息搜集整理阶段主要由以下三个步骤组成:

(1) 明确财务分析目的。

(2) 制订财务分析计划。

(3) 搜集和整理财务分析信息。

(二) 战略分析与会计分析阶段

战略分析与会计分析是财务效率分析的基础,该阶段主要由以下两个步骤组成:

(1) 企业战略分析。

(2) 财务报表会计分析。

(三) 财务分析实施阶段

财务分析的实施阶段是在战略分析与会计分析的基础上进行的,它是为实现财务分析目的,进行财务指标计算与分析的阶段。该阶段主要包括以下两个步骤:

(1) 财务指标分析。

(2) 基本因素分析。

(四) 财务分析综合评价阶段

财务分析综合评价阶段是财务分析实施阶段的继续,它根据不同的财务分析目标,形成财务分析最终结论,该阶段具体又可分为以下三个步骤:

(1) 财务综合分析与评价。

(2) 财务预测与价值评估。

(3) 财务分析报告。

七、财务分析的方法

(一) 比较分析法

1. 比较分析法的定义

比较分析法,也称水平分析法,是指将反映企业报告期财务状况、经营成果和现金流量信息的某一方面具体数据与反映企业历史某一时期或同行业的相同方面数据进行对比分析,从而了解企业财务状况、经营成果和现金流量某一方面变动情况的一种分析方法。运用比较分析法的关键在于比较标准的确立。常用的比较标准主要有：①与本企业的历史数据相比较。②与本企业的预测目标比较。③与同行业数据相比较。

2. 比较分析法的原理

比较分析法的本质概言之就是对比分析，发现差异。对比的方式主要有绝对数和相对数两种，即分别计算变动额和变动率。其计算公式如下：

$$变动额 = 报表某项目分析期金额 - 报表同项目基期金额$$

$$变动率 = \frac{变动额}{报表某项目基期金额} \times 100\%$$

3. 比较分析法的应用

运用比较分析法时应注意相关指标的可比性，具体而言，要注意以下几方面的问题：

(1) 指标的计算口径、方法和经济内容的可比性。

(2) 会计处理方法、会计政策的选用以及会计计量标准的可比性。

(3) 时间单位长度具有可比性。

(4) 企业间具有可比性。

(5) 各项具体分析所说明的问题应具有逻辑上的一致性。

(二) 结构分析法

1. 结构分析法的定义

结构分析法，也称垂直分析法，是指以财务报表中某一关键项目的数额作为基数或整体（即100%），并将构成这一关键项目的各部分数额分别换算成对该整体的百分比即结构比，以了解整体与部分、部分与部分之间关系及其变动的一种分析方法。结构分析的作用主要体现在以下两个方面：

(1) 结构分析反映了各组成项目的分布情况和相对重要性。

(2) 结构分析对同一行业不同企业之间的比较尤为重要，因为在不同规模的企业之间使用绝对数直接进行财务报表的比较分析时，会因规模差异而产生误导。

2. 结构分析法的原理

结构分析法的本质概言之就是二八分析，确定重点。结构分析法的一般步骤如下：

(1) 计算确定财务报表中各项目占总额的比重或百分比，其计算公式如下：

$$某项目比重 = \frac{某项目金额}{各项目总金额} \times 100\%$$

(2) 通过考察各项目的比重，分析各项目在企业经营中的重要性。

(3) 将分析期各项目的比重与所选择比较标准的同项目比重进行对比分析，以了解各项目的比重变动情况。

3. 结构分析法的应用

运用结构分析法需要注意以下几个方面：

(1) 总体基础的唯一性。

(2) 分析角度的多维性。

(3) 项目数据的可比性。

(三) 趋势分析法

1. 趋势分析法的定义

趋势分析法也叫动态分析法,是根据企业连续若干会计期间(至少三期)的分析资料,运用指数或动态比率的计算,比较和研究不同会计期间相关项目的变动情况和发展趋势的一种财务分析方法。

2. 趋势分析法的原理

趋势分析法就是要把动态数列受各类因素的影响状况分别测定出来,搞清研究对象发展变化的原因和规律,为预测未来和决策提供依据。应用趋势分析法的步骤一般如下:

(1) 计算趋势比率或指数。趋势指数的计算通常有两种方法:一是定基指数;二是环比指数。两种指数的计算公式分别如下:

$$定基指数 = \frac{某一分析期某指标数据}{固定基数某指标数据} \times 100\%$$

$$环比指数 = \frac{某一分析期某指标数据}{前期某指标数据} \times 100\%$$

(2) 根据指数计算结果,评价与判断企业该指标的变动趋势及其合理性。

(3) 预测未来的发展趋势,根据企业分析期该项目的变动情况,研究其变动趋势或总结其变动规律,从而预测企业该项目的未来发展情况。

3. 趋势分析法的应用

趋势分析法既可用于对财务报表的整体分析,即研究一定时期财务报表所有项目的变动趋势,也可对某些主要指标的发展趋势进行重点分析,还可以针对结构比重。在采用趋势分析法时必须注意以下几个方面的问题:

(1) 比较的形式,除了计算定基指数或环比指数,分析人员还可以采用趋势分析图的形式进行比较分析,这样更加直观。

(2) 比较的基础,分析人员需要注意当某项目基期为零或负数时就不能计算趋势指数,因为这样比较会失去实际意义,此时可以采用趋势分析图的形式。

(3) 对于计算趋势指数的财务报表数据,分析人员同样要注意比较前后期的会计政策、会计估计的一致性,如果会计政策、会计估计不一致,那么趋势指数也会失去比较的实际意义。

(4) 对分析结果,分析人员需要注意排除偶然性或意外因素的影响。

(5) 当对某一项目进行趋势分析时,应当注意将关联项目的变化趋势结合起来考虑。

(四) 因素分析法

因素分析法是依据分析指标与其影响因素之间的关系,按照一定的程序和方法,确定各因素对分析指标差异影响程度的一种技术方法。因素分析法根据其分析特点,可分为连环替代法和差额计算法两种。

1. 连环替代法

连环替代法是因素分析法的基本形式,有人甚至将它与因素分析法看成同一概念,即连环替代法就是因素分析法。连环替代法的程序由以下几个步骤组成:

(1) 确定分析指标与其影响因素之间的关系。

(2) 根据分析指标的报告期数值与基期数值列出两个关系式或指标体系,确定分析对象。

(3) 连环顺序替代,计算替代结果。

(4) 比较各因素的替代结果,确定各因素对分析指标的影响程度。

(5) 检验分析结果。

连环替代法,作为因素分析法的主要形式,在实践中应用比较广泛。但是,在应用连环替代法的过程中必须注意以下几个问题:

(1) 因素分解的相关性问题。

(2) 分析前提的假定性。

(3) 因素替代的顺序性。

(4) 顺序替代的连环性。

2. 差额计算法

差额计算法是连环替代法的一种简化形式,作为连环替代法的简化形式,其因素分析的原理与连环替代法是相同的。在分析程序上,差额计算法比连环替代法简单,即差额计算法可直接利用各影响因素的实际数与基期数的差额,在其他因素不变的假定条件下,计算各因素对分析指标的影响程度。

(五) 图解分析法

1. 图解分析法的定义

图解分析法也称图解法,是经营分析常用方法之一。其主要特点是直观表达,一目了然。因此,有的专家称图解分析法为一目了然的财务分析方法。

2. 图解分析法的原理

随着电脑及网络技术的普及与发展,图解分析法的应用基础、应用范围和种类、形式都得到了空前的发展。这里主要介绍对比分析图解法、结构分析图解法、趋势分析图解法、因素分析图解法及综合分析雷达图法。

1) 对比分析图解法

对比分析图解法,是指用图形的形式,将某一指标的报告数值与基准数值进行对比,以揭示报告数值与基准数值之间的差异。

2) 结构分析图解法

结构分析图解法,实际上是垂直分析法的图解形式,它以划分图形的方式表示在总体中各部分所占的比重。结构分析图的形式也有很多种,较常见的是饼图。

3) 趋势分析图解法

趋势分析图解法,通常是指用坐标图反映一个或几个指标在一个较长时期内的变动趋势。坐标图的横轴往往表示时期,纵轴表示指标数值,将不同时期的指标数值用线连接起来,就形成了反映指标变动趋势的曲线,或称折线图。

4) 因素分解图解法

因素分解图解法是运用因素分解图来反映某项经济指标的影响因素及影响程度的一种图解分析法。它有利于直观、清晰地反映分析指标与影响因素之间的关系。

5) 综合分析雷达图法

雷达图也称判断企业财务状况图。综合分析雷达图法是一种以雷达图形的方式表达企业各方面的主要分析指标,借以综合分析企业总体经营状况,探测企业经营症状,并指导企业改善经营管理的方法。

第二部分 练 习 题

一、单项选择题

1. 企业投资者进行财务分析的根本目标是关心企业的(　　)。
   A. 盈利能力　　　B. 营运能力　　　C. 偿债能力　　　D. 增长能力
2. 财务分析的对象是(　　)。
   A. 财务报表　　　B. 财务报告　　　C. 财务活动　　　D. 财务效率
3. (　　)一直是财务分析最基本的信息。
   A. 会计信息　　　B. 财务信息　　　C. 统计信息　　　D. 业务信息
4. (　　)是建立财务分析理论体系和内容体系的关键。
   A. 财务分析职能　　　　　　　B. 财务分析主体
   C. 财务分析目标　　　　　　　D. 财务分析对象
5. 为了评价企业自身经营状况和财务状况是否改善,在分析时通常采用的标准是(　　)。
   A. 经验标准　　　B. 历史标准　　　C. 行业标准　　　D. 预算标准
6. 动态分析是指根据几个时期的会计报表或相关信息,分析(　　)。
   A. 财务变动状况　　　　　　　B. 财务活动
   C. 财务关系　　　　　　　　　D. 会计数据
7. 在各项财务分析标准中,可比性较高的是(　　)。
   A. 经验标准　　　B. 历史标准　　　C. 行业标准　　　D. 预算标准
8. 财务报告会计分析的关键在于(　　)。
   A. 揭示会计信息的质量状况　　　B. 评价企业会计工作
   C. 找出会计核算错误　　　　　　D. 分析会计人员素质
9. 下列有关注册会计师可能对所审计的财务报告提出的意见中,属于有利意见的是(　　)。
   A. 无保留意见　　B. 保留意见　　　C. 否定意见　　　D. 无法表示意见
10. 下列各项中,常用于因素分析的是(　　)。
    A. 连环替代法　　B. 比率分析法　　C. 比较分析法　　D. 平衡分析法
11. 在财务分析的程序中,财务指标分析属于(　　)。
    A. 财务分析信息搜集整理阶段　　　B. 战略分析与会计分析阶段
    C. 财务分析实施阶段　　　　　　　D. 财务分析综合评价阶段
12. 在各项财务分析标准中,考虑因素最全面的标准是(　　)。
    A. 经验标准　　　B. 历史标准　　　C. 行业标准　　　D. 预算标准
13. 应用水平分析法进行分析评价时,关键应注意分析资料的(　　)。
    A. 全面性　　　　B. 系统性　　　　C. 可靠性　　　　D. 可比性

14. 可以预测企业未来财务状况的分析方法是( )。
   A. 水平分析法   B. 垂直分析法   C. 趋势分析法   D. 比率分析法
15. 通过相关经济指标的对比分析以确定指标之间差异或指标发展趋势的方法是( )。
   A. 比率分析法   B. 平衡分析法
   C. 因素分析法   D. 比较分析法
16. 基于比较分析法的比较标准,下列项目中具有可比性的是( )。
   A. 中国石油的销售利润率与中国石化的成本费用率
   B. 永辉超市与德克士的销售额
   C. 百度本年一季度利润指标与本年一季度计划利润指标
   D. 国美电器本年一季度利润额与上年年度利润额
17. 下列各项中,属于确定影响因素、衡量其影响程度、查明指标变动原因分析方法的是( )。
   A. 趋势分析法   B. 因素分析法
   C. 差异分析法   D. 比率分析法
18. 下列各项中,不属于财务分析中因素分析法特征的是( )。
   A. 分析结果的准确性   B. 顺序替代的连环性
   C. 因素分解的关联性   D. 因素替代的顺序性
19. 下列各项中,通常与因素分析法密不可分的是( )。
   A. 指标计算   B. 指标分解   C. 指标分析   D. 指标预测
20. 为了弥补会计报表提供信息的局限性,解决的最佳途径是( )。
   A. 利用媒体信息   B. 搜集的信息少而精
   C. 利用非财务信息   D. 尽可能扩大信息来源
21. 下列各项中,属于财务报表分析主要依据的是( )。
   A. 财务报表   B. 会计账簿   C. 会计凭证   D. 原始凭证
22. 对于连环替代法中各因素的替代顺序,传统的排列方法是( )。
   A. 主要因素在前,次要因素在后
   B. 影响大的因素在前,影响小的因素在后
   C. 不能明确责任的在前,可以明确责任的在后
   D. 数量指标在前,质量指标在后

二、多项选择题
1. 下列各项中,属于财务报表分析程序的有( )。
   A. 调整财务分析信息   B. 制订财务分析计划
   C. 编制分析报告   D. 财务综合分析与评价
2. 下列各项中,属于债权人进行财务分析的目的的有( )。
   A. 是否给企业提供信用   B. 提供多少额度的信用
   C. 是否要提前收回债权   D. 是否投资

3. 财务分析的主体包括( )。
   A. 企业所有者或潜在投资者　　　　B. 企业债权人
   C. 企业经营者　　　　　　　　　　D. 企业供应商和客户
4. 财务分析根据分析的方法与目的可分为( )。
   A. 内部分析　　B. 外部分析　　C. 静态分析　　D. 动态分析
5. ( )属于财务信息。
   A. 资产负债表信息　　　　　　　　B. 产业政策与技术政策
   C. 税费改革信息　　　　　　　　　D. 报表附注信息
6. 宏观经济环境分析应包括( )。
   A. 经济周期分析　　　　　　　　　B. 货币政策分析
   C. 财政政策分析　　　　　　　　　D. 汇率分析
7. 图解分析法的种类包括( )。
   A. 因素分析图解法　　　　　　　　B. 趋势分析图解法
   C. 结构分析图解法　　　　　　　　D. 对比分析图解法
8. 在财务分析中,资产负债表的资产方能够提供的信息包括( )。
   A. 企业变现能力的信息　　　　　　B. 企业资产结构的信息
   C. 企业资产管理水平的信息　　　　D. 企业价值的信息
9. 根据《企业会计准则》的要求,财务报告至少应当包括( )。
   A. 资产负债表　　B. 存货明细表　　C. 会计报表附注　　D. 分部报表
10. 下列各项中,属于会计师事务所出具审计意见类型的有( )。
    A. 无保留意见　　B. 保留意见　　C. 无法表示意见　　D. 否定意见

三、判断题

1. 财务报表分析的主体是企业的各种利益相关者,主要有股东、企业管理者、债权人、顾客、政府机构等。　　　　　　　　　　　　　　　　　　　　　　　　( )
2. 只要两个企业处于同一行业,就可以对其财务状况进行比较分析。　　( )
3. 构成比率是指某项财务分析指标的各构成部分数值占总体数值的百分比。( )
4. 会计信息质量要求中的可靠性与及时性是相互矛盾的。　　　　　　　( )
5. 采用比率分析法时,应当注意对比项目的相关性,对比口径的一致性,衡量标准的科学性。　　　　　　　　　　　　　　　　　　　　　　　　　　　　　　( )
6. 财务分析的信息来源就是进行财务分析所依赖的资料及其取得途径。　( )
7. 债权人最关注的是企业投资回报率水平和风险程度,他们希望了解企业的短期盈利能力和长期发展潜力。　　　　　　　　　　　　　　　　　　　　　　( )
8. 投资者更多地关心企业的偿债能力,关心企业的资本结构及长短期负债比例。
　　　　　　　　　　　　　　　　　　　　　　　　　　　　　　　　　( )
9. 因素分析法与综合分析法是财务分析的主要定性分析方法。　　　　　( )
10. 财务分析方法体系是一个适应市场经济、满足财务信息需求者要求的多层次的实用财务分析方法体系。　　　　　　　　　　　　　　　　　　　　　　　　( )

11. 追求股东权益或股东价值增加是企业财务的根本目标,它与追求企业价值或其他利益方利益相矛盾。（　）
12. 财务分析实际上是在会计信息供给与会计信息需求之间架起的一座桥梁。（　）
13. 经验标准的形成依据大量实践经验的检验,因此,它是适用于一切领域或一切情况的绝对标准。（　）
14. 财务活动及其结果都可以直接或间接地通过财务报表来反映、体现。（　）
15. 不能提供非财务信息是公司年度报告的主要局限性。（　）
16. 财务分析的第一个步骤是搜集与整理分析信息。（　）
17. 水平分析法在不同企业的应用中,一定要注意其可比性问题,即使在同一企业中应用,对于差异的评价也应考虑其对比基础。（　）
18. 财务分析主要采用量化方法,因此,只要收集公司财务报表的数据信息,就可以完成财务分析。（　）
19. 运用差额计算法进行因素分析,不需要考虑因素的替代顺序问题。（　）
20. 企业报表附注可以提供当期和各个列报前期财务报表中受影响的项目名称和调整金额。（　）

四、简答题

1. 简述财务分析的原则与形式。
2. 简述连环替代法的步骤及应用过程中必须注意的问题。
3. 简述图解分析法的作用与种类。

五、计算分析题

1. 已知佳和公司产量及成本数据,如表 1-1 所示。

表 1-1　　　　　　　　　产量及成本资料表

指标	上年	本年
产品产量(件)	1 000	1 100
材料单耗(千克/件)	8	7
材料单价(元/千克)	5	6
材料费用(元)	4 000	46 200

要求:运用连环替代法分析各因素对材料费用的影响额。

2. 东华公司生产甲产品,其单位成本表(简表)如表 1-2 所示。

表 1-2　　　　　　　　甲产品单位成本表(简表)　　　　　　　　单位:元

成本项目	上年度实际	本年度实际
直接材料	118	120.5
直接人工	60	63
制造费用	52	51.5

(续表)

成本项目	上年度实际		本年度实际	
产品单位成本	230		235	
补充明细项目	单位用量	金额	单位用量	金额
直接材料:A	13	52	12	60
B	11	66	11	60.5
直接人工工时	20		18	
产品销量	350		420	

要求:
(1) 用因素分析法分析单耗和单价变动对单位材料成本的影响。
(2) 用差额计算法分析单位工时和小时工资率变动对单位直接人工成本的影响。

第三部分 参考答案

一、单项选择题

1	2	3	4	5	6	7	8	9	10
A	C	A	C	B	A	B	A	A	A
11	12	13	14	15	16	17	18	19	20
C	D	D	C	D	C	B	A	B	C
21	22								
A	D								

难点解析:

1. 企业的股权投资者包括企业的所有者和潜在投资者,他们进行财务分析的最根本目标是了解企业的盈利能力状况,因为盈利能力是投资者资本保值和增值的关键。

2. 财务分析的对象是财务活动,分析的内容是其可靠性与有效性。

3. 会计信息一直是财务分析最基本的信息。

4. 财务分析的目标是建立财务分析理论体系和内容体系的关键。

5. 为了评价企业自身经营状况和财务状况是否改善,相关人员在分析时通常采用的标准是历史标准。

6. 动态分析是根据几个时期的会计报表或相关信息,分析财务变动状况。

7. 在各项财务分析标准中,可比性较高的是历史标准。

8. 财务报告会计分析的关键在于揭示会计信息的质量状况。

9. 标准审计报告是注册会计师出具的无保留意见的审计报告,标准审计报告对企业而言是有利的意见。

10. 连环替代法是因素分析法的基本形式,有人甚至将它与因素分析法看成同一概念,即连环替代法就是因素分析法。

11. 财务分析的实施阶段是在战略分析与会计分析的基础上进行的,它是为实现财务分析目的,进行财务指标计算与分析的阶段。该阶段主要包括财务指标分析和基本因素分析两个步骤。

12. 在各项财务分析标准中,考虑因素最全面的标准是预算标准。

13. 应用水平分析法进行分析评价时关键应注意分析资料的可比性。

14. 趋势分析法的本质或者作用概言之就是总结规律,预测未来。运用趋势分析法就是要把动态数列受各类因素的影响状况分别测定出来,搞清研究对象发展变化的原因和规律,为预测未来和决策提供依据。

15. 比较分析法,也称水平分析法,是指将反映企业报告期财务状况、经营成果和现金流量信息的某一方面具体数据与反映企业历史某一时期或同行业的相同方面数据进行对比分析,从而了解企业财务状况、经营成果和现金流量某一方面变动情况的一种分析方法。

16. 运用比较分析法的关键在于比较标准的确立,比较标准的确立要具有一定的可比性。

17. 因素分析法是依据分析指标与其影响因素之间的关系,按照一定的程序和方法,确定各因素对分析指标差异影响程度的一种技术方法。它一般经历确定影响因素、衡量其影响程度、查明指标变动原因等几个步骤。

18. 因素分析法的特征包括因素分解的相关性问题、分析前提的假定性、因素替代的顺序性、顺序替代的连环性。

19. 指标分解通常与因素分析法是密不可分的。

20. 为了弥补会计报表提供信息的局限性,解决的最佳途径是利用非财务信息。

21. 财务报表分析的主要依据是财务报表。

22. 连环替代法中各因素的替代顺序,传统的排列方法是"数量指标在前,质量指标在后"。

二、多项选择题

1	2	3	4	5	6	7	8	9	10
ABCD	ABC	ABCD	CD	AD	ABCD	ABCD	ABCD	AC	ABCD

难点解析:

1. 财务分析的程序规划分为四个阶段十个步骤。四个阶段分别是财务分析信息搜集整理阶段、战略分析与会计分析阶段、财务分析实施阶段和财务分析综合评价阶段。十个步骤分别是明确财务分析目的、制订财务分析计划、搜集整理财务分析信息、企业战略分析、财务报表会计分析、财务指标分析、基本因素分析、财务综合分析与评价、财务预测与价值评估、财务分析报告。

2. 从债权人角度进行财务分析的主要目标:一是看其对企业的借款或其他债权是否能及时、足额收回,即研究企业偿债能力的大小;二是看债务人的收益状况与风险程度是否相适应。

3. 财务分析的主体主要包括企业所有者、潜在投资者、债权人、经营者、供应商和客户等利益相关者。

4. 财务分析根据分析的方法与目的,可分为静态分析和动态分析。

5. 财务信息主要指财务报告提供的资料,包括对外提供的资产负债表、利润表、现金流量表和有关附表,报表附注,财务情况说明书等。

6. 宏观经济环境分析主要包括经济周期分析、货币政策分析、财政政策分析、汇率分析。

7. 图解分析法也称图解法,是经营分析常用方法之一。其主要特点是直观表达,一目了然,它主要包括对比分析图解法、结构分析图解法、趋势分析图解法、因素分析图解法及综合分析雷达图法。

8. 资产负债表的资产方能够提供的信息包括企业变现能力的信息、企业资产结构的信息、企业资产管理水平的信息和企业价值的信息等。

9. 根据《企业会计准则》的要求,财务报告至少应当包括下列组成部分:①资产负债表;②利润表;③现金流量表;④所有者权益变动表;⑤会计报表附注。

10. 审计报告分为标准审计报告和非标准审计报告。标准审计报告是注册会计师出具的无保留意见的审计报告,其不附加说明段、强调事项段或任何修饰性用语。非标准审计报告是指标准审计报告以外的其他审计报告,包括带强调事项段的无保留意见的审计报告和非无保留意见的审计报告。非无保留意见的审计报告包括保留意见、否定意见和无法表示意见的审计报告。

三、判断题

1	2	3	4	5	6	7	8	9	10
√	×	√	×	×	√	×	×	×	√
11	12	13	14	15	16	17	18	19	20
×	√	×	√	√	×	√	×	×	√

难点解析:

2. 处于同一行业的两个企业进行比较分析时,也要注意两者的可比性,企业规模或经营方式的不同会影响比较分析的结果。

3. 结构分析法,也称垂直分析法,是指以财务报表中某一关键项目的数额作为基数或整体(即100%),并将构成这一关键项目的各部分数额分别换算成对该整体的百分比即结构比,以了解整体与部分、部分与部分之间关系及其变动的一种分析方法。构成比率是采用结构分析法计算的某项财务分析指标的各构成部分数值占总体数值的百分比。

4. 会计信息质量要求中的可靠性与及时性不是相互矛盾的。

5. 采用比较分析法时,应当注意对比项目的相关性,对比口径的一致性,衡量标准的科学性。

7. 投资者或潜在投资者最关注的是企业投资回报率水平和风险程度,他们希望了解企业的短期盈利能力和长期发展潜力。

8. 债权人更多地关心企业的偿债能力,关心企业的资本结构及长短期负债比例。

9. 因素分析法与综合分析法是财务分析的主要定量分析方法。

11. 追求股东权益或股东价值增加是企业财务的根本目标,它与追求企业价值或其他利益方利益是一致的。

13. 经验标准的形成依据了大量实践的检验,但并不意味着它是适用于一切领域或一切情况的绝对标准,根据比较的目的不同,标准的选择也有所不同。

15. 年度报告既包括提供财务信息的企业财务报表,又包括提供非财务信息的董事会报告和监事会报告等。

16. 财务分析的第一个阶段是搜集与整理分析信息。第一个步骤是明确财务分析目的。

18. 财务报表附注也能为财务分析提供大量的信息,并有助于对财务报表中的数字进行深入理解。因此,仅有财务报表数据还不够,必须辅以报表附注的信息。

19. 差额计算法是连环替代法的简化形式。连环替代法应用中应注意的问题,差额计算法都应考虑,包括替代顺序问题。

四、简答题

1.【参考答案】

财务分析的基本原则,既是财务分析工作内在要求的集中反映,也是财务分析所提供信息的使用者对分析工作具体要求的集中体现。财务分析的基本原则来源于财务分析工作实践经验的提炼与概括,它已成为财务分析工作的指导规范。财务分析应遵循的基本原则如下:

(1) 实事求是原则。

(2) 成本效益原则。

(3) 可理解性原则。

由于财务分析的角度不同,如分析的主体不同、客体不同、目的不同等,财务分析形式也有所不同。明确不同财务分析形式的特点及用途,对于准确分析企业财务状况,实现分析目标都有着重要的意义和作用。通常,财务分析的形式可从以下几方面进行划分:

(1) 财务分析根据分析主体的不同,可分为内部分析与外部分析。

(2) 财务分析根据分析的方法与目的不同,可分为静态分析和动态分析。

(3) 财务分析根据分析的内容与范围的不同,可分为全面分析和专题分析。

2.【参考答案】

连环替代法是因素分析法的基本形式,有人甚至将它与因素分析法看成同一概念,即连环替代法就是因素分析法。连环替代法的程序由以下几个步骤组成:

(1) 确定分析指标与其影响因素之间的关系。

(2) 根据分析指标的报告期数值与基期数值列出两个关系式或指标体系,确定分析对象。

(3) 连环顺序替代,计算替代结果。

(4) 比较各因素的替代结果,确定各因素对分析指标的影响程度。

(5) 检验分析结果。

连环替代法,作为因素分析法的主要形式,在实践中应用比较广泛。但是,在应用连环

替代法的过程中必须注意以下几个问题:
(1) 因素分解的相关性问题。
(2) 分析前提的假定性。
(3) 因素替代的顺序性。
(4) 顺序替代的连环性。

3.【参考答案】

图解分析法也称图解法,是经营分析常用方法之一。其主要特点是直观表达,一目了然。严格来说,图解分析法并不是一种独立的分析方法,而是上述分析方法的直观表达形式。图解分析法的作用在于能够形象、直观地将复杂的经济活动及其结果以通俗易懂的形式表现出来。因此,有的专家称图解分析法为一目了然的财务分析方法。

财务分析中比较常用的图解分析法包括:
(1) 对比分析图解法。
(2) 结构分析图解法。
(3) 趋势分析图解法。
(4) 因素分析图解法。
(5) 综合分析雷达图法。

五、计算分析题

1.【参考答案】

分析对象:

材料费用变动数＝46 200－40 000＝6 200元

因素分析:

材料费用＝产品产量×材料单耗×材料单价

上年数:1 000×8×5＝40 000元

替代产品产量:1 100×8×5＝44 000元

由于产量增加100件,材料费用增加4 000元。

替代材料单耗:1 100×7×5＝38 500元

由于单耗减少1千克,材料费用减少5 500元。

替代材料单价:1 100×7×6＝46 200元

由于单价增加1元,材料费用增加7 700元。

综上所述,三因素对材料费用的综合影响为6 200元。

2.【参考答案】

(1) 单位产品材料成本分析。

分析对象:

120.5－118＝＋2.5元

因素分析:

单位材料成本＝单位材料耗用量×单位材料费用

单耗变动影响＝(12－13)×4＝－4元

单价变动影响＝12×(5－4)＋11×(5.5－6)＝＋6.5元

可见,甲产品单位材料成本上升主要是A材料价格上涨幅度较大造成的,B材料的价格是下降的。其实A材料单耗和B材料单价的变动对材料成本降低都起了较大作用。

(2) 单位产品直接人工成本分析。

分析对象：

63－60＝＋3元

因素分析：

单位直接人工成本＝单位人工工时×小时工资率

效率差异影响＝(18－20)×3＝－6元

工资差异影响＝18×(3.5－3)＝＋9元

可见,企业人工费用上升主要是由小时工资率提高引起的,而企业生产效率并没有下降。效率提高使单位产品人工成本降低了6元,小时工资率上升使人工成本提高了9元。

第二章 资产负债表分析

第一部分 内容概要

一、资产负债表分析的目的与内容

(一) 资产负债表分析的目的

资产负债表分析的目的主要包括以下内容:

(1) 揭示资产负债表及相关资产、负债及权益项目的内涵。
(2) 了解企业财务状况的变动情况和变动原因。
(3) 评价企业会计对企业经营状况的反映程度。
(4) 评价企业的会计政策。
(5) 修正资产负债表的数据。

(二) 资产负债表分析的内容

资产负债表分析主要包括以下内容:

(1) 资产负债表水平分析。资产负债表水平分析,是指通过对企业各项资产、负债和股东权益进行对比分析,揭示企业筹资与投资过程的差异,从而分析与揭示企业生产经营活动、经营管理水平、会计政策及会计估计变更对筹资与投资的影响。

(2) 资产负债表垂直分析。资产负债表垂直分析,是指通过将资产负债表中各项目与总资产或权益总额进行对比,分析企业的资产构成、负债构成和股东权益构成,揭示企业资产结构和资本结构的合理程度,探索企业资产结构优化、资本结构优化的路径。

(3) 资产负债表趋势分析。资产负债表趋势分析,是指通过对较长时期企业总资产及主要资产项目、负债及主要负债项目、股东权益及主要股东权益项目变化趋势的分析,揭示筹资活动和投资活动的状况、规律及特征,推断企业发展的前景。

(4) 资产负债表项目分析。资产负债表项目分析,是指在资产负债表全面分析的基础上,对资产负债表中资产、负债和股东权益的主要项目进行深入分析,包括会计政策、会计估计等变动对相关项目影响的分析。

二、资产负债表水平分析

(一) 资产负债表水平分析表的编制

资产负债表水平分析的目的是从总体上了解资产、权益的变动情况,揭示资产、负债和股东权益变动的差异,分析差异产生的原因。

资产负债表水平分析除了要计算某项目的变动额和变动率,还应计算出该项目变动对总资产或权益总额的影响程度,以便确定影响总资产或权益总额的重点项目,为进一步分析指明方向。某项目变动对总资产或权益总额的影响程度可按下式计算:

$$某项目变动对总资产(权益总额)的影响(\%) = \frac{某项目的变动额}{基期总资产(权益总额)} \times 100\%$$

(二) 资产负债表变动情况的分析评价

对资产负债表变动情况的分析评价应当从资产、权益两大方面进行。

1. 从资产角度进行分析评价

投资或资产角度的分析评价主要从以下几方面进行：①分析总资产规模的变动状况以及各类、各项资产的变动状况，揭示资产变动的主要方面，从总体上了解企业经营一定时期后资产的变动情况。②发现变动幅度较大或对总资产变动影响较大的重点类别和重点项目。③要注意分析资产变动的合理性与效率性。④注意分析会计政策变动的影响。

2. 从权益角度进行分析评价

权益角度的分析评价主要从以下几方面进行：①分析权益总额的变动状况以及各类、各项筹资的变动状况，揭示权益总额变动的主要方面，从总体上了解企业经营一定时期后权益总额的变动情况。②发现变动幅度较大或对权益总额变动影响较大的重点类别和重点项目，为进一步分析指明方向。③分析评价权益资金变动对企业未来经营的影响。④注意分析评价表外业务的影响。

(三) 资产变动的合理性与效率性分析评价

分析人员通过资产变动与产值变动、销售收入变动、利润变动及经营活动现金净流量变动的比较，能够对资产变动的合理性与效率性做出评价。比较的结果可能有以下几种：

(1) 增产、增收、增利或增加经营活动现金净流量的同时增资，但增资的幅度小，表明企业资产利用效率提高，形成资金相对节约。

(2) 增产、增收、增利或增加经营活动现金净流量的同时不增资，表明企业资产利用效率提高，形成资金相对节约。

(3) 增产、增收、增利或增加经营活动现金净流量的同时减少资产，表明企业资产利用效率提高，形成资金绝对节约和相对节约。

(4) 产值、收入、利润、经营活动现金净流量持平，资产减少，表明企业资产利用效率提高，形成资金绝对节约。

(5) 增产、增收、增利或增加经营活动现金净流量的同时，资产增加，且资产增加幅度大于增产、增收、增利或增加经营活动现金净流量的幅度，表明企业资产利用效率下降，资产增加不合理。

(6) 减产、减收、减利或减少经营活动现金净流量的同时，资产不减或资产减少幅度低于减产、减收、减利或减少经营活动现金净流量的幅度，表明企业资产利用效率下降，资产调整不合理。

(7) 减产、减收、减利或减少经营活动现金净流量的同时，资产增加，必然造成资产大量闲置，生产能力利用不足，资产利用效率大幅度下降。

(四) 权益资金变动对企业未来经营影响的分析评价

1. 举债

在企业资产规模发生变动时，如果企业通过举债方式满足其资金需求，这是一种外延型扩大再生产,对企业未来经营的影响可能是:①负债比重提高,债务负担加重。②资金制约。③财务杠杆作用加大。④负债能够约束经理人员的自利行为,产生治理效果。

2. 追加投资

企业经营规模的扩张,也可以通过吸收投资来实现。从本质上讲,这也是一种外延型扩大再生产,可能对企业未来经营产生如下影响:①资金制约。②运用不当会失去投资人的支持。③有助于企业财务实力的提升。

3. 留存收益

留存收益对企业生产经营的作用体现在以下两个方面:①为企业可持续发展提供源源不断的资金来源。②促进企业经营步入良性循环。

三、资产负债表垂直分析

(一) 资产负债表垂直分析表的编制

资产负债表垂直分析是通过计算资产负债表中各项目占总资产或权益总额的比重,分析评价企业资产结构和权益结构的变动情况及合理程度,具体来讲就是:

(1) 分析评价企业资产结构的变动情况及变动的合理性。

(2) 分析评价企业资本结构的变动情况及变动的合理性。

(二) 资产负债表结构变动情况的分析评价

资产负债表结构变动情况的分析评价可从以下三个方面进行:

1. 资产结构的分析评价

企业资产结构分析评价的思路是:

(1) 从静态角度观察企业资产的配置情况,特别关注流动资产和非流动资产的比重以及其中重要项目的比重,分析时可通过与行业的平均水平或可比企业资产结构的比较,对企业资产的流动性和资产风险作出判断,进而对企业资产结构的合理性作出评价。

(2) 从动态角度分析企业资产结构的变动情况,对企业资产结构的稳定性作出评价,进而对企业资产结构的调整情况作出评价。

2. 资本结构的分析评价

企业资本结构分析评价的思路是:

(1) 从静态角度观察资本的构成,衡量企业的财务实力,评价企业的财务风险,同时结合企业的盈利能力和经营风险,评价其资本结构的合理性。

(2) 从动态角度分析企业资本结构的变动情况,对资本结构的调整情况及对股东收益可能产生的影响作出评价。

3. 资产负债表整体结构的分析评价

资产负债表整体结构分析评价的思路是:

(1) 分析资产结构与资本结构的依存关系。企业的资产结构受制于企业的行业性质。不同企业受行业性质影响,其资金融通的方式也有差异。

(2) 分析评价不同结构可能产生的财务结果,以便对企业未来的财务状况及对企业未来经营的影响作出推断。

资产负债表整体结构主要有两种表现形式:

1) 稳健结构

稳健结构的主要标志是企业流动资产的一部分资金需要使用流动负债来满足,另一部分资金需要则由非流动负债来满足。其形式如表2-1所示。

表2-1　　　　　　　　　　　稳健结构的资产负债表

流动资产	临时性占用流动资产	流动负债
	永久性占用流动资产	非流动负债
非流动资产		所以者权益

稳健型的资产负债表整体结构的财务结果如下:①足以使企业保持相当优异的财务信誉,通过流动资产的变现足以满足偿还短期债务的需要,企业风险较小。②企业可以通过调整流动负债与非流动负债的比例,使负债成本达到企业目标。③无论是资产结构还是资本结构,都具有一定的弹性,特别是当临时性资产需要降低或消失时,企业可通过偿还短期债务或进行短期证券投资来调整。一旦临时性资产需要再产生时,企业又可以重新举借短期债务或出售短期证券来满足其需求。多数企业资产负债表整体结构都表现为这种形式。

2) 风险结构

风险结构的主要标志是流动负债不仅用于满足流动资产的资金需要,还用于满足部分长期资产的资金需要。这一结构形式不因流动负债在多大程度上满足长期资产的资金需要而改变。其形式如表2-2所示。

表2-2　　　　　　　　　　　风险结构的资产负债表

流动资产	流动负债
非流动资产	非流动负债 所以者权益

从表2-2可以看出,风险型的资产负债表整体结构的财务结果是:①财务风险较高的资产风险与较高的筹资风险不能匹配。②相对于稳健结构形式,其负债成本较低。③企业存在"黑字破产"的潜在危险。这一结构形式只适用于企业处在发展壮大时期,或者在短期内作为一种财务策略来使用。

(三) 资产结构、负债结构和股东权益结构的具体分析评价

1. 资产结构的具体分析评价

企业资产结构的具体分析评价应特别关注以下几方面:①经营资产与非经营资产的比例关系。②固定资产与流动资产的比例关系。③流动资产的内部结构。

2. 负债结构的具体分析评价

(1) 负债结构分析应考虑的因素主要包括:①负债结构与负债规模。②负债结构与负债成本。③负债结构与债务偿还期限。④负债结构与财务风险。⑤负债结构与经济环境。⑥负债结构与筹资政策。

(2) 典型负债结构分析评价。对负债结构的分析,可以从以下几个方面进行:①负债期限结构分析评价。②负债方式结构分析评价。③负债成本结构分析评价。

3. 股东权益结构的具体分析评价

1) 股东权益结构分析应考虑的因素

对股东权益结构进行分析，必须考虑以下因素：①股东权益结构与股东权益总量。②股东权益结构与企业利润分配政策。③股东权益结构与企业控制权。④股东权益结构与股东权益资金成本。⑤股东权益结构与经济环境。

2) 股东权益结构分析评价

股东权益结构变动情况分析是指分析人员依据资产负债表提供的资料，采用垂直分析法进行分析。

四、资产负债表重点项目分析

(一) 主要资产项目分析

1. 货币资金

货币资金分析应关注以下几方面：

(1) 分析货币资金发生变动的原因。企业货币资金变动的主要原因可能是：①销售规模的变动。②信用政策的变动。③为大笔现金支出做准备。④资金调度。⑤所筹资金尚未使用。

(2) 分析货币资金规模及变动情况与货币资金比重及变动情况是否合理。企业货币资金存量及比重是否合适，应结合以下因素进行分析：①企业货币资金的目标持有量。②资产规模与业务量。③企业融资能力。④企业运用货币资金的能力。⑤行业特点。

2. 应收款项

(1) 应收账款(应收票据)。对应收账款的分析，应从以下几方面进行：①关注企业应收账款的规模及变动情况。②分析会计估计变更的影响。③分析企业是否利用应收账款进行利润调节。④特别关注企业是否有应收账款巨额冲销行为。

(2) 其他应收款。其他应收款分析应关注以下几方面：①其他应收款的规模及变动情况。②其他应收款包括的内容。③关联方其他应收款余额及账龄。④是否存在违规拆借资金。⑤分析会计政策变更对其他应收款的影响。

(3) 坏账准备。坏账准备分析应注意以下几方面：①分析坏账准备的提取方法、提取比例的合理性。②比较企业前后会计期间坏账准备提取方法、提取比例是否改变。③区别坏账准备提取数变动的原因。

3. 存货

存货分析主要包括存货构成分析和存货计价分析。

(1) 存货构成。企业存货资产按其性质可分为原材料存货、在产品存货和产成品存货。存货构成分析既包括各类存货规模与变动情况分析，也包括各类存货结构与变动情况分析。

(2) 存货计价。存货的计价方法、存货的盘存制度和跌价准备的计提等因素也会影响存货的变动。①分析企业对存货计价方法的选择与变更是否合理。②分析存货的盘存制度对确认存货数量和价值的影响。③分析期末存货价值的计价原则对存货项目的影响。

4. 固定资产

固定资产分析主要从固定资产规模与变动情况分析、固定资产结构与变动情况分析、固定资产折旧分析和固定资产减值准备分析四方面展开。

(1) 固定资产规模与变动情况分析。固定资产规模与变动情况分析主要从固定资产原值变动情况分析和固定资产净值变动情况分析两个方面来进行。

(2) 固定资产结构与变动情况分析。固定资产结构分析应特别注意从以下三个方面进行:①分析生产用固定资产与非生产用固定资产之间的比例变化情况。②考察未使用和不需用固定资产比率的变化情况,查明企业在处置闲置固定资产方面的工作是否得力。③考察生产用固定资产内部结构是否合理。

(3) 固定资产折旧分析。固定资产折旧分析应注重以下几方面:①分析固定资产折旧方法的合理性。②分析企业固定资产折旧政策的连续性。③分析固定资产预计使用年限和预计净残值确定的合理性。

(4) 固定资产减值准备分析。固定资产减值准备分析主要从以下几方面进行:①固定资产减值准备变动对固定资产的影响。②固定资产可回收金额的确定。③固定资产发生减值对生产经营的影响。

(二) 主要负债项目分析

1. 短期借款

短期借款发生变化,其具体变动的原因可归纳为:①流动资产资金需要,特别是临时性占用流动资产需要发生变化。②节约利息支出。③调整负债结构和财务风险。④增加企业资金弹性。短期借款可以随借随还,有利于企业对资金存量进行调整。

2. 应付票据及应付账款

应付票据及应付账款因商品交易而产生,其变动原因有:①企业销售规模的变动。②为充分利用无成本资金。③提供商业信用企业的信用政策发生变化。④企业资金的充裕程度。

3. 应交税费和应付股利

应交税费的变动与企业营业收入、利润的变动相关。分析时应注意查明企业是否有拖欠国家税款的现象。支付股利需要大量现金,企业应在股利支付日之前做好支付准备。

4. 其他应付款

其他应付款分析的重点是:①其他应付款规模与变动是否正常。②是否存在企业长期占用关联方企业资金的现象。

5. 长期借款

影响长期借款变动的原因有:①银行信贷政策及资金市场的资金供求状况。②为了满足企业对资金的长期需要。③保持企业权益结构的稳定性。④调整企业负债结构和降低财务风险。

第二部分 练 习 题

一、单项选择题

1. 下列各项中,说明企业资产利用效率下降,资产增加不合理的是( )。

A. 增产、增收、增利或增加经营活动现金净流量的同时增资

B. 增产、增收、增利或增加经营活动现金净流量的同时不增资
C. 产值、收入、利润、经营活动现金净流量持平,资产减少
D. 增产、增收、增利或增加经营活动现金净流量的同时,资产增加,且资产增加幅度大于增产、增收、增利或增加经营活动现金净流量的幅度

2. 下列各项中,不属于短期借款的特点的是( )。
   A. 风险较小　　　　　　　　　　B. 利率较高
   C. 弹性较强　　　　　　　　　　D. 满足长期资金需求

3. 下列各项中,不属于非经营性资产项目的是( )。
   A. 货币资金　　B. 应收账款　　C. 应收票据　　D. 其他应收款

4. 下列各项中,是存货发生减值的原因的是( )。
   A. 采用先进先出法　　　　　　　B. 采用加权平均法
   C. 可变现净值低于账面成本　　　D. 可变现净值高于账面成本

5. 下列资产负债表项目中,期末余额可能为负数的是( )。
   A. 实收资本　　　　　　　　　　B. 留存收益
   C. 存货　　　　　　　　　　　　D. 固定资产

6. 下列各项中,不随产量和销售规模变动而变动的资产项目是( )。
   A. 货币资金　　B. 应收账款　　C. 存货　　　　D. 固定资产

7. 下列各项中,资产负债表上期末存货项目可以反映的是( )。
   A. 本期结存存货　B. 本期已售存货　C. 本期使用存货　D. 本期购进存货

8. 下列各项中,在通货膨胀的情况下,使利润表的利润被高估的计价方法是( )。
   A. 加权平均法　　　　　　　　　B. 移动加权平均法
   C. 先进先出法　　　　　　　　　D. 个别计价法

9. 下列各项中,资产负债表中固定资产项目反映的是( )。
   A. 固定资产市值　　　　　　　　B. 固定资产减值
   C. 固定资产净值　　　　　　　　D. 固定资产原值

10. 下列各项中,属于资产负债表整体结构稳健结构的主要标志的是( )。
    A. 企业流动资产的一部分资金需要使用流动负债来满足,另一部分资金需要则由非流动负债来满足
    B. 流动负债不仅用于满足流动资产的资金需要,还用于满足部分长期资产的资金需要
    C. 企业流动资产的资金需要使用流动负债来满足,长期资产的资金需要由非流动负债来满足
    D. 企业全部的资金需要使用流动负债来满足

11. 资产负债表水平分析要根据分析的目的来选择,如果分析的目的在于揭示资产负债表实际变动情况,分析产生实际差异的原因时,下列各项中,应当选择的标准是( )。
    A. 历史标准　　　　　　　　　　B. 预算标准
    C. 行业平均数　　　　　　　　　D. 主要竞争对手数据

12. 资产负债表水平分析除了要计算某项目的变动额和变动率,还应计算出该项目变动对总资产或权益总额的影响程度。下列各项中,某项目变动对总资产或权益总额的影响

程度的计算公式是( )。
    A. 某项目的发生额÷基期总资产(权益总额)×100%
    B. 某项目的发生额÷本期总资产(权益总额)×100%
    C. 某项目的变动额÷基期总资产(权益总额)×100%
    D. 某项目的变动额÷本期总资产(权益总额)×100%
13. 下列各项中,不属于企业资金来源的是( )。
    A. 举债   B. 发行股票
    C. 留存收益   D. 盈余公积转增资本或股本
14. 不同的资金来源方式会影响企业的未来经营、财务状况及财务成果。下列各项中,可以为企业可持续发展提供源源不断的资金来源、促进企业经营步入良性循环的是( )。
    A. 短期借款   B. 发行股票
    C. 留存收益   D. 长期借款
15. 不同的资金来源方式会影响企业的未来经营、财务状况及财务成果。下列各项中,能够约束经理人员的自利行为,产生治理效果的是( )。
    A. 举债   B. 发行股票   C. 留存收益   D. 吸收投资

二、多项选择题

1. 下列各项中,属于资产负债表分析的内容有( )。
    A. 资产负债表水平分析   B. 资产负债表垂直分析
    C. 资产负债表趋势分析   D. 资产负债表项目分析
2. 在企业资产规模发生变动时,如果企业通过举债方式满足其资金需求,对企业未来经营的影响有( )。
    A. 债务负担加重
    B. 资金制约
    C. 有助于企业财务实力的提升
    D. 为企业可持续发展提供源源不断的资金来源
3. 企业经营规模的扩张,可以通过吸收投资来实现,可能对企业未来经营产生的影响有( )。
    A. 资金制约   B. 运用不当会失去投资人的支持
    C. 有助于企业财务实力的提升 D. 财务杠杆作用加大
4. 下列各项中,在分析应收账款时,应该考虑的方面有( )。
    A. 关注企业应收账款的规模及变动情况
    B. 分析会计估计变更的影响
    C. 分析企业是否利用应收账款进行利润调节
    D. 特别关注企业是否有应收账款巨额冲销行为
5. 下列各项中,在分析固定资产时,应主要分析的内容有( )。
    A. 固定资产规模与变动情况分析   B. 固定资产结构与变动情况分析
    C. 固定资产折旧分析   D. 固定资产减值准备分析

6. 下列各项中,属于影响长期借款变动的原因有(　　)。
   A. 增加企业资金弹性
   B. 满足企业对资金的长期需要
   C. 保持企业权益结构的稳定性
   D. 调整企业负债结构和财务风险
7. 下列各项中,属于股东权益结构分析应考虑的因素有(　　)。
   A. 企业控制权　　　　　　　　B. 企业利润分配政策
   C. 财务风险　　　　　　　　　D. 权益资本成本
8. 稳健的资产负债表整体结构的财务结果是(　　)。
   A. 企业信誉良好　　　　　　　B. 资金成本较低
   C. 筹资结构弹性大　　　　　　D. 企业风险极大
9. 下列情况中,属于其他应收账款异常的有(　　)。
   A. 其他应收款余额远远超过应收账款余额
   B. 其他应收款增长率大大超过应收账款增长率
   C. 其他应收款规模过大
   D. 其他应收款与销售收入变动方向不一致
10. 存货期末数值会受到(　　)的影响。
    A. 存货计价方法　　　　　　　B. 存货的盘存制度
    C. 存货跌价准则的计提　　　　D. 存货与总资产的关系

三、判断题

1. 资产负债表中某项目的变动幅度越大,对资产或权益的影响就越大。　　(　)
2. 非生产用固定资产的增长速度一般不应超过生产用固定资产的增长速度。(　)
3. 如果本期总资产比上期有较大幅度增加,表明企业本期经营卓有成效。　(　)
4. 只要本期所有者权益增加,就可以断定企业本期经营是有成效的。　　　(　)
5. 资产负债表结构分析通常采用水平分析法。　　　　　　　　　　　　　(　)
6. 资产负债表水平分析的目的是从总体上了解资产、权益的变动情况,揭示出资产、负债和股东权益变动的差异,分析差异产生的原因。　　　　　　　　　　　(　)
7. 企业资产的变动主要受到生产经营规模的影响,不需要考虑会计政策和会计方法等的影响。　　　　　　　　　　　　　　　　　　　　　　　　　　　　　　(　)
8. 如果资产总额的增长幅度大于所有者权益的增长幅度,表明企业债务负担加重。(　)
9. 有些资产会随产量或销售规模变动而变动,如固定资产、无形资产等;有些资产与产销规模变动没有直接联系,在产销规模发生变动时,这些资产基本不变或只发生较小的变动,如应收账款、货币资金、存货等。　　　　　　　　　　　　　　　(　)
10. 财务杠杆是把"双刃剑",既能帮助企业产生更高的财务收益,也会增加企业的财务风险。　　　　　　　　　　　　　　　　　　　　　　　　　　　　　　(　)
11. 资产负债表垂直分析是通过计算资产负债表中各项目占总资产或权益总额的比重,分析评价企业资产结构和权益结构的变动情况及合理程度。　　　　　　　(　)

12. 虽然企业的资产结构受制于企业的行业性质,但是不同的行业性质,其资金融通的方式都是完全一样的。　　　　　　　　　　　　　　　　　　　　　　　(　)

13. 风险结构的主要标志是企业流动资产的一部分资金需要使用流动负债来满足,另一部分资金需要则由非流动负债来满足。　　　　　　　　　　　　　　　　　(　)

14. "短贷长用"企业通常会表现出风险结构的资产负债表。这一结构形式只适用于企业处在发展壮大时期,或者在短期内作为一种财务策略来使用。　　　　　　　(　)

15. 企业固定资产越多越好,流动资产越少越好。　　　　　　　　　　　　　(　)

四、简答题

1. 简述资产负债表分析的目的。
2. 简述应收账款变动的原因。
3. 简述如何评价权益资金变动对企业未来经营的影响。
4. 简述固定资产折旧分析应侧重哪几个方面。

五、计算分析题

1. 水平分析与垂直分析

分析资料:海佳公司2021年度资产负债表(简表)如表2-3所示。

表2-3　　　　　　　　　　　海佳公司资产负债表

编制单位:海佳公司　　　　　2021年12月31日　　　　　　　　单位:万元

资产	2021年	2020年	负债及所有者权益	2021年	2020年
货币资金	1 387	1 238	短期借款	675	564
应收账款	4 071	3 144	应付账款	5 277	3 614
存货	3 025	2 178	流动负债合计	5 952	4 178
流动资产合计	8 483	6 560	长期借款	9 779	4 382
固定资产	8 013	6 663	非流动负债合计	9 779	4 382
无形资产	6 267	1 244	负债合计	15 731	8 685
非流动资产合计	14 280	7 907	实收资本	6 000	5 000
			留存收益	1 032	782
			所有者权益合计	7 032	5 782
资产总计	22 763	14 467	负债及所有者权益总计	22 763	14 467

要求:

(1) 对该公司资产负债表进行水平分析与评价。

(2) 对该公司资产负债表进行垂直分析与评价。

(3) 对该公司资产负债表整体结构进行分析。判断该公司2021年是稳健结构还是风险结构。

2. 固定资产分析

双日公司2021年固定资产分析资料如表2-4、表2-5所示。

表 2-4　　　　　　　　　双日公司固定资产分析资料(一)　　　　　　　　单位:万元

固定资产类别	2021 年	2020 年
生产用固定资产	5 783 000	5 260 000
非生产用固定资产	903 000	900 000
租出固定资产	250 000	250 000
融资租入固定资产	74 000	74 000
未使用固定资产	40 000	40 000
不需用固定资产	0	150 000
合计	7 050 000	6 674 000

表 2-5　　　　　　　　　双日公司固定资产分析资料(二)　　　　　　　　单位:万元

本期增加固定资产	金额	本期减少固定资产	金额
购入		出售	
生产用固定资产	105 750	不需用固定资产	23 500
建造完成		报废	
生产用固定资产	796 000	生产用固定资产	47 000
非生产用固定资产	50 000	盘亏	
盘盈		非生产用固定资产	25 850
生产用固定资产	11 750	非常损失	
		非生产用固定资产	21 150
		投资转出	
		生产用固定资产	343 500
		不需用固定资产	126 500
合计	963 500	合计	587 500

双日公司固定资产分析资料(三)如下:

期初累计折旧:907 100 万元

期末累计折旧:1 211 190 万元

要求:对固定资产变动情况进行分析,完成表 2-6。

表 2-6　　　　　　　　　双日公司固定资产变动情况分析表　　　　　　　　单位:万元

固定资产原值	生产用	非生产用	租出	融资租入	未使用	不需用	合计
期初固定资产原值							
本期增加固定资产							
其中:购入							
建造完成							
盘盈							
本期减少固定资产							
其中:出售							
报废							

(续表)

固定资产原值	生产用	非生产用	租出	融资租入	未使用	不需用	合计
盘亏							
非常损失							
投资转出							
期末固定资产原值							
变动额							
变动率(%)							

3. 存货分析

旭日公司2021年与存货相关资料如表2-7所示。

表2-7　　　　　　　　　旭日公司存货相关资料　　　　　　　　单位：万元

项目	2021年	2020年
原材料	4 366 450	2 880 000
在产品	1 017 000	1 658 000
自制半成品	2 379 450	2 325 400
产成品	1 775 500	2 015 200
合计	9 538 400	8 878 600

要求：
(1) 根据表2-7中该公司存货相关资料，完成表2-8。
(2) 根据表2-7中该公司存货相关资料，完成表2-9。

表2-8　　　　　　　　旭日公司存货变动情况分析表　　　　　　　　单位：万元

项目	2021年	2020年	变动额	变动率
原材料				
在产品				
自制半成品				
产成品				
合计				

表2-9　　　　　　　　旭日公司存货资产结构分析表　　　　　　　　单位：万元

项目	2021年	2020年	变动情况(%)		
			2021年	2020年	差异
原材料					
在产品					
自制半成品					
产成品					
合计					

4. 负债变动情况和负债结构分析

兴发公司2021年负债变动情况资料如表2-10所示。

表2-10　　　　　　　　　兴发公司负债变动情况资料　　　　　　　单位：万元

项目	2021年	2020年
流动负债：		
短期借款	47 600	65 000
应付票据	7 000	8 000
应付账款	6 600	7 500
预收款项	4 500	2 900
应付职工薪酬	2 100	2 700
应交税费	4 000	2 000
其他应付款	1 600	4 500
流动负债合计	73 400	92 600
非流动负债：		
长期借款	18 400	17 000
应付债券	20 000	25 000
长期应付款	181 000	181 000
非流动负债合计	219 400	223 000
负债总计	292 800	315 600

要求：

(1) 对负债的变动情况进行分析。

(2) 对负债结构进行分析。

第三部分　参考答案

一、单项选择题

1	2	3	4	5	6	7	8	9	10
D	D	A	C	B	D	A	C	C	A
11	12	13	14	15					
A	C	D	C	A					

难点解析：

1. 选项AB是资金相对节约，选项C是资金绝对节约。选项D，增产、增收、增利或增加经营活动现金净流量的同时，资产增加，且资产增加幅度大于增产、增收、增利或增加经营活动现金净流量的幅度，表明企业资产利用效率下降，资产增加不合理。

2. 选项D，长期借款是企业利用负债方式获得长期资金来源的方式，主要用于满足企业长期资金需求。

3. 选项 A, 货币资金属于经营性资产。

4. 存货的期末计价应该按照成本与可变现净值孰低原则计量。当可变现净值小于存货账面价值时,说明存货发生了减值。选项 C 正确。

5. 选项 B, 如果企业历年累积的收益为负数,则留存收益可能为负,其他资产负债表项目一般不会出现负数。

6. 选项 D, 在一定的增长范围内,产量和销售规模不会影响固定资产。

7. 资产负债表上期末存货项目反映的是本期结存存货。

8. 选项 C, 先进先出法下,最开始购入的成本较低的存货先被计入成本,会导致营业成本被低估,从而使得利润被高估。

9. 资产负债表中固定资产项目反映的是固定资产原值减去累计折旧减去减值准备之后的净值。

10. 稳健结构的主要标志是企业流动资产的一部分资金需要使用流动负债来满足,另一部分资金需要则由非流动负债来满足。

11. 如果分析的目的在于揭示资产负债表实际变动情况,分析产生实际差异的原因时,应当选择历史标准,即选择资产负债表的上年实际数作为比较标准。如果分析的目的在于揭示资产负债表预算或计划执行情况,分析影响资产负债表预算或计划执行情况的原因时,应当选择预算标准,即选择资产负债表的预算数或计划数作为比较标准。

12. 某项目变动对总资产或权益总额的影响程度的计算公式是:

$$某项目的变动额 \div 基期总资产(权益总额) \times 100\%$$

13. 盈余公积转增资本或股本是企业所有者权益内部结构的变动,不会增加企业的资金。

14. 企业经营规模的扩张无论是依靠举债还是投资人追加投资都会受到资金制约,而留存收益来源于企业经营所得,是企业主观努力的结果,属于内涵型扩大再生产,是一种"滚雪球式"的增长。

15. 负债水平的提升会导致破产可能性的增加。企业破产不但会导致管理人员失去现有工作,而且会导致其声誉受到损害,降低未来收益水平。同时,债务利息的支付会减少管理人员可以自由支配的资源,从而降低其浪费资源的可能性,对企业管理人员形成约束机制。

二、多项选择题

1	2	3	4	5	6	7	8	9	10
ABCD	AB	ABC	ABCD	ABCD	BCD	ABD	AC	ABC	ABC

难点解析:

1. 资产负债表分析主要包括以下内容:①资产负债表水平分析。②资产负债表垂直分析。③资产负债表趋势分析。④资产负债表项目分析。

2. 如果企业通过举债方式满足其资金需求,这是一种外延型扩大再生产,对企业未来经营的影响可能有:①负债比重提高,债务负担加重。②资金制约。③财务杠杆作用加大。④负债能够约束经理人员的自利行为,产生治理效果。选项 CD 分别是吸收投资和留存收益对企业未来经营的影响。

3. 企业经营规模的扩张,可以通过吸收投资来实现,从本质上讲,这也是一种外延型扩大再生产,可能对企业未来经营产生如下影响:①资金制约。②运用不当会失去投资人的支持。③有助于企业财务实力的提升。选项D是举债对企业未来经营的影响。

4. 对应收账款的分析,应从以下几方面进行:①关注企业应收账款的规模及变动情况。②分析会计估计变更的影响。③分析企业是否利用应收账款进行利润调节。④特别关注企业是否有应收账款巨额冲销行为。

5. 固定资产分析主要从固定资产规模与变动情况分析、固定资产结构与变动情况分析、固定资产折旧分析和固定资产减值准备分析四方面展开。

6. 影响长期借款变动的原因有:①银行信贷政策及资金市场的资金供求状况。②为了满足企业对资金的长期需要。③保持企业权益结构的稳定性。④调整企业负债结构和财务风险。选项A是影响短期借款变动的原因。

7. 对股东权益结构进行分析,必须考虑以下因素:①股东权益结构与股东权益总量。②股东权益结构与企业利润分配政策。③股东权益结构与企业控制权。④股东权益结构与股东权益资金成本。⑤股东权益结构与经济环境。

8. 稳健型的资产负债表整体结构的财务结果是:①足以使企业保持相当优异的财务信誉,通过流动资产的变现足以满足偿还短期债务的需要,企业风险较小。②企业可以通过调整流动负债与非流动负债的比例,使负债成本达到企业目标。③无论是资产结构还是资本结构,都具有一定的弹性。选项BD负债成本低、财务风险大是风险结构的财务结果。

9. 选项D,其他应收款与销售收入无关,因此其他应收款与销售收入变动方向没有必然联系。

10. 存货的计价方法、存货的盘存制度和跌价准备的计提等因素会影响存货的计价。

三、判断题

1	2	3	4	5	6	7	8	9	10
×	√	×	×	×	√	×	√	×	√
11	12	13	14	15	16	17	18	19	20
√	×	×	√	×					

难点解析:

1. 对资产、负债的影响还取决于该项目的比重。如果某一项目金额较小,在资产或负债中所占比率很低,那么即使这一项目变动幅度很大,其对资产、负债的影响也可能不大。

3. 总资产大幅增加也可能是经营以外原因引起的,如增加负债。

4. 过于绝对,例如,股东注资会使本期所有者权益增加,但不代表企业本期经营是有成效的。

5. 资产负债表结构分析通常采用垂直分析法。

7. 企业资产的变动主要受到生产经营规模的影响,但企业管理人员在进行会计核算和编制财务报表时所采用的会计政策和会计方法等对企业资产变动的影响也不可忽视。例如,改变存货计价方法,就会引起资产负债表上存货的变化。

9. 有些资产会随产量或销售规模变动而变动,如应收账款、货币资金、存货等;有些资产与产销规模变动没有直接联系,在产销规模发生变动时,这些资产基本不变或只发生较小的变动,如固定资产、无形资产等。

12. 企业的资产结构受制于企业的行业性质。不同企业受行业性质影响,其资金融通的方式也有差异。

13. 稳健结构的主要标志是企业流动资产的一部分资金需要使用流动负债来满足,另一部分资金需要则由非流动负债来满足。

15. 固定资产的盈利能力较强,但是流动性较差,风险较高;而流动资产的盈利能力较弱,流动性较强,风险较低。企业固定资产与流动资产之间只有保持合理的比例结构,才能形成现实的生产能力,否则,就有可能造成部分生产能力闲置或加工能力不足。

四、简答题

1.【参考答案】

(1) 基本目的:了解企业会计对企业财务状况的反映程度及会计信息质量,据此作出恰当评价。

(2) 具体目的:①揭示资产负债表及相关项目的内涵。②了解企业财务状况的变动情况和原因。③评价企业会计对企业经营状况的反映程度。④评价企业的会计政策。⑤修正资产负债表的数据。

2.【参考答案】

(1) 企业销售规模变动导致应收账款变动。

(2) 企业信用政策发生变化。当企业实行比较严格的信用政策时,应收账款的规模就会小些;反之,则会大些。

(3) 企业收账政策不当或收账工作执行不力。当企业采取较严格的收账政策或收账工作得力时,应收账款的规模就会小些;反之,则会大些。

(4) 应收账款质量不高,存在长期挂账且难以收回的账款,或因客户发生财务困难,暂时难以偿还所欠货款。

3.【参考答案】

(1) 举债对未来经营的影响。在企业资产规模发生变动时,如果企业通过举债方式满足其资金需求,这是一种外延型扩大再生产,对企业未来经营的影响可能有:①负债比重提高,债务负担加重。②资金制约。③财务杠杆作用加大。④负债能够约束经理人员的自利行为,产生治理效果。

(2) 追加投资对未来经营的影响。企业经营规模的扩张,也可以通过吸收投资来实现,从本质上讲,这也是一种外延型扩大再生产,可能对企业未来经营产生如下影响:①资金制约。②运用不当会失去投资人的支持。③有助于企业财务实力的提升。

(3) 留存收益对未来经营的影响。留存收益对企业生产经营的作用体现在以下两个方面:①为企业可持续发展提供源源不断的资金来源。②促进企业经营步入良性循环。

4.【参考答案】

不同的折旧方法导致各期所提折旧不同,会引起固定资产价值发生不同的变化。固定资产折旧方法的选择对固定资产的影响还隐含着会计估计对固定资产的影响,如对折旧年限的估计、对固定资产残值的估计等。固定资产折旧分析应注重以下几方面:

(1) 分析固定资产折旧方法的合理性。企业应根据科技发展、环境及其他因素,合理选择固定资产折旧方法,对于利用固定资产折旧方法的选择及折旧方法的变更,达到调整固定资产净值和利润的目的的做法,要通过分析比较揭示出来。

(2) 分析企业固定资产折旧政策的连续性。固定资产折旧方法一经确定,一般不得随意变更。企业变更固定资产折旧方法,可能隐藏着一些不可告人的目的,因此,应分析其变更理由是否充分,同时确定折旧政策变更的影响。

(3) 分析固定资产预计使用年限和预计净残值确定的合理性。在分析时,应注意固定资产使用年限和固定资产预计净残值的估计是否符合国家有关规定,是否符合企业实际情况。实务中,一些企业在固定资产没有减少的情况下,往往通过延长固定资产使用年限,使折旧费用大幅减少,达到扭亏增盈的目的。对于这种会计信息失真现象,分析人员应予以揭示,并加以修正。

五、计算分析题

1.【参考答案】

(1) 海佳公司资产负债表水平分析表如表 2-11 所示。

表 2-11　　　　　　　海佳公司资产负债表水平分析表

2021 年 12 月 31 日　　　　　　　　　　　　单位:万元

资产	2021 年	2020 年	变动量	变动率
流动资产:				
货币资金	1 387	1 238	149	12.04%
应收账款	4 071	3 144	927	29.48%
存货	3 025	2 178	847	38.89%
流动资产合计	8 483	6 560	1 923	29.31%
非流动资产:				
固定资产	8 013	6 663	1 350	20.26%
无形资产	6 267	1 244	5 023	403.78%
非流动资产合计	14 280	7 907	6 373	80.60%
资产总计	22 763	14 467	8 296	57.34%
流动负债:				
短期借款	675	564	111	19.68%
应付账款	5 277	3 614	1 663	46.02%
流动负债合计	5 952	4 178	1 774	42.46%

(续表)

资产	2021年	2020年	变动量	变动率
非流动负债:				
长期借款	9 779	4 382	5 397	123.16%
非流动负债合计	9 779	4 382	5 397	123.16%
负债合计	15 731	8 685	7 046	81.13%
所有者权益:				
实收资本	6 000	5 000	1 000	20.00%
留存收益	1 032	782	250	31.97%
所有者权益合计	7 032	5 782	1 250	21.62%
负债及所有者权益总计	22 763	14 467	8 296	57.34%

从资产负债表的水平分析表中可看出,2021年海佳公司企业总资产比2020年增加了8 296万元,增长率为57.34%。从占用形态看,资产的增加主要是因为无形资产增加了,应引起重视;从来源看,主要是由负债特别是长期负债的增加引起的,负债比上年增长了81.13%。所有者权益较上年也有所增加,增长率为21.62%。进一步分析资产、负债及所有者权益内部,还可得出许多关于资产、负债及所有者权益变动原因的结论。

(2) 海佳公司资产负债表垂直分析表如表2-12所示。

表2-12　　　　　海佳公司资产负债表垂直分析表

2021年12月31日　　　　　　　　　　　　　　　　单位:万元

资产	2021年	2020年	2021年百分比	2020年百分比	变动情况
流动资产:					
货币资金	1 387	1 238	6.09%	8.56%	−2.46%
应收账款	4 071	3 144	17.88%	21.73%	−3.85%
存货	3 025	2 178	13.29%	15.05%	−1.77%
流动资产合计	8 483	6 560	37.27%	45.34%	−8.08%
非流动资产:					
固定资产	8 013	6 663	35.20%	46.06%	−10.85%
无形资产	6 267	1 244	27.53%	8.60%	18.93%
非流动资产合计	14 280	7 907	62.73%	54.66%	8.08%
资产总计	22 763	14 467	100.00%	100.00%	0
流动负债:					
短期借款	675	564	2.97%	3.90%	−0.93%
应付账款	5 277	3 614	23.18%	24.98%	−1.80%
流动负债合计	5 952	4 178	26.15%	28.88%	−2.73%
非流动负债:					0
长期借款	9 779	4 382	42.96%	30.29%	12.67%
非流动负债合计	9 779	4 382	42.96%	30.29%	12.67%

(续表)

资产	2021年	2020年	2021年百分比	2020年百分比	变动情况
负债合计	15 731	8 685	69.11%	60.03%	9.07%
所有者权益:					
实收资本	6 000	5 000	26.36%	34.56%	-8.20%
留存收益	1 032	782	4.53%	5.41%	-0.87%
所有者权益合计	7 032	5 782	30.89%	39.97%	-9.07%
负债及所有者权益总计	22 763	14 467	100.00%	100.00%	0

从资产负债表的垂直分析表中可看出,2021年该公司的资产构成情况是:有形资产占72%,无形资产约占28%。在有形资产中,长期资产与流动资产的比重基本相同。从权益角度看,负债约占70%,而所有者权益约占30%,该企业的负债比重较大,但好在是长期负债比重较大,流动负债比重不算太高。与上年度的结构情况进行对比,则可看出:第一,有形资产比重下降较大,无形资产比重大幅度提高;第二,负债比重上升,所有者权益比重下降,负债上升的主要原因是长期借款增长较快。至于企业资产、负债及所有者权益结构变动的合理性,还应结合企业生产经营特点及具体情况而定。

(3)从资产负债表的垂直分析表中可看出,2021年该公司流动资产的比重为37.27%,流动负债的比重为26.15%,属于稳健型结构。

2.【参考答案】

双日公司固定资产变动情况分析表如表2-13所示。

表2-13 　　　　　　双日公司固定资产变动情况分析表　　　　　　单位:万元

固定资产原值	生产用	非生产用	租出	融资租入	未使用	不需用	合计
期初固定资产原值	5 260 000	900 000	250 000	74 000	40 000	150 000	6 674 000
本期增加固定资产	913 500	50 000					963 500
其中:购入	105 750						105 750
建造完成	796 000	50 000					846 000
盘盈	11 750						11 750
本期减少固定资产	390 500	47 000				150 000	587 500
其中:出售						23 500	23 500
报废	47 000						47 000
盘亏		25 850					25 850
非常损失		21 150					21 150
投资转出	343 500					126 500	470 000
期末固定资产原值	5 783 000	903 000	250 000	74 000	40 000	0	7 050 000
变动额	523 000	3 000	0	0	0	-150 000	376 000
变动率(%)	9.94	0.33	0	0	0	-100	5.63

3. 【参考答案】

(1) 旭日公司存货变动情况分析如表 2-14 所示。

表 2-14　　　　　　　　旭日公司存货变动情况分析表　　　　　　　　单位:万元

项目	2021 年	2020 年	变动额	变动率
原材料	4 366 450	2 880 000	1 486 450	51.61%
在产品	1 017 000	1 658 000	−641 000	−38.66%
自制半成品	2 379 450	2 325 400	54 050	2.32%
产成品	1 775 500	2 015 200	−239 700	−11.89%
合计	9 538 400	8 878 600	659 800	7.43%

(2) 旭日公司存货资产结构分析如表 2-15 所示。

表 2-15　　　　　　　　旭日公司存货资产结构分析表　　　　　　　　单位:万元

项目	2021 年	2020 年	变动情况		
			2021 年	2020 年	差异
原材料	4 366 450	2 880 000	45.78%	32.44%	13.34%
在产品	1 017 000	1 658 000	10.66%	18.67%	−8.01%
自制半成品	2 379 450	2 325 400	24.95%	26.19%	−1.25%
产成品	1 775 500	2 015 200	18.61%	22.70%	−4.08%
合计	9 538 400	8 878 600	100.00%	100.00%	0

4. 【参考答案】

(1) 兴发公司负债变动情况分析如表 2-16 所示。

表 2-16　　　　　　　　兴发公司负债变动情况分析表　　　　　　　　单位:万元

项目	2021 年	2020 年	变动额	变动率
流动负债:				
短期借款	47 600	65 000	−17 400	−26.77%
应付票据	7 000	8 000	−1 000	−12.50%
应付账款	6 600	7 500	−900	−12.00%
预收款项	4 500	2 900	1 600	55.17%
应付职工薪酬	2 100	2 700	−600	−22.22%
应交税费	4 000	2 000	2 000	100.00%
其他应付款	1 600	4 500	−2 900	−64.44%
流动负债合计	73 400	92 600	−19 200	−20.73%
非流动负债:				

(续表)

项目	2021年	2020年	变动额	变动率
长期借款	18 400	17 000	1 400	8.24%
应付债券	20 000	25 000	−5 000	−20.00%
长期应付款	181 000	181 000	0	0
非流动负债合计	219 400	223 000	−3 600	−1.61%
负债总计	292 800	315 600	−22 800	−7.22%

(2) 兴发公司负债结构分析表如表2-17所示。

表2-17 兴发公司负债结构分析表　　　金额单位：万元

项目	2021年	2020年	结构变动情况		
			2021年	2020年	差异
流动负债：					
短期借款	47 600	65 000	16.26%	20.60%	−4.34%
应付票据	7 000	8 000	2.39%	2.53%	−0.14%
应付账款	6 600	7 500	2.25%	2.38%	−0.12%
预收款项	4 500	2 900	1.54%	0.92%	0.62%
应付职工薪酬	2 100	2 700	0.72%	0.86%	−0.14%
应交税费	4 000	2 000	1.37%	0.63%	0.73%
其他应付款	1 600	4 500	0.55%	1.43%	−0.88%
流动负债合计	73 400	92 600	25.07%	29.34%	−4.27%
非流动负债：					
长期借款	18 400	17 000	6.28%	5.39%	0.89%
应付债券	20 000	25 000	6.83%	7.92%	−1.09%
长期应付款	181 000	181 000	61.82%	57.35%	4.47%
非流动负债合计	219 400	223 000	74.93%	70.66%	4.27%
负债总计	292 800	315 600	100.00%	100.00%	0

第三章 利润表分析

第一部分 内容概要

一、利润表分析的目的与内容

(一) 利润表分析的目的

利润,通常是指企业在一定会计期间收入减去费用后的净额以及直接计入当期损益的利得和损失等,也称为企业一定时期内的财务成果或经营成果,具体包括营业利润、利润总额和净利润等。

利润的意义与作用主要表现在以下几个方面:

(1) 利润是企业和社会积累与扩大再生产的重要源泉。

(2) 利润是反映企业经营业绩最重要的指标,也是反映企业经营成果最综合的指标。企业生产经营各步骤、各因素的变动都会对利润产生影响。

(3) 利润是企业进行投资与经营决策的重要依据。在现代企业制度下,政企职责分离,所有权与经营权分离,企业的经营自主权扩大。

研究利润本身的作用,为明确利润分析的作用打好了基础。利润分析,正是实现上述利润作用的方式或途径。利润分析的作用具体表现在以下三个方面:

(1) 通过利润分析可正确评价企业各方面的经营业绩。

(2) 利润分析可及时、准确地发现企业经营管理中存在的问题。

(3) 利润分析为投资者、债权者进行投资与信贷决策提供可靠信息。

(二) 利润表分析的内容

在明确利润分析作用之后,进一步进行利润分析时,应凭借利润表及相关信息展开。利润表分析主要由以下内容构成:

1. 利润表综合分析

利润表综合分析,主要是对利润表主表各项利润额增减变动、利润结构变动情况进行分析。

(1) 利润额增减变动分析。借助水平分析法,结合利润形成过程中相关的影响因素,反映利润额的变动情况,评价企业在利润形成过程中的各方面管理业绩并揭露存在的问题。

(2) 利润结构变动分析。利润结构变动分析,主要是在对利润表进行垂直分析的基础上,通过各项利润及成本费用相对于收入的占比来反映企业各环节的利润构成、利润率及成本费用水平。

2. 利润表分部分析

利润表分部分析主要是由分部报告分析和产品销售利润分析两部分构成。

(1) 分部报告分析。通过对分部报告的分析,展示企业各经营分部的经营状况和成果,有助于优化企业内部组织结构、满足管理要求、优化产业结构、完善内部报告制度,也为企业分部进行战略调整指明方向。

(2) 产品销售利润分析。在进行这项分析前,首先要采用因素分析法明确影响产品销售利润的因素,其次通过实际的案例分析进一步揭示各因素变动对产品营业利润的影响,从而分清生产经营中的绩效与不足。

3. 利润表分项分析

利润表分项分析主要是结合利润表有关附注所提供的详细信息,对企业利润表中重要项目的变动情况进行分析说明,深入揭示利润形成的主观及客观原因。具体分析内容可根据分析对象的具体情况选择利润表重要项目进行分析。

(1) 企业收入分析。收入是影响利润的重要因素。企业收入分析的具体内容包括收入的确认与计量分析,影响收入的价格因素与销售量因素分析,企业收入的构成分析等。

(2) 成本费用分析。成本费用分析主要包括产品销售成本分析和期间费用分析两部分。产品销售成本分析包括销售总成本分析和单位销售成本分析;期间费用分析包括销售费用分析、财务费用分析和管理费用分析。

(3) 资产减值损失分析。资产减值损失分析包括资产减值损失的构成分析和资产减值损失变动原因分析。

(4) 其他收益分析。其他收益分析包括其他收益的构成分析以及其他收益变动原因分析。

此外,还可以根据不同企业利润表的资料,对一些重要项目进行深入分析,如投资收益、公允价值变动损益、资产处置收益与营业外收入等的变动情况。

二、利润表综合分析

(一) 利润额增减变动分析

利润额增减变动的分析方法是水平分析法。利润表水平分析,主要是指对利润表主表中各项利润额的增减变动情况进行分析。

1. 编制利润水平分析表

利用利润额增减变动水平分析法,编制利润水平分析表,可以采用增减变动额和增减变动百分比两种方式表示,主要分析目的在于认清净利润增减变动的原因。

2. 利润增减变动分析评价

利润表增减变动分析应抓住几个关键利润指标的变动情况,分析其变动原因。

(1) 净利润或税后利润分析。净利润是指企业所有者最终取得的财务成果,或可供企业所有者分配或使用的财务成果。

(2) 利润总额分析。利润总额是反映企业全部财务成果的指标,它不仅反映企业的营业利润,而且可以反映企业的营业外收支情况。

(3) 营业利润分析。营业利润是企业计算利润的第一步,通常也是一定时期内企业盈利最主要、最稳定的关键来源。

(4) 营业毛利分析。营业毛利是指企业营业收入与营业成本之间的差额。除了上述利润表关键指标分析,"其他综合收益的税后净额"项目反映根据企业会计准则规定未在损益中确认的各项利得和损失扣除所得税影响后的净额。

（二）利润结构变动分析

利润结构变动分析可采用垂直分析法，即根据利润表中的资料，通过计算各因素或各种财务成果在营业收入中所占的比重，分析财务成果的结构及其增减变动的合理程度。

（1）编制利润垂直分析表。

（2）利润结构变动分析评价。分析人员还可以对综合收益总额进行垂直分析，分别考察净利润、其他综合收益构成的比重及变动，归属于母公司所有者的综合收益以及归属于少数股东的综合收益构成的比重及变动情况，进一步分析综合收益总额的构成及变动情况。

三、利润表分部分析

（一）分部报告分析

1. 报告分部界定

企业应当以内部组织结构、管理要求、内部报告制度为依据确定经营分部。经济特征不相似的经营分部，应当分别确定为不同的经营分部。

报告分部是指符合经营分部定义，按规定应予披露的经营分部。报告分部的确定应当以经营分部为基础，而经营分部的划分通常是以不同的风险和报酬为基础，而不论其是否重要。存在多种产品经营或者跨多个地区经营的企业可能会拥有大量规模较小、不是很重要的经营分部，而单独披露数量多但规模较小的经营分部信息不仅会给财务报表使用者带来困惑，还会给财务报表编制者带来不必要的披露成本。因此，报告分部的确定应当考虑重要性原则，在通常情况下，符合重要性标准的经营分部才能确定为报告分部。

2. 报告分部分析

根据《企业会计准则第35号——分部报告》和《企业会计准则解释第3号》的要求，分部报告分析包括分部报告增减变动分析和报告分部结构变动分析。

（1）报告分部增减变动分析。对于报告分部增减变动分析，分析人员可运用水平分析法来对比不同分部各项目之间的差异。

（2）报告分部结构变动分析。对于报告分部结构变动分析，分析人员可运用垂直分析法进行以比较不同分部各项目占营业收入的比重及其变动情况。

（二）产品销售利润分析

通常在企业中，产品销售利润的高低是影响营业利润最重要的因素，而产品销售利润的增长变化可能受销售量、品种构成、价格、质量、成本等诸多因素影响。因此，还应对产品销售利润作进一步分析。这是企业内部财务分析的重要内容。

1. 影响产品销售利润的因素

影响产品销售利润最基本的因素，可从它的计算公式中找出，具体公式如下：

$$产品销售利润 = \sum[产品销售量 \times (产品单价 - 单位销售成本)]$$

从上式可看出，影响产品销售利润的基本因素是销售量、单价和单位销售成本。对于生产多种产品的企业，它还受产品销售品种构成的影响；对于生产等级品的企业，由于优质优价，它又受产品等级影响。

2. 产品销售利润因素分析方法

(1) 销售量变动对利润的影响分析。产品销售量是影响利润的一个重要因素。在产品单位利润一定的情况下,销售量的增减速度直接决定着利润的增减速度。销售量变动对利润的影响,可用下式计算:

$$销售量变动对利润的影响 = 产品销售利润基期数 \times (产品销售量完成率 - 1)$$

其中,产品销售量完成率的计算公式如下:

$$产品销售量完成率 = \frac{\sum[产品本期销售量 \times 基期单价(或单位成本)]}{\sum[产品基期销售量 \times 基期单价(或单位成本)]}$$

(2) 销售品种构成变动对利润的影响分析。产品品种构成,是指某种产品的产量或销售量在全部产品的产量或销售量中所占的比重。确定品种构成变动对利润额影响的方法主要有三种。

第一种方法:

$$品种构成变动对利润的影响 = \sum(产品本期销售量 \times 产品基期销售利润) - 基期产品销售利润 \times 产品销售量完成率$$

第二种方法:

$$品种构成变动对利润的影响 = \sum[\sum(产品本期销售量 \times 产品基期单价) \times (本期品种构成 - 基期品种构成) \times 基期销售利润率]$$

第三种方法:

$$品种构成变动对利润的影响 = \sum[\sum(产品本期销售量 \times 产品基期单价) \times (本期品种构成 - 基期品种构成) \times (基期销售利润率 - 基期综合销售利润率)]$$

(3) 销售价格变动对利润的影响分析。价格变动对利润的影响一般可用下式计算:

$$价格变动对销售利润的影响 = \sum[产品本期销售量 \times (本期销售单价 - 基期销售单价)]$$

如果属于等级品的价格变动,应按下式进行计算:

$$等级品的价格变动对销售利润的影响 = \sum[产品本期销售量 \times (本期等级本期平均单价 - 本期等级基期平均单价)]$$

其中:

$$本期等级本期平均单价 = \frac{\sum(各等级本期销售量 \times 该等级本期单价)}{各等级本期销售量之和}$$

$$本期等级基期平均单价 = \frac{\sum(各等级本期销售量 \times 该等级基期单价)}{各等级本期销售量之和}$$

(4) 等级构成变动对利润的影响分析。确定等级品质量变动对利润的影响,可用下式计算:

质量变动对销售利润的影响 = $\sum$[等级产品本期销售量×(本期等级基期平均单价 − 基期等级基期平均单价)]

其中：

$$基期等级基期平均单价 = \frac{\sum(各等级基期销售量 \times 该等级基期单价)}{各等级基期销售量之和}$$

(5) 销售成本变动对利润的影响分析。计算成本变动对利润的影响的公式如下：

成本变动对利润的影响 = $\sum$[产品本期销售量×(单位产品基期成本 − 单位产品本期成本)]

如果企业生产并销售烟、酒、高档化妆品、贵重首饰及珠宝玉石、鞭炮、烟火、成品油、摩托车、小汽车等应缴纳消费税的产品，消费税税率或单位税金变动将影响产品销售利润。消费税税率变动对产品销售利润影响的计算公式如下：

消费税税率变动对利润的影响 = $\sum$[产品本期销售收入×(基期消费税税率 − 本期消费税税率)]

这一公式主要适用于企业实行从价定率法计算消费税的情况。如果企业实行从量定额法计算消费税税额，则单位消费税税额变动对利润的影响的计算公式如下：

消费税税额变动对利润的影响 = $\sum$[产品本期销售量×(单位产品基期消费税税额 − 单位产品本期消费税税额)]

3. 产品销售利润完成情况评价

进行产品销售利润分析评价，应在确定各因素对利润影响程度的基础上，从以下几方面进行。

(1) 分清影响产品销售利润的有利因素与不利因素。一般来说，凡是使利润增加的因素都被看成是有利因素，使利润减少的因素都被看成是不利因素。

(2) 分清影响产品销售利润的主观因素与客观因素。通常，人们把销售量、成本、质量因素等看成是主观因素。如果企业自行安排产品品种生产，那么品种构成因素也属于主观因素。价格因素要具体分析，除国家政策调价等客观原因，在市场经济条件下，价格因素也可看成是主观因素，税率因素属于客观因素。评价中，应排除客观因素，抓住主观因素。

(3) 分清生产经营中的成绩与问题。一般来说，企业的成绩与问题都应从主观因素角度进行分析。凡是经过主观努力产生的对利润的有利影响，属于企业成绩；凡主观不努力产生的对利润的不利影响，属于企业的问题。对于品种构成，要结合具体情况具体分析：一要考虑国家计划与合同的完成情况；二要将品种构成与其相应的资产投入结合起来进行分析。

四、利润表分项分析

(一) 企业收入分析

1. 企业收入与计量分析

(1) 企业收入确认分析。企业应根据《企业会计准则第 14 号——收入》中规定的五步法确认收入。收入的确认至少应当符合以下条件：一是合同各方已批准该合同并承诺将履行各自义务;二是该合同明确了合同各方与所转让商品或提供劳务(以下简称"转让商品")相关的权利和义务;三是该合同有明确的与所转让商品相关的支付条款;四是该合同具有商业实质,即履行该合同将改变企业未来现金流量的风险、时间分布或金额;五是企业因向客户转让商品有权取得的对价很可能收回。

在明确收入内涵的基础上,应着重从以下几方面进行分析:①收入确认时间合法性分析,即分析本期收入与前期收入或后期收入的界限是否分清。②在特殊情况下,企业收入确认的分析,如附有销售退款条件销售时收入的确认、附有质量保证条款销售时收入的确认、售后回购收入的确认等,其收入的确认与一般性收入确认不同。③收入确认方法合理性的分析,如对采用产出法和投入法的条件与估计方法是否合理等的分析。

(2) 企业收入计量分析。企业应当首先确定合同的交易价格,再按照分摊至各单项履约义务的交易价格计量收入。

企业收入计量分析主要是指营业收入计量分析。企业的营业收入是指全部营业收入减去销售退回、折扣与折让后的余额。因此,营业收入计量分析,关键在于确认销售退回、折扣与折让的计量是否准确。

无论是收入确认分析还是收入计量分析,关键在于明确分析的目的是确认收入的正确性,而其正确与否的关键在于分析时选择的会计政策、会计方法的准确性与合理性。

2. 销售数量与销售价格分析

企业营业收入的多少主要受销售数量和销售价格影响。因此,在分析营业收入时,应在分析收入总量变动的基础上,进一步确认销售量和价格对其影响的程度。分析步骤如下:

(1) 计算营业收入增长额和增长率。

$$营业收入增长=本期实际营业收入-基期营业收入$$

$$营业收入增长率=\frac{营业收入增长额}{基期营业收入}\times 100\%$$

(2) 计算销售量变动对营业收入的影响。

$$销售量变动对营业收入的影响=基期营业收入\times 销售量增长率$$

$$销售量增长率=\left(\frac{\sum(产品实际销售量\times 基期单价)}{\sum(产品基期销售量\times 基期单价)}-1\right)\times 100\%$$

(3) 计算价格变动对收入的影响。

$$价格变动对收入的影响=营业收入增长额-销售量变动对营业收入的影响$$

通过销售量与价格对收入的影响分析,不仅可明确企业销售量及价格对收入的影响程度,而且可了解企业的竞争战略及其效果。

3. 企业收入构成分析

收入构成分析可主要从主营业务收入与其他业务收入、现销收入与赊销收入的结构进行。

(1) 主营业务收入与其他业务收入分析。通过对主营业务收入与其他业务收入的构成情况分析,可以了解与判断企业的经营方针、方向及效果,进而可分析、预测企业的持续发展能力。

(2) 现销收入与赊销收入分析。通过对现销收入与赊销收入的结构及其变动情况分析,可了解与掌握企业产品销售情况及其战略选择,分析判断其合理性。

4. 收入操纵的常用手段

稳定增长的营业收入是上市公司经营良好的象征,也是股价攀升的有力依托,许多上市公司在粉饰财务报表时,几乎都进行收入操纵,以此获得投资者的青睐。收入操纵可以分为虚构收入、夸大收入、提前确认收入、隐瞒收入、缩小收入、推迟确认收入及混淆收入七种手法。

(二) 成本费用分析

1. 产品销售成本分析

营业成本分析包括全部营业成本完成情况分析、单位生产成本分析和营业成本构成分析。

(1) 全部营业成本完成情况分析。全部营业成本分析,是指根据产品生产、销售成本表的资料,对企业全部已销售产品营业成本的本年实际完成情况与上年度实际情况进行对比分析,从产品类别角度找出各类产品或各主要产品营业成本升降的幅度,以及对全部营业成本的影响程度。全部营业成本分析的一般步骤如下:

①将本年度全部产品营业成本与按本年实际销售量计算的上年实际营业成本进行对比,求出营业成本的增减额和增减率。其计算公式如下:

$$全部营业成本降低=本年实际营业总成本-按本年实际销售量计算的上年营业总成本$$

$$全部营业成本降低率=\frac{全部营业成本降低额}{按本年实销量计算的上年营业总成本}\times 100\%$$

②计算主要产品和非主要产品的营业成本降低额和降低率,以及对全部营业成本降低率的影响。主要产品和非主要产品营业成本降低额和降低率的计算可依据上式进行,只是产品的范围不同。它们对全部营业成本降低率影响的计算公式如下:

$$主要产品营业成本降低对全部营业成本降低率的影响=\frac{主要产品营业成本降低额}{按本年实销量计算的上年营业总成本}$$

$$非主要产品营业成本降低对全部营业成本降低率的影响=\frac{非主要产品营业成本降低额}{按本年实销量计算的上年营业总成本}$$

③计算各主要产品营业成本降低额和降低率,以及它们对全部产品营业总成本降低率的影响。

(2) 主要产品单位生产成本分析。单位生产成本与全部营业成本的关系,可通过以下关系式反映出来:

$$某产品单位生产成本=该产品本期生产总成本\div 该产品当期生产量$$

$$某产品营业总成本=\sum 某产品单位生产成本\times 该产品销售量$$

(3) 营业成本构成分析。营业成本构成分析可主要从主营业务成本与其他业务成本的结构进行对比。通过对主营业务成本与其他业务成本的构成情况分析,可以了解与判断企业的经营方针、方向及效果,进而可分析、预测企业已销售产品的成本构成及其变动情况。

2. 期间费用分析

与财务成果直接相关的费用有销售费用、管理费用和财务费用等。对期间费用进行分析可采用水平分析法和垂直分析法。运用水平分析法可将各费用项目的实际数与上期数或预算数进行对比,以揭示各项费用的完成情况及产生差异的原因。运用垂直分析法则可揭示各项费用的构成变动,说明费用构成变动的特点。

(三) 资产减值损失分析

利润表中资产减值损失项目的构成以及增减变动情况,通常在财务报表附注中,以编制资产减值准备明细表的形式加以说明。目前,除了金融类资产改为信用减值损失,其他资产几乎都涉及资产减值损失,具体包括存货跌价损失及合同履约成本减值损失、投资性房地产减值损失、固定资产减值损失、长期股权投资减值损失、在建工程减值损失、工程物资减值损失、无形资产减值损失、开发支出减值损失、商誉减值损失等。

(四) 其他收益分析

其他收益分析包括其他收益规模变动分析和其他收益结构变动分析。

(1) 其他收益规模变动分析。其他收益规模变动分析主要是指对利润表附注中其他收益各明细项目增减变动情况的分析。其分析目的在于认清其他收益增减变动的原因。

(2) 其他收益结构变动分析。分析人员根据利润表中附表的资料,通过计算各因素在其他收益中所占的比重,分析其他收益的结构及其增减变动的合理程度。

第二部分 练 习 题

一、单项选择题

1. 下列各项中,反映企业经营成果的指标的是(　　)。
   A. 主营业务利润　　B. 营业利润　　C. 利润总额　　D. 净利润
2. 下列各项中,反映企业所有者最终取得的财务成果的是(　　)。
   A. 主营业务利润　　　　　　　B. 营业利润
   C. 利润总额　　　　　　　　　D. 净利润
3. 下列各项中,属于产生销售折让的原因的是(　　)。
   A. 激励购买方多购商品　　　　B. 促使购买方及时付款
   C. 进行产品宣传　　　　　　　D. 产品质量有问题
4. 销售品种构成变动会引起产品销售利润变动的主要原因是(　　)。
   A. 各种产品的价格不同　　　　B. 各种产品的单位成本不同
   C. 各种产品的单位利润不同　　D. 各种产品的利润率高低不同
5. 产品等级构成变化引起产品销售利润变动的主要原因是(　　)。
   A. 等级构成变动必然引起等级品平均成本的变动
   B. 等级构成变动必然引起等级品平均价格的变动
   C. 等级构成变动必然引起等级品平均销售量的变动
   D. 等级构成变动必然引起等级品平均利润的变动
6. 产品质量变动会引起产品销售利润变动的主要原因是(　　)。
   A. 各等级品的价格不同　　　　B. 各等级品的单位成本不同
   C. 各等级品的单位利润不同　　D. 各等级品的利润率高低不同

7. 如果企业本年销售成本增长快于销售收入的增长,那么企业本年营业利润(　　)。
   A. 一定小于零　　　　　　　　　　B. 一定小于上年营业利润
   C. 一定小于上年利润总额　　　　　D. 不一定小于上年营业利润

8. 下列各项中,属于企业收入的是(　　)。
   A. 资产处置损益　　　　　　　　　B. 主营业务收入
   C. 投资收益　　　　　　　　　　　D. 营业外收入

9. 下列各项中,不属于利润表分项变动情况分析内容的是(　　)。
   A. 投资收益　　　　　　　　　　　B. 成本费用
   C. 资产减值损失　　　　　　　　　D. 其他综合收益

10. 下列各项中,属于期间费用的是(　　)。
    A. 销售费用　　　　　　　　　　　B. 资产处置损失
    C. 公允价值变动损失　　　　　　　D. 制造费用

11. 下列各项中,不属于影响产品销售利润的基本因素的是(　　)。
    A. 销售量　　　　　　　　　　　　B. 单价
    C. 单位销售成本　　　　　　　　　D. 企业规模

12. 下列各项中,产品销售量完成率的正确公式是(　　)。

    A. 产品销售量完成率 $= \dfrac{\sum[\text{产品本期销售量} \times \text{基期单价（或单位成本）}]}{\sum[\text{产品本期销售量} \times \text{基期单价（或单位成本）}]}$

    B. 产品销售量完成率 $= \dfrac{\sum[\text{产品本期销售量} \times \text{本期单价（或单位成本）}]}{\sum[\text{产品基期销售量} \times \text{基期单价（或单位成本）}]}$

    C. 产品销售量完成率 $= \dfrac{\sum[\text{产品本期销售量} \times \text{基期单价（或单位成本）}]}{\sum[\text{产品基期销售量} \times \text{基期单价（或单位成本）}]}$

    D. 产品销售量完成率 $= \dfrac{\sum[\text{产品本期销售量} \times \text{基期单价（或单位成本）}]}{\sum[\text{产品基期销售量} \times \text{本期单价（或单位成本）}]}$

13. 下列各项中,计算价格变动对利润的影响的正确公式是(　　)。

    A. 价格变动对销售利润影响 $= \sum[\text{产品基期销售量} \times (\text{本期销售单价} - \text{基期销售单价})]$

    B. 价格变动对销售利润影响 $= \sum[\text{产品本期销售量} \times (\text{本期销售单价} - \text{基期销售单价})]$

    C. 价格变动对销售利润影响 $= \sum[\text{产品本期销售量} \times (\text{基期销售单价} - \text{本期销售单价})]$

    D. 价格变动对销售利润影响 $= \sum[\text{产品本期销售额} \times (\text{本期销售单价} - \text{基期销售单价})]$

14. 下列各项中,属于影响产品销售利润的客观因素的是(　　)。
    A. 销售量　　　B. 销售成本　　　C. 质量因素　　　D. 税率因素

15. 下列各项中,不应该确认主营业务收入的是(　　)。
    A. 工业企业出租闲置厂房　　　　　B. 商品流通企业销售商品
    C. 咨询公司提供咨询服务　　　　　D. 软件公司为客户开发软件

二、多项选择题

1. 下列各项中,属于企业狭义上的收入的有( )。
   A. 利息收入　　　　　　　　　　B. 其他业务收入
   C. 股利收入　　　　　　　　　　D. 主营业务收入
2. 下列各项中,属于期间费用的有( )。
   A. 税费及附加　　B. 制造费用　　C. 财务费用　　D. 销售费用
3. 下列各项中,属于利润表综合分析应包括的内容有( )。
   A. 收入分析　　　　　　　　　　B. 利润结构变动分析
   C. 利润额的增减变动分析　　　　D. 营业利润分析
4. 下列各项中,属于财务费用项目分析的内容有( )。
   A. 汇兑损失　　B. 利息支出　　C. 利息收入　　D. 汇兑收益
5. 下列各项中,属于影响直接材料成本的因素有( )。
   A. 产品产量　　B. 材料单耗　　C. 材料单价　　D. 材料配比
6. 下列各项中,属于利润表分析的内容有( )。
   A. 利润表水平分析　　　　　　　B. 利润表结构分析
   C. 利润表分部分析　　　　　　　D. 利润表分项分析
7. 下列各项中,属于利润分析的作用的有( )。
   A. 通过利润分析可正确评价企业各方面的经营业绩
   B. 利润分析可及时、准确地发现企业经营管理中存在的问题
   C. 利润分析为投资者、债权者进行投资与信贷决策提供可靠信息
   D. 帮助国家宏观管理者研究企业对国家的贡献
8. 下列各项中,在利用利润额增减变动水平分析法,编制利润水平分析表时,可以采用的表示方法有( )。
   A. 增减变动额　　　　　　　　　B. 增减变动百分比
   C. 各因素在营业收入中所占的比重　D. 各因素在营业成本中所占的比重
9. 下列各项中,属于在利润表中直接列示的利润有( )。
   A. 营业利润　　B. 息税前利润　　C. 利润总额　　D. 净利润
10. 下列各项中,会影响净利润的有( )。
    A. 所得税费用　　B. 营业外收入　　C. 营业外支出　　D. 其他业务收入

三、判断题

1. 在商品经济条件下,企业追求的根本目标是企业价值最大化或股东权益最大化。无论是企业价值最大化还是股东权益最大化,其基础都是企业利润。　　　　　　( )
2. 利润额增减变动的分析方法采用水平分析法。利润表水平分析,主要是指对利润表主表中各项利润额的增减变动情况进行分析。　　　　　　　　　　　　　　( )
3. 利润额增减变动的分析方法采用垂直分析法。利润表垂直分析,主要是指对利润表主表中各项利润额的增减变动情况进行分析。　　　　　　　　　　　　　　( )

4. 无论是收入确认分析还是收入计量分析,关键在于明确分析的目的是确认收入的正确性,而其正确与否的关键在于计算是否正确,与分析时选择的会计政策、会计方法的准确性与合理性无关。 (　　)

5. 净利润是反映企业全部财务成果的指标,它不仅反映企业的营业利润,而且可以反映企业的营业外收支情况。 (　　)

6. 企业收入中的现销收入与赊销收入构成,受企业的产品适销程度、企业竞争战略、会计政策选择等多个因素影响。 (　　)

7. 营业成本分析包括全部营业成本完成情况分析、单位生产成本分析和营业成本构成分析。 (　　)

8. 在实务中,所有的经营分部均作为独立的经营分部来考虑。 (　　)

9. 报告分部结构变动分析,可运用水平分析法比较不同分部各项目占营业收入的比重及其变动情况。 (　　)

10. 产品销售利润的高低,直接反映了企业生产经营状况和经济效益状况。 (　　)

11. 对期间费用进行分析可采用水平分析法和垂直分析法。运用水平分析法可将各费用项目的实际数与上期数或预算数进行对比,以揭示各项费用的完成情况及产生差异的原因。 (　　)

12. 产品销售量是影响利润的一个重要因素。在产品单位利润一定的情况下,销售量的增减速度直接决定着利润的增减速度。 (　　)

13. 企业各种产品的利润率高低不同。企业多生产利润率水平高的产品,少生产利润率水平低的产品,并不必然引起综合利润率或企业平均利润率的提高。 (　　)

14. 影响产品销售利润的因素既有主观因素,也有客观因素。评价中,应排除主观因素,抓住客观因素。 (　　)

15. 其他收益对企业不重要,因此不用单独分析。 (　　)

四、简答题

1. 简述如何分析评价利润表水平分析,以及对利润表进行垂直分析的要点。
2. 简述产品销售利润的影响因素,以及如何对产品销售利润完成情况进行评价。
3. 简述企业收入分析的主要内容。

五、计算分析题

1. 利润完成情况分析

顺达公司2021年、2020年的利润表资料如表3-1所示。

表3-1　　　　　　　　　顺达公司利润表

编制单位:顺达公司　　　　　2021年度　　　　　　　　单位:万元

项目	2021年度	2020年度
一、营业收入	603 600	544 370
减:营业成本	383 760	364 000

(续表)

项目	2021年度	2020年度
税金及附加	2 510	1 850
销售费用	132 500	100 700
管理费用	34 560	31 630
财务费用	2 970	1 550
资产减值损失	136	1 764
加:公允价值变动净收益	0	0
投资净收益	1 860	1 070
二、营业利润	49 024	43 946
加:营业外收入	7 123	4 634
其中:非流动资产处置利得	75	74
减:营业外支出	830	672
其中:非流动资产处置损失	271	344
三、利润总额	55 317	47 908
减:所得税	8 690	6 193
四、净利润	46 627	41 715
五、每股收益(元/股)		
(一)基本每股收益	0.76	0.68
(二)稀释每股收益	0.76	0.68
六、其他综合收益的税后净额	1 743	26
七、综合收益总额	48 370	41 741

要求:

(1) 编制该公司利润水平分析表(计算结果保留小数点后两位)。

(2) 对该公司利润水平分析表进行分析评价。

2. 利润结构分析

佳和公司2021年度利润表如表3-2所示。

表3-2　　　　　　　　　　佳和公司利润表

编制单位:佳和公司　　　　　2021年度　　　　　　　　单位:万元

项目	2021年度	2020年度
一、营业收入	1 938 270	2 205 333
减:营业成本	1 083 493	1 451 109
税金及附加	79 469	92 624
销售费用	19 383	25 500
管理费用	169 597	145 000
财务费用	69 500	58 000

(续表)

项目	2021年度	2020年度
加:公允价值变动净收益	5 488	4 320
投资净收益	42 500	30 000
二、营业利润	564 816	467 420
加:营业外收入	60 000	80 000
减:营业外支出	29 000	22 000
三、利润总额	595 816	525 420
减:所得税费用	148 954	131 355
四、净利润	446 862	394 065

要求:根据表3-2的资料,运用垂直分析法对该公司的利润结构进行分析。

3. 成本水平分析

春明公司生产A产品的有关单位成本资料,如表3-3所示。

表3-3　　　　　　　　　A产品单位成本表　　　　　　　　单位:元

成本项目	2021年实际成本	2020年实际成本
直接材料	652	590
直接人工	238	212
制造费用	469	512
产品单位成本	1 359	1 314

要求:根据表3-3的资料,运用水平分析法对A产品单位成本完成情况进行分析。

4. 营业成本完成情况分析

创成公司2020年度和2021年度的产品营业成本资料如表3-4所示。

表3-4　　　　　　　　产品营业成本资料表

产品名称	实际销售量(件)	实际单位生产成本		实际营业总成本	
		2021年(万元)	2020年(万元)	2021年(万元)	2020年(万元)
主要产品				45 600	47 900
其中:A	250	90	95	22 500	23 750
B	210	110	115	23 100	24 150
非主要产品				3 000	3 060
其中:C	30	60	65	1 800	1 950
D	15	80	74	1 200	1 110
全部产品				48 600	50 960

要求:根据表3-4的资料,对该公司的全部营业成本完成情况进行分析。

5. 等级品利润分析

A产品是等级产品,其有关资料如表3-5所示。

表 3-5　　　　　　　　　　A 产品有关等级及销售资料表

等级	销售量(台)		价格(元)	
	2021 年	2020 年	2021 年	2020 年
一等品	12 500	12 000	158	150
二等品	8 800	9 400	136	135
合计	21 300	21 400	—	—

要求：根据表 3-5 的资料，确定等级品构成变动和价格变动对利润的影响。

第三部分　参考答案

一、单项选择题

1	2	3	4	5	6	7	8	9	10
B	D	D	D	B	A	D	B	D	A
11	12	13	14	15					
D	C	B	D	A					

难点解析：

1. 营业利润包括企业在销售商品、提供劳务等日常活动中所产生的营业毛利、企业公允价值变动净收益、对外投资的净收益和接受政府补助的其他收益，营业利润大致反映了企业自身生产经营业务的财务成果。

2. 净利润是指企业所有者最终取得的财务成果，或可供企业所有者分配或使用的财务成果。

3. 销售折扣是销售方为鼓励购货方多购买其货物而给予的折扣；销售折让是由于商品的质量、规格等不符合要求，销售方同意在商品价格上给予的减让。

4. 因为各种产品的利润率高低不同。企业多生产利润率水平高的产品，少生产利润率水平低的产品，必然引起综合利润率或企业平均利润率的提高，使企业利润额增加；反之，则会使利润额下降。

5. 由于不同等级的产品的价格不同，因此，等级构成变动必然引起等级品平均价格的变动，从而引起产品销售利润的变动。

6. 不同等级的产品的价格不同，高等级、高质量的产品一般价格较高。

7. 企业本年销售成本增长快于销售收入的增长，企业本年营业利润可能小于、等于、大于企业上年营业利润。例如，2020 年 A 企业销售收入为 20 万元，销售成本为 10 万元，营业利润 10 万元；2021 年 A 企业销售收入为 21.6 万元，销售成本为 11 万元，营业利润 10.6 万元。2021 年营业收入增长率 8%，小于营业成本增长率 10%，但 2021 年的营业利润大于 2020 年的营业利润。

8. 企业日常活动所形成的经济利益的流入应当确认为收入，包括主营业务收入和其他业务收入。

9. 其他综合收益是所有者权益类的项目,不在利润表中列示。

10. 期间费用包括管理费用、财务费用和销售费用。

11. 产品销售利润的计算公式如下:

$$产品销售利润 = \sum[产品销售量 \times (产品单价 - 单位销售成本)]$$

从上式可看出,影响产品销售利润的基本因素是销售量、单价和单位销售成本。

12. $产品销售量完成率 = \dfrac{\sum[产品本期销售量 \times 基期单价(或单位成本)]}{\sum[产品基期销售量 \times 基期单价(或单位成本)]}$

13. 价格变动对销售利润的影响 $= \sum[产品本期销售量 \times (本期销售单价 - 基期销售单价)]$

14. 通常把销售量、成本、质量因素等看成是主观因素。如果企业自行安排产品品种生产,那么,品种构成因素也属于主观因素。对于价格因素,要具体分析,除国家政策调价等客观原因,在市场经济条件下,价格因素也可看成是主观因素,税率因素属于客观因素。

15. 出租闲置厂房不是工业企业的主营业务,不能确认主营业务收入。

二、多项选择题

1	2	3	4	5	6	7	8	9	10
BD	CD	BCD	ABCD	ABCD	ABCD	ABCD	AB	ACD	ABCD

难点解析:

1. 狭义上的收入包括主营业务收入和其他业务收入。

2. 期间费用包括管理费用、财务费用和销售费用。

3. 利润表综合分析,主要对利润表主表各项利润额增减变动、利润结构变动情况进行分析。

8. 利用利润额增减变动水平分析法,编制利润水平分析表,可以采用增减变动额和增减变动百分比两种方式表示,主要分析目的在于找出净利润增减变动的原因。

9. 在利润表中直接列示的利润有营业利润、利润总额和净利润。

三、判断题

1	2	3	4	5	6	7	8	9	10
√	√	×	×	×	√	√	×	×	√
11	12	13	14	15					
√	√	×	×	×					

难点解析:

3. 利润额增减变动的分析方法是水平分析法。利润表水平分析,主要是指对利润表主表中各项利润额的增减变动情况进行分析。

4. 无论是收入确认分析还是收入计量分析,关键在于明确分析的目的是确认收入的正确性,而其正确与否的关键在于分析时选择的会计政策、会计方法的准确性与合理性。

5. 利润总额是反映企业全部财务成果的指标,它不仅反映企业的营业利润,而且可以反映企业的营业外收支情况。

8. 在实务中,并非所有的经营分部均作为独立的经营分部来考虑。在某些情况下,两个或两个以上的经营分部如果具有相似的经济特征,这些经营分部经常会表现出相似的长期财务业绩,如长期平均毛利率、资金回报率、未来现金流量等。此时,将其合并披露可能更恰当。

9. 报告分部结构变动分析,可运用垂直分析法进行以比较不同分部各项目占营业收入的比重及其变动情况。

13. 各种产品的利润率高低不同。企业多生产利润率水平高的产品,少生产利润率水平低的产品,必然引起综合利润率或企业平均利润率的提高,使企业利润额增加;反之,则会使利润额下降。

14. 要分清影响产品销售利润的主观因素与客观因素。评价中,应排除客观因素,抓住主观因素。

15. 利润表中的其他收益,是指与企业日常活动相关,但又不宜确认收入或冲减成本费用的政府补助,是企业营业利润的组成部分。对于部分企业来讲,它也可能很重要。其他收益分析包括其他收益规模变动分析和其他收益结构变动分析。

四、简答题

1.【参考答案】

(1) 对利润水平分析表进行分析评价时,应针对几个关键利润指标的变动情况进行分析评价:①净利润或税后利润分析。②利润总额分析。③营业利润分析。其主要的分析目的在于找出净利润增减变动的原因。

(2) 对利润表进行垂直分析的要点如下:进行利润垂直分析主要从各项财务成果结构变化的原因入手,如从营业利润、利润总额及净利润结构的变化来分析。另外,还要分析销售费用、财务费用、管理费用等因素的变化对营业利润、利润总额和净利润结构产生的影响。其主要目的在于说明财务成果的结构及其增减变动的情况。同时,可以结合企业上一年度的利润结构分析表,分析利润表各项目结构变动情况及原因。

2.【参考答案】

(1) 产品销售利润的影响因素包括:产品销售利润,亦称主营业务利润,是综合反映企业主营业务最终财务成果的指标。产品销售利润的高低,直接反映了企业生产经营状况和经济效益状况,是影响营业利润的主要因素。影响产品销售利润最基本的因素是销售量、单价和单位销售成本。在生产多种产品的企业中,产品销售利润还受产品销售品种构成的影响;在生产等级品的企业中,由于优质优价,其产品销售利润又受产品等级的影响。

(2) 产品销售利润完成情况的评价内容包括:①分清影响产品销售利润的有利因素与不利因素。②分清影响产品销售利润的主观因素与客观因素。③分清生产经营中的成绩与问题。

3.【参考答案】

(1) 企业收入确认与计量分析。企业收入确认与计量分析包括企业收入确认分析、企业收入确认原则和企业收入计量分析。

(2) 销售数量与销售价格分析。企业营业收入的多少主要受销售数量和销售价格影响。因此,分析营业收入时,应在分析收入总量变动情况的基础上,进一步确认销售量和价格对其影响的程度。

(3) 企业收入构成分析。对企业收入分析不仅要研究其总量,而且应分析其结构及变动情况,以了解企业的经营方向和会计政策选择。分析收入构成时,分析人员可主要分析主营业务收入与其他业务收入、现销收入与赊销收入的结构。

五、计算分析题

1.【参考答案】

(1) 利润完成情况分析。

运用水平分析法对顺达公司2021年度利润的完成情况的分析如表3-6所示。

表3-6　　　　　　　　　顺达公司利润水平分析表　　　　　　　　单位:万元

项目	2021年度	2020年度	增减额	增减率
一、营业收入	603 600	544 370	59 230	10.88%
减:营业成本	383 760	364 000	19 760	5.43%
税金及附加	2 510	1 850	660	35.68%
销售费用	132 500	100 700	31 800	31.58%
管理费用	34 560	31 630	2 930	9.26%
财务费用	2 970	1 550	1 420	91.61%
资产减值损失	136	1 764	−1 628	−92.29%
加:公允价值变动净收益	0	0	0	0
投资净收益	1 860	1 070	790	73.83%
二、营业利润	49 024	43 946	5 078	11.56%
加:营业外收入	7 123	4 634	2 489	53.71%
其中:非流动资产处置利得	75	74	1	1.35%
减:营业外支出	830	672	158	23.51%
其中:非流动资产处置损失	271	344	−73	−21.22%
三、利润总额	55 317	47 908	7 409	15.47%
减:所得税	8 690	6 193	2 497	40.32%
四、净利润	46 627	41 715	4 912	11.78%
五、每股收益(元/股)				
(一)基本每股收益	0.76	0.68	0.08	11.76%
(二)稀释每股收益	0.76	0.68	0.08	11.76%
六、其他综合收益的税后净额	1 743	26	1 717	6 603.85%
七、综合收益总额	48 370	41 741	6 629	15.88%

(2) 从以上利润水平分析表可以看出,该公司2021年实现净利润46 627万元,比上年

增加了 4 912 万元,增长率为 11.78%,增幅可观。从表 3-6 看,公司净利润增长主要是由利润总额比上年增长 7 409 万元引起的。由于所得税费用比上年增长 2 497 万元,在两者共同作用下,净利润增长 4 912 万元。而所得税费用增长率高达 40.32%,这是利润增长的不利因素。

顺达公司 2021 年利润总额增加 7 409 万元,主要原因是营业外收入比 2020 年增长了 2 489 万元,增长率为 53.71%,而营业利润比 2020 年增长了 5 078 万元,增长率为 11.56%;同时营业外支出的增加使利润总额减少 158 万元,对利润总额的增长产生了一些不利影响。可见,当年营业外收入是影响利润总额的关键因素。

顺达公司 2021 年实现营业利润 49 024 万元,比 2020 年增长了 5 078 万元,增长率为 11.56%,营业利润增加的主要原因是营业收入、投资收益增加和资产减值损失减少。2021 年,该公司营业收入达到 603 600 万元,比 2020 年增长了 59 230 万元,增长率为 10.88%。投资收益增加导致营业利润增加 790 万元;资产减值损失的减少是导致营业利润增加的有利因素,2021 年资产减值损失减少 1 628 万元,下降了 92.29%。但由于营业成本增加,减利 19 760 万元;税金及附加比 2020 年增加了 660 万元;销售费用比 2020 年增加了 31 800 万元;财务费用比 2020 年增加了 1 420 万元,增加了 91.61%,这些都是导致营业利润下降的不利因素,增减因素相抵,最终营业利润增加了 5 078 万元,增长 11.56%。

除上述利润表三个关键指标,顺达公司 2021 年的基本每股收益和稀释每股收益均比 2020 年增长了 11.76%。顺达公司 2021 年不仅净利润有较好表现,其他综合收益也比 2020 年增加了 1 717 万元。两者共同作用导致综合收益总额比 2020 年增加了 6 629 万元,增长率为 15.88%。

2.【参考答案】

佳合公司 2021 年度利润构成情况分析如表 3-7 所示。

表 3-7　　　　　　　　　　2021 年度佳合公司利润垂直分析表

项目	2021 年度	2020 年度
一、营业收入	100.00%	100.00%
减:营业成本	55.90%	65.80%
税金及附加	4.10%	4.20%
销售费用	1.00%	1.16%
管理费用	8.75%	6.57%
财务费用	3.59%	2.63%
加:公允价值变动净收益	0.28%	0.20%
投资净收益	2.19%	1.36%
二、营业利润	29.14%	21.19%
加:营业外收入	3.10%	3.63%
减:营业外支出	1.50%	1.00%
三、利润总额	30.74%	23.82%
减:所得税费用	7.68%	5.96%
四、净利润	23.05%	17.87%

佳合公司2021年度各项利润指标的构成情况见表3-7,其中,营业利润占比29.14%,比上年度的21.19%上升了7.95%;利润总额占比30.74%,比上年度上升了6.92%;净利润占比为23.05%,比上年上升了5.18%。从公司的利润构成情况看,2021年度的盈利能力比上年度有所提高。具体分析如下:2021年度该公司的营业利润占比比上年有较大幅度上升,这主要是因为营业成本比例下降,也就是说,营业成本的下降是营业利润构成提高的根本原因。但由于2021年度的管理费用和财务费用占比较上年度都有所提高,对营业利润构成上升的幅度带来不利影响。从表3-7还可以看出,2021年度公司对外投资略有改进,税金及附加有所下降,公允价值变动净收益略有增加;但营业外支出的比重有增长趋势,值得注意。净利润构成上升幅度小于利润总额构成的上升幅度,这主要是缴纳所得税比重上升所致。

3.【参考答案】
运用水平分析法对A产品成本完成情况进行分析,如表3-8所示。

表3-8　　　　　　　　　　A产品单位成本分析表　　　　　　　　金额单位:元

成本项目	2021年实际成本	2020年实际成本	增减变动情况		项目变动对单位成本的影响
			增减额	增减率	
直接材料	652	590	62	10.51%	4.72%
直接人工	238	212	26	12.26%	1.98%
制造费用	469	512	−43	−8.40%	−3.27%
产品单位成本	1 359	1 314	45	3.42%	3.42%

从表3-8的分析可知,A产品2021年单位销售成本比上年度增加的主要原因是直接人工成本上升了26元和直接材料成本上升了62元。但由于制造费用的下降,单位成本又下降了43元,最终单位成本较2020年增加45元,增长3.42%。至于直接材料和人工成本上升的原因,以及制造费用下降的原因,还应进一步结合企业的各项消耗和价格的变动情况进行分析,以找出单位成本升降的最根本原因。

4.【参考答案】
(1)计算全部营业成本增减变动额和变动率。
全部营业成本降低额＝48 600−50 960＝−2 360元
全部营业成本降低率＝(−2 360)÷50 960×100%＝−4.63%
企业全部营业成本比上一年下降,降低额为2 360元,降低率为4.49%。
(2)确定主要产品和非主要产品成本变动情况及对全部营业成本的影响。
主要产品营业成本降低额＝45 600−47 900＝−2 300元
主要产品营业成本降低率＝(−2 300)÷47 900×100%＝−4.80%
主要产品对全部成本降低的影响率＝(−2 300)÷50 960×100%＝−4.51%
非主要产品成本降低额＝3 000−3 060＝−60元
非主要产品成本降低率＝(−60)÷3 060×100%＝−2%
非主要产品对全部成本降低的影响率＝(−60)÷50 960×100%＝−0.12%
从以上分析可以看出,全部营业成本之所以比上一年有所下降,主要是由公司主要产品营业成本下降引起的。

(3) 分析各主要产品营业成本完成情况及对全部成本的影响。

A 产品营业成本降低额＝22 500－23 750＝－1 250 元

成本降低率＝(－1 250)÷23 750×100％＝－5.26％

对全部成本降低率的影响＝(－1 250)÷50 960×100％＝－2.45％

B 产品营业成本降低额＝23 100－24 150＝－1 050 元

成本降低率＝(－1 050)÷24 150×100％＝4.35％

对全部成本降低率的影响＝(－1050)÷50 960×100％＝－2.06％

A、B 两种产品成本下降,是导致全部营业成本下降的主要原因。

5.【参考答案】

根据题中资料,计算 2020 年度与 2021 年度的销售额,如表 3-9 所示。

表 3-9　　　　　　　　A 产品有关等级及销售分析表　　　　　　　　单位:元

等级	销售量(台)		价格		2021年销售额		2020年销售额
	2021年	2020年	2021年	2020年	基期单价*	本期单价	
一等品	12 500	12 000	158	150	1 875 000	1 975 000	1 800 000
二等品	8 800	9 400	136	135	1 188 000	1 196 800	1 269 000
合计	21 300	21 400			3 063 000	3 171 800	3 069 000

(1) 计算等级品平均单价:

2021 年等级品本年平均价格＝3 171 800÷21 300＝149 元

2021 年等级品上一年平均价格＝3 063 000÷21 300＝144 元

2020 年等级品上一年平均价格＝3 069 000÷21 400＝143 元

(3) 等级品构成变动对利润的影响。

21 300×(144－143)＝21 300 元

(4) 等级品价格变动对利润的影响。

21 300×(149－144)＝106 500 元

第四章 其他报表分析

第一部分 内容概要

一、所有者权益变动表分析

(一) 所有者权益变动表分析的目的与内容

1. 所有者权益变动表分析的目的

所有者权益变动表分析的具体目的如下:

(1) 清晰体现会计期间构成所有者权益各个项目的变动规模与结构,了解其变动趋势,反映公司净资产的实力,提供资本保值增值的重要信息。

(2) 进一步从全面收益角度报告更全面、更有用的财务业绩信息,以满足报表外部和内部使用者进行投资、信贷、监管及其他经济决策的需要。

(3) 反映会计政策变更的合理性以及会计差错更正的幅度,具体报告会计政策变更和会计差错更正对所有者权益的影响数额。

(4) 反映股利分配政策、股票回购等公司战略对所有者权益的影响。

2. 所有者权益变动表分析的内容

所有者权益变动表的分析,包括如下内容:①所有者权益变动表的水平分析、垂直分析和趋势分析。②所有者权益变动表的主要项目分析。③所有者权益变动因素影响分析。

(二) 所有者权益变动表综合分析

1. 所有者权益变动表的水平分析

所有者权益变动表的水平分析,是将所有者权益变动表的整体数据变动与各个项目的数据变动进行对比,揭示公司当期所有者权益规模与各个组成要素变动的关系,解释公司净资产的变动原因,从而进行相关分析与决策的过程。

除此之外,所有者权益变动表的水平分析还应当包括对所有者权益规模变动原因逐一进行分析:

(1) 实收资本(或股本)变动情况的分析。实收资本(或者股本)的增加包括资本公积转入、盈余公积转入、利润分配转入和发行新股等多种渠道,前三种都会稀释股票的价格,而发行新股既能增加注册资本和股东权益,又可增加公司的现金资产,这是对公司发展最有利的增股方式。

(2) 资本公积变动情况的分析。资本公积是指归所有者所共有的、非收益转化而形成的资本。资本公积增加的原因包括资本(股本)溢价和其他资本公积,如接受捐赠、法定财产重估增值和资本溢价。

(3) 其他综合收益变动情况的分析。其他综合收益是指企业根据其他会计准则规定未在当期损益中确认的各项利得和损失,扣除所得税影响后的净额。其中包括以后会计期间不能重分类进损益的其他综合收益项目和以后会计期间在满足规定条件时将重分类进损益的其他综合收益项目两大类。

(4) 盈余公积变动情况的分析。盈余公积是指公司从税后净利润中提取的公司积累基金。盈余公积按规定可用于弥补亏损,也可按法定程序转增资本金,法定公积金提取率为10%,盈余公积的增减变动情况可以直接反映公司创利及其积累的情况。

(5) 未分配利润的分析。未分配利润是企业留待以后年度分配的结存利润。

2. 所有者权益变动表的构成分析

所有者权益变动表的构成分析,是对所有者权益各个子项目变动占所有者权益变动的比重予以计算,并进行分析评价,揭示公司当期所有者权益各个子项目的比重及其变动情况,解释公司净资产构成的变动原因,从而进行相关决策的过程。

留存收益的直接效果就是在利润分配前提取盈余公积,限制向投资者分配利润,在利润分配中不完全分配,以便以后年度分配,其目的在于:①降低公司财务风险。②均衡各期利润分配。③为公司扩充实力追加投资。④出于某些特殊目的的考虑。

3. 所有者权益变动表的趋势分析

所有者权益变动表的趋势分析,是通过所有者权益变动表各个项目的变动情况,观察和分析股本、资本公积、盈余公积、未分配利润等项目的变动趋势,深入理解和掌握所有者权益项目增减变动的原因与规律,为财务预测、财务决策、编制财务预算和估算企业价值提供依据。所有者权益变动表已反映资产负债表中所有者权益项目由期初到期末的具体变动,因此,所有者权益变动表趋势分析是对资产负债表趋势分析的补充与延伸。

4. 所有者权益变动表主要项目的分析

所有者权益变动表主要项目的分析,是将组成所有者权益的主要项目进行具体剖析对比,分析其变动成因、合理合法性有无人为操控的迹象等事项的过程。

所有者权益变动表的主要项目,可以从以下公式进行理解:

$$本期所有者权益变动额=净利润+其他综合收益税后净额+会计政策变更和前期差错更正的累积影响+所有者或股东投入资本-向所有者或股东分配的利润$$

为了避免与资产负债表分析重复,本章所有者权益变动表主要项目的分析主要包括以下三项。

1) 其他综合收益

其他综合收益是指企业根据其他会计准则规定未在当期损益中确认的各项利得和损失。利得是指由企业非日常活动所形成的,会导致所有者权益增加的,与所有者投入资本无关的经济利益的流入。

2) 会计政策变更的分析

(1) 会计政策与会计政策变更。在一般情况下,公司应在每期采用相同的会计政策,不应也不能随意变更会计政策。否则,势必会削弱会计信息的可比性,使会计报表使用者在比较公司经营业绩时发生困难。但是,满足下列条件之一的,可以变更会计政策:①法律、行政法规或者国家统一的会计制度等要求变更。②会计政策变更能够提供更可靠、更相关的会计信息。

(2) 会计政策变更在表中的列示与分析。会计政策变更能够提供更可靠、更相关的会计信息的,主要应当采用追溯调整法进行处理,将会计政策变更累积影响数调整列报前期最早期初留存收益。一般而言,不属于会计政策变更的业务或事项具体包括:①当期发生的交易或事项与以前相比具有本质差别而采用新的会计政策。②对初次发生的或不重要的交易或事项而采用新的会计政策。

(3) 影响会计方法选择的深层原因。财务报告分析者应该关注公司会计方法选择或变更的深层次原因:①出于税收支出的考虑。②数据收集成本的影响。③经营成本的影响。④出于融资成本的考虑。⑤出于对利益相关者之间财富再分配的考虑。

3) 前期差错更正的分析

(1) 前期差错与前期差错更正。前期差错,是指由于没有运用或错误运用以下两种信息,而对前期财务报表造成遗漏或误报:①编报前期财务报表时能够合理预计取得并应当加以考虑的可靠信息。②前期财务报表批准报出时能够取得的可靠信息。前期差错更正,是指企业应当在重要的前期差错发现后的财务报表中,调整前期相关数据。前期差错更正主要采用追溯重述法,它是指在发现前期差错时,视同该项前期差错从未发生过,从而对财务报表相关项目进行更正的方法。

(2) 前期差错更正在表中的列示与分析。本期发现与以前期间相关的重大会计差错,如果影响损益,应按其对损益的影响数调整发现当期的期初留存收益,会计报表其他相关项目的期初数也应一并调整;如不影响损益,应调整会计报表相关项目的期初数。

对于前期差错更正累积影响数的分析,主要目的在于及时发现与更正前期差错,合理判断和区分相关业务是属于会计政策变更还是属于会计差错更正类别,以确保信息的准确。

会计差错产生的原因可归纳为三类:①会计政策使用方面的差错。②会计估计方面的差错。③其他差错。

(三) 所有者权益变动影响因素分析

1. 股利决策对所有者权益的影响

1) 派现

(1) 派现的含义。派现即派发现金股利,是指公司以现金向股东支付股利的形式,是公司最常见的、最易被投资者接受的股利支付方式。这种形式能够满足大多数投资者希望得到稳定投资回报的要求。公司是否支付现金股利,既取决于公司是否有足额的可供分配的利润,还取决于公司的投资需要、现金流量和股东意愿等因素。

(2) 派现对所有者权益的影响。派现会导致公司现金流出,减少公司的资产和所有者权益规模,降低公司内部筹资的总量,既影响所有者权益内部结构,也影响整体资本结构。

派现将减少公司的资产和留存收益规模,降低公司的财务弹性,并影响公司整体的投资与筹资决策。所以,管理层在决定派现时,应当权衡各方面的因素。一般而言,公司派现决策的动机如下:①消除不确定性动机。②传递优势信息动机。③减少代理成本动机。④返还现金动机。

2) 送股

(1) 送股的含义。送股即送股票股利,是指公司以股票形式向投资者发放股利的方式。公司选择送股的动因如下:①送股固然不会增加股票的内在价值,但是对股东来说,将收益作为本金留存公司是一种再投资行为。只要公司经营长线看好,股票红利就很诱人。②从市场评价来看,送股相当吸引人。③公司送股决策最直接的动因还是为了更多地筹资。④送股有避税、降低交易成本等优点。

(2) 送股对所有者权益的影响。送股是一种比较特殊的股利形式,它不直接增加股东的财富,不会导致企业资产的流出或负债的增加,不影响公司的资产、负债及所有者权益总额的变化,影响的只是所有者权益内部有关各项目及其结构的变化,即将未分配利润转为股本(面值)或资本公积(超面值溢价)。

(3) 送股对每股收益和每股市价的影响。送股后,如果盈利总额不变,普通股股数的增加会引起每股收益和每股市价的下降,但由于股东所持股份的比例不变,每位股东所持股票的市场价值总额仍保持不变。

关于发放股票股利对每股收益和每股市价的影响,可以通过对原每股收益、每股市价的调整直接算出。其计算公式如下:

$$发放股票股利后的每股收益 = E_0 \div (1 + D_S)$$

式中:E_0——发放股票股利前的每股收益;

D_S——股票股利发放率。

$$发放股票股利后的每股市价 = M \div (1 + D_S)$$

(4) 转增股本与送股。转增股本是指公司将资本公积转化为股本,转增股本并没有改变股东的权益,却增加了股本的规模,因而客观结果与送股相似。

2. 股票分割对所有者权益的影响

(1) 股票分割的含义。股票分割是在保持原有股本总额的前提下,将每股股份分割为若干股,使股票面值降低而增加股票数量的行为。

股票分割对中小投资者购买股票更具吸引力,具体来说可归纳为:①股票分割可降低公司股票的市场价格,这有利于吸引投资买卖公司股票。②股票分割实际上是向投资者传递公司发展前景良好的信息。③如果股票分割后的每股现金股利比股票分割前高,股东可获得较多的利益,有利于稳定公司的股票价格。

(2) 股票分割对公司所有者权益的影响。股票分割不属于股利分配,但与股票股利在效果上有一些相似之处,即股票分割也不直接增加股东的财富,不影响公司的资产、负债及所有者权益的金额变化。与送股的不同之处在于股票股利影响所有者权益有关各项目的结构发生变化,而股票分割则不会改变公司的所有者权益结构。

(3) 股票分割对每股收益和每股市价的影响。虽然股票分割不属于某种股利,但和股票股利一样,它会对公司的每股收益、每股市价等产生影响。在其他条件不变的情况下,进行股票分割会使公司的每股收益和每股市价下降。

3. 库存股对所有者权益的影响

(1) 库存股的概念。库存股亦称库藏股,是指公司购回而没有注销并由该公司持有的已发行的股份。库存股在回购后并不一定注销,由公司持有并决策,在适当的时机可以再向市场出售或用于对员工的激励。库存股是发行总股本的减项,可以被理解为将股利一次性支付给股东,属于间接股利分配形式。

股票回购的原因一般有以下两点：①实施基于股票的管理层激励，管理层可以低于市价的价格购买公司的股票，从而使管理层和股东的利益一致。②提高每股收益，减少发行在外的股票数量，会使每个股东享有的利润增加，从而提高每股收益。

（2）库存股对公司所有者权益的影响。①库存股不是公司的一项资产，而是所有者权益的减项，发生时不影响总股本变化，注销库存股时，所有者权益减少。②库存股的变动不影响损益，只影响权益。③库存股的权利受限。

（3）对库存股分析应该注意的问题。库存股会影响公司的股价、资本结构、公司形象等，因此在报表分析中应该注意以下几项：①法律、法规、章程等对发行在外的股票数量及金额的限制。②法律、法规、章程等因持有库存股而对其股利分配的限制。③依法回收股票的原因、库存股的增减变动状况。④法律、法规、章程对库存股所享有的股东权利的限制。⑤若子公司于母公司财务报表期间持有母公司股票，母公司利润表应揭示相关资料，并在财务报表附注中揭示子公司购入的股数及账面价值、再出售股数及售价、期末持有数及市价。⑥有无利用股票回购内幕操纵股价、粉饰财务数据、误导投资者、满足公司管理层短期行为的动机等。

二、现金流量表分析

（一）现金流量表分析的目的与内容

1. 现金流量表分析的目的

现金流量表反映了企业在一定时期内创造的现金数额，揭示了企业在一定时期内现金流动的状况，通过现金流量表分析，可以达到以下目的：①从动态上了解企业现金变动情况和变动原因。②判断企业获取现金的能力。③评价企业盈利的质量。

2. 现金流量表分析的内容

（1）现金流量表综合分析，主要包括现金流量表总体分析、现金流量表水平分析、现金流量表结构分析和现金流量组合分析。

（2）现金流量表分项分析，主要包括经营活动现金流量项目分析、投资活动现金流量项目分析、筹资活动现金流量项目分析、汇率变动对现金的影响分析和现金及现金等价物分析。

（3）现金流量与利润综合分析，主要包括经营活动现金流量净额与净利润关系分析和现金流量表附表主要项目分析。

（二）现金流量表综合分析

1. 现金流量表总体分析

现金流量表总体分析，就是要根据现金流量表的数据，对企业现金流量主要情况进行总体分析与评价。这时，现金流量表本身就可作为一张分析表，根据表中资料可分析说明企业现金流量情况，总体把握公司现金变动情况，了解公司现金增减变动的主要原因。

2. 现金流量表水平分析

现金流量表总体分析只说明了企业当期现金流量产生的主要原因，没能揭示本期现金流量与前期或预计现金流量的差异。为了解决这个问题，分析人员可采用水平分析法对现金流量表进行分析。

3. 现金流量表结构分析

现金流量表结构分析的目的在于揭示现金流入量和现金流出量的结构情况，从而抓住企业现金流量管理的重点。现金流量结构分析的资料通常使用直接法编制的现金流量表，分析方法为垂直分析法。

(1) 现金流入结构分析。现金流入结构分为总流入结构和内部流入结构。总流入结构是反映企业经营活动的现金流入量、投资活动的现金流入量和筹资活动的现金流入量分别占现金总流入量的比重。总体来说，企业的现金流入量中，经营活动的现金流入量应当占较高比例，特别是其销售商品、提供劳务收到的现金应明显高于其他业务活动流入的现金。但是对于不同性质的企业，这个比例也可能有较大的差异。

(2) 现金流出结构分析。现金流出结构分为总流出结构和内部流出结构。现金总流出结构是反映企业经营活动的现金流出量、投资活动的现金流出量和筹资活动的现金流出量分别在全部现金流出量中所占的比重。

4. 现金流量组合分析

将经营活动、投资活动和筹资活动的现金流量净额的正负组合进行分析，可以发现企业的经营现状特征。各种组合情况如表4-1所示。

表4-1　　　　　　　　　　现金流量组合分析表

序号	经营活动现金流量	投资活动现金流量	筹资活动现金流量
1	＋	＋	＋
2	＋	＋	－
3	＋	－	＋
4	＋	－	－
5	－	＋	＋
6	－	＋	－
7	－	－	＋
8	－	－	－

(1) 同时存在大量的经营活动、投资活动和筹资活动现金净流入量。这种组合体现出公司拥有充沛的现金流入量。

(2) 经营活动和投资活动产生现金净流入量，筹资活动导致现金净流出量。这种组合往往意味着企业的经营和投资状况良好，已进入债务偿还期或者为股东分配股利。

(3) 经营活动和筹资活动产生现金净流入量，投资活动导致现金净流出量。这种组合反映公司利用经营活动产生的现金流量以及筹资获得的资金进行了投资活动。企业实施积极的扩张政策，可能有助于企业未来持续稳定的利润增长，还要视投资活动效果而定。

(4) 经营活动产生现金净流入量，投资活动和筹资活动导致现金净流出。这种组合意味着企业依赖经营活动的现金流入量进行投资活动并偿还债务或分配股利，体现经营活动强大的现金产生能力，也要提防现金消耗量过大导致现金不足。

(5) 经营活动产生现金净流出，投资活动和筹资活动带来现金净流入。在这种情况下，经营收现收入无法弥补经营付现成本，出现现金短缺；正在通过筹资活动以及投资变现或投资收益来补充经营活动现金缺口。如果企业无法采取有效措施扭转经营活动的困境,长此以往将可能导致企业资金链断裂。

(6) 经营活动和筹资活动导致现金净流出,投资活动带来现金净流入。这样的企业形成了由投资活动现金流量独自苦苦支撑的局面。

(7) 经营活动和投资活动带来现金净流出量,筹资活动产生现金净流入量。企业一方面经营陷入困境,另一方面扩大投资,此时严重依赖外部融资,希望能通过高质量的投资挽救困局。

(8) 经营活动、投资活动和筹资活动现金流量全部净流出。此时的企业内部经营活动在流失现金,外部的筹资活动也在抽取现金,只能通过消耗存量资金进行对外投资,投资活动的效果决定了企业未来的命运。

(三) 现金流量表分项分析

1. 经营活动现金流量项目分析

(1) 销售商品、提供劳务收到的现金。此项目是企业现金流入的主要来源,通常具有数额大、所占比例高的特点。与利润表中的营业收入项目相对比,销售商品、提供劳务收到的现金可以判断企业销售收现情况。"营业收入"与"销售商品、提供劳务收到的现金"的差额,将会导致"应收账款""应收票据"和"预收账款"等项目的变化。所以,可以根据这些项目之间的关联性来判断营业收入确认的合理性。

(2) 收到的税费返还。该项目反映企业收到返还的增值税、营业税、所得税、消费税、关税和教育费附加等各种税费。分析人员可结合相关项目信息对该项目进行分析。此项目通常数额不大,对经营活动现金流入量影响也不大。

(3) 收到其他与经营活动有关的现金。该项目反映企业收到的银行存款利息收入、捐赠收入、罚款收入、流动资产损失中由个人赔偿的现金收入等其他与经营活动有关的现金流入金额,金额较大的应当单独列示。分析人员可结合利润表的"营业外收入""其他业务收入""财务费用""其他应收款"等项目的附注披露信息进行分析。此项目具有不稳定性,数额不应过多。

(4) 购买商品、接受劳务支付的现金。此项目一般是企业现金流出的主要方向,通常具有数额大、所占比重高的特点。将其与资产负债表的"应付账款""应付票据"和"预付账款"等项目变化情况相比较,可以判断企业购买商品付现率的情况,借此可以了解企业资金的紧张程度或企业的商业信用情况,从而可以更加清楚地认识到企业目前所面临的财务状况。

(5) 支付给职工以及为职工支付的现金。该项目反映企业本期实际支付给职工的工资、奖金、各种津贴和补贴等职工薪酬,但是应由在建工程、无形资产负担的职工薪酬以及支付给离退休人员的职工薪酬除外。两者分别在"购建固定资产、无形资产和其他长期资产支付的现金"和"支付其他与经营活动有关的现金"项目中反映。此项目能够反映出企业的人力成本水平。

(6) 支付其他与经营活动有关的现金。该项目反映企业支付的罚款支出,差旅费、业务招待费、保险费等其他与经营活动有关的项目的现金流出,金额较大的应当单独列示。该项目主要与利润表的"销售费用"以及"管理费用"项目相对应,分析人员可结合相关信息进行分析。

(7) 经营活动现金流量净额。在三类业务活动引起的现金流量中,经营活动现金流量的稳定性和再生性较好,一般情况下应占较大比例。如果经营活动现金流入量小于现金流出量,即经营活动现金流量净额小于零,说明经营活动的现金流量自我适应能力较差,经营活动现金流入量不仅不能支持投资或偿债的资金需要,而且经营活动还在"蚕食"企业的现金存量。如果这种状况一直持续,企业将要借助于收回投资或举借新债取得现金才能维持正常经营。

经营活动净流量阶段性分析及其评价结果,如表 4-2 所示。

表 4-2　　　　　　　　经营活动现金流量净额阶段性分析评价表

现金流量	经营周期			
	萌芽期	成长期	成熟期	衰退期
经营活动产生的现金流量小于零	正常	长期持续状态说明回笼现金的能力很差		很差
经营活动产生的现金流量等于零	中等	长期持续状态说明回笼现金的能力很差		一般
经营活动产生的现金流量大于零但不足以补偿当期的非现金消耗性成本	较好	长期持续状态仍然不能给予较高评价		较好
经营活动产生的现金流量大于零并恰能补偿当期的非现金消耗性成本	好	较好	好	好
经营活动产生的现金流量大于零并在补偿当期的非现金消耗性成本后仍有剩余	很好	很好	很好	很好

2. 投资活动现金流量项目分析

(1) 收回投资收到的现金。该项目反映企业出售、转让或到期收回除现金等价物以外的交易性金融资产、长期股权投资而收到的现金,以及收回长期债权投资本金而收到的现金,但长期债权投资收回的利息除外。如果因盈利出售投资性资产而导致现金流入量,说明前期投资活动取得了收益。如果企业在大量出售投资,缩小投资规模,可能意味着企业在规避投资风险、投资战略改变或企业存在资金紧张的问题。

(2) 取得投资收益收到的现金。该项目反映企业因股权性投资而分得的现金股利,从子公司、联营企业或合营企业分回利润而收到的现金,以及因债权性投资而取得的现金利息收入,但股票股利除外。此项目存在发生额,说明企业进入投资回收期。该项目金额同利润表当中的"投资收益"项目进行对比分析,可以考察投资收益的收现状况,同资产负债表当中的投资资产金额进行对比分析,可以考察投资资产的现金回报情况。

(3) 处置固定资产、无形资产和其他长期资产收回的现金净额。该项目反映企业出售、报废固定资产、无形资产和其他长期资产所取得的现金(包括因资产毁损而收到的保险赔偿收入),减去为处置这些资产而支付的有关费用后的净额,但现金净额为负数的除外。该项目可与资产负债表中的"固定资产""在建工程"和"无形资产"等项目的减少额进行比较分析。此项目如果数额较大,表明企业产业、产品结构将有所调整,或者表明企业未来的生产能力将受到严重影响、已经陷入深度的债务危机之中,靠出售设备来维持经营。

(4) 处置子公司及其他营业单位收到的现金净额。该项目反映企业处置子公司及其他营业单位所取得的现金减去相关处置费用后的净额。处置子公司及其他营业单位属于公司的重大影响事项,公司一般会单独发布公告或者在年度报告中详细予以说明,分析人员可结合相关信息判断该事项对企业未来经营发展会产生何种影响。

（5）购建固定资产、无形资产和其他长期资产支付的现金。该项目反映企业购买、建造固定资产、无形资产和其他长期资产所支付的现金及增值税税款，支付的应由在建工程和无形资产负担的职工薪酬现金支出，但为购建固定资产而发生的借款利息资本化部分、融资租入固定资产所支付的租赁费除外。该项目可与资产负债表中的"固定资产""在建工程"和"无形资产"等项目的增加额相比较分析。此项目能够表明企业扩大再生产能力的强弱，可以反映企业未来的经营方向和获利能力，揭示企业未来经营方式和经营战略的发展变化。

（6）投资支付的现金。该项目反映企业取得的除现金等价物外的权益性投资和债权性投资所支付的现金以及支付的佣金、手续费等附加费用。该项目可结合资产负债表的对外投资各项目的增加额进行分析。此项目可以表明企业参与资本市场运作、实施股权及债权投资能力的强弱，分析投资方向与企业的战略目标是否一致。

（7）取得子公司及其他营业单位支付的现金净额。该项目反映企业购买子公司及其他营业单位购买出价中以现金支付的部分，减去子公司或其他营业单位持有的现金和现金等价物后的净额。购买子公司及其他营业单位属于公司的重大影响事项，公司一般会单独发布公告或者在年度报告中详细予以说明，可结合相关信息判断该事项对企业未来经营发展会产生何种影响。

3. 筹资活动现金流量项目分析

（1）吸收投资收到的现金。该项目反映企业以发行股票实际收到的款项，减去直接支付给金融企业的佣金、手续费、宣传费、咨询费、印刷费等发行费用后的净额。这个项目可以表明企业通过资本市场筹资能力的强弱。此项目如有发生额，数额一般较大，分析人员可结合资产负债表中的"股本"和"应付债券"等项目的增加额对其进行分析。

（2）取得借款收到的现金。该项目反映企业举借各种短期、长期借款而收到的现金。分析人员可结合资产负债表中的"短期借款"和"长期借款"等项目对其进行分析。此项目数额的大小，表明企业通过银行筹集资金能力的强弱，在一定程度上代表了企业信用水平的高低。

（3）偿还债务支付的现金。该项目反映企业以现金偿还债务的本金，分析人员可结合资产负债表中的"短期借款""长期借款"和"应付债券"项目的减少额进行分析。此项目有助于分析企业资金周转是否已经达到良性循环状态。

（4）分配股利、利润或偿付利息支付的现金。该项目反映企业实际支付的现金股利支付给其他投资单位的利润或用现金支付的借款利息、债券利息。分析人员可结合利润表的"财务费用"和所有者权益变动表的"利润分配"项目对其进行分析，还需要考虑利息资本化的影响。利润的分配情况可以反映企业现金的充裕程度。

4. 汇率变动对现金的影响分析

汇率变动对现金的影响反映于下列项目的差额：①企业外币现金流量及境外子公司的现金流量折算为记账本位币时，所采用的现金流量发生日的即期汇率或按照系统合理的方法确定的、与现金流量发生日即期汇率近似的汇率折算的金额。②"现金及现金等价物净增加额"项目中外币现金净增加额按期末汇率折算的金额。此项目如果数额较大，需要借助会计报表附注的相关内容分析其原因及其合理性。

5. 现金及现金等价物分析

（1）"现金及现金等价物净增加额"项目金额等于"经营活动产生的现金流量净额""投资活动产生的现金流量净额"和"筹资活动产生的现金流量净额"三者的代数和，再调整外币现金资产汇率变动影响金额。

（2）"期初现金及现金等价物余额"项目。分析人员可结合资产负债表"货币资金"项目期初余额对其进行分析。

（3）"期末现金及现金等价物余额"项目。分析人员可结合资产负债表"货币资金"项目期末余额对其进行分析。

（四）现金流量与利润综合分析

1. 经营活动现金流量净额与净利润关系分析

用公式表示经营活动净现金流量与净利润之间的关系如下：

经营活动现金流量净额＝净利润－非付现经营性收入＋非付现经营性费用－非经营性收入＋
　　　　　　　　　　非经营性费用－非现金流动资产净变化额＋非现金流动负债净变化额

通过对这一关系式的分析，我们可以揭示出从净利润到经营活动净现金流量的变化过程，反映经营活动净现金流量与净利润的区别与联系。

2. 现金流量表附表主要项目分析

补充资料是采用间接法报告经营活动产生的现金流量，在企业当期净利润的基础上进行某些项目的调整，从而得到经营活动的现金流量净额：

（1）资产减值准备。在净利润的基础上进行调整计算时，应将其加回到净利润中。分析人员可结合利润表的"资产减值损失"项目，以及发生减值的资产项目对其进行分析。

（2）固定资产折旧、油气资产折耗、生产性生物资产折旧。在净利润基础上调整计算时，应将其全部加回到净利润中。分析人员可结合资产负债表"固定资产""油气资产"和"生产性生物资产"等项目对其进行分析。

（3）无形资产摊销、长期待摊费用摊销。在将净利润调节为经营活动现金流量时应加回。分析人员可结合资产负债表"无形资产"和"长期待摊费用"等项目对其进行分析。

（4）处置固定资产、无形资产和其他长期资产的损失和固定资产报废损失。这两个项目属于投资活动产生的损益，所以在将净利润调节为经营活动现金流量时需要予以调节。

（5）公允价值变动损失。该项目反映持有的金融资产、金融负债以及采用公允价值计量模式的投资性房地产的公允价值变动损失，属于投资活动损益，应予调整。

（6）财务费用。企业发生的财务费用可以分别归属于经营活动、投资活动和筹资活动。对属于经营活动产生的财务费用，若既影响净利润又影响经营活动现金流量，如到期支付应付票据的利息，则不需要调整；对属于投资活动和筹资活动产生的财务费用，如长期借款利息，则只影响净利润，不影响经营活动现金流量，应在净利润的基础上进行调整。

（7）投资损益。投资损益是由投资活动引起的，与经营活动无关。因此，无论是否有现金流量，该项目都应全额调节净利润。

（8）递延所得税资产减少和递延所得税负债增加。它们分别反映企业资产负债表"递延所得税资产"和"递延所得税负债"项目的期初余额与期末余额的差额。递延所得税在计提和缴纳时间上的不一致，导致了其对利润和现金流量影响时间上的不一致。因此，应在净利润的基础上进行调整。

（9）存货的减少，经营性应收项目的减少和经营性应付项目的增加。经营活动存货的增加，说明现金减少或经营性应付项目增加；存货减少，说明非付现销售成本增加。所以在调节净利润时，应减去存货的净增加数，或加上存货的净减少数。经营性应收项目增加，说明企业未收到现金的收入增加，即利润增加但现金流量未增加。经营性应收项目减少，说明应收款项收回，现金增加，但不影响利润。所以要对由此引起的净利润与现金流量的差异进行调整。经营性应付项目的情况与此相反。

第二部分 练 习 题

一、单项选择题

1. 下列各项中，当期所有者权益变动额等于（　　）。
   A. 总权益变动额　　　　　　　　B. 总资产变动额
   C. 总股本变动额　　　　　　　　D. 净资产变动额
2. 其他债权投资公允价值增加时，同时增加的是（　　）。
   A. 未分配利润　　B. 资本公积　　C. 盈余公积　　D. 其他综合收益
3. 某公司本年净利润为2 000万元，股利分配时的股票市价为20元/股，发行在外的流通股股数为1 000万股，股利分配政策为10送2，则稀释每股收益为（　　）元。
   A. 1.67　　　　B. 2　　　　　C. 16.67　　　　D. 20
4. 下列各项实收资本（或者股本）的情况中，既能增加注册资本和股东权益，又可增加公司的现金资产的是（　　）。
   A. 资本公积转入　　　　　　　　B. 盈余公积转入
   C. 利润分配转入　　　　　　　　D. 发行新股
5. 下列各项情况中，不可以变更会计政策的是（　　）。
   A. 法律、行政法规要求变更
   B. 管理层要求变更会计政策来平滑利润
   C. 国家统一的会计制度要求变更
   D. 会计政策变更能够提供更可靠、更相关的会计信息
6. 下列各项中，不属于会计变更的是（　　）。
   A. 由于信用环境的改变，企业对坏账由直接转销法变为备抵法
   B. 企业将自用的办公楼改为出租，将办公楼由固定资产转为投资性房地产
   C. 国家发布统一的关于增值税会计处理的核算办法后，企业应及时按照新的办法处理
   D. 企业固定资产的折旧由直线折旧法改为加速折旧法
7. 下列各项中，不属于派现的影响的是（　　）。
   A. 会导致公司现金流出
   B. 减少公司的资产和所有者权益规模
   C. 增加公司的资产和所有者权益规模
   D. 影响整体资本结构

8. 下列各项中,属于股票分割的影响的是( )。

A. 股票分割会增加公司股票的市场价格,不利于股票在市场上流通

B. 股票分割是向投资者传递公司发展逐渐衰落的信息

C. 如果股票分割后的每股现金股利比股票分割前高,股东可获得较多的利益

D. 股票分割会使所有者权益增加

9. 下列各项中,不属于现金等价物的特点的是( )。

A. 期限长 B. 流动性强

C. 易于转换为已知金额现金 D. 价值变动风险很小的投资

10. 下列各项中,属于经营活动产生的现金流量的是( )。

A. 购买商品、接受劳务支付的现金

B. 处置固定资产、无形资产和其他长期资产收回的现金净额

C. 分配股利、利润或偿付利息支付的现金

D. 取得投资收益收到的现金

11. 下列各项中,属于筹资活动产生的现金流量的是( )。

A. 处置子公司及其他营业单位收到的现金净额

B. 偿还债务支付的现金

C. 支付给职工以及为职工支付的现金

D. 购建固定资产、无形资产和其他长期资产支付的现金

12. 下列各项中,属于投资活动产生的现金流量的是( )。

A. 处置固定资产、无形资产和其他长期资产收回的现金净额

B. 收到的税费返还

C. 支付的各项税费

D. 吸收投资收到的现金

13. 下列各项中,属于现金流量表结构分析的目的的是( )。

A. 揭示现金流入量和现金流出量的结构情况

B 说明了企业当期现金流量产生的主要原因

C. 揭示本期现金流量与前期或预计现金流量的差异

D. 发现企业当前的经营状况特征

14. 下列各项中,意味着企业的经营和投资状况良好,已进入债务偿还期或者为股东分配股利的是( )。

A. 同时存在大量的经营活动、投资活动和筹资活动现金净流入量

B. 经营活动和投资活动产生现金净流入量,筹资活动导致现金净流出

C. 经营活动和筹资活动产生现金净流入量,投资活动导致现金净流出

D. 经营活动产生现金净流入量,投资活动和筹资活动导致现金净流出

15. 下列各项中,在将净利润调节为经营活动的现金流量时,需要调减的是( )。

A. 资产减值准备 B. 固定资产折旧

C. 公允价值变动损失 D. 存货的增加

二、多项选择题

1. 下列各项中,将会稀释每股收益的决策方案有( )。
   A. 派现　　　　　B. 送股　　　　　C. 股票分割　　　D. 股票回购

2. 下列各项中,属于所有者权益内部结转的有( )。
   A. 资本公积转增资本　　　　　　　B. 盈余公积转增资本
   C. 盈余公积弥补亏损　　　　　　　D. 股票回购

3. 下列各项中,会引起所有者权益总额变化的有( )。
   A. 发行新股　　　　　　　　　　　B. 可转换债券行权
   C. 债务重组转为资本　　　　　　　D. 盈余公积弥补亏损

4. 下列各项中,属于库存股受到限制的权利的有( )。
   A. 股利分派权　　B. 剩余财产分派权　C. 表决权　　　D. 决策权

5. 下列各项中,属于所有者权益变动表至少应当单独列示的项目有( )。
   A. 综合收益总额
   B. 会计政策变更和会计差错更正的累积影响金额
   C. 所有者投入资本和向所有者分配利润等
   D. 按照规定提取的盈余公积

6. 下列各项中,属于现金流量表分析的目的的有( )。
   A. 从动态上了解企业现金变动情况和变动原因
   B. 判断企业获取现金的能力
   C. 评价企业盈利的质量
   D. 评价企业当期的财务成果

7. 下列各项中,属于现金流量表综合分析的有( )。
   A. 现金流量表总体分析　　　　　　B. 现金流量表水平分析
   C. 现金流量表结构分析　　　　　　D. 现金流量组合分析

8. 下列选项可能导致资产负债表"货币资金"项目期末余额,不等于现金流量表"现金及现金等价物"期末余额的有( )。
   A. 以交易为目的的股票投资
   B. 银行定期存款
   C. 三个月内到期的短期债券投资
   D. 申请开立银行承兑汇票时支付的保证金

9. 下列选项中,可能导致净利润和经营活动净现金流量不一致的有( )。
   A. 不减少现金的经营性费用　　　　B. 付现经营性费用
   C. 非现金流动资产的减少　　　　　D. 从银行提取备用金

10. 下列选项中,可能导致"营业成本"和"购买商品、接受劳务支付的现金"两个项目不一致的有( )。
    A. 应付账款增加　　　　　　　　　B. 应收账款增加
    C. 应付票据增加　　　　　　　　　D. 应收票据增加

三、判断题

1. 所有者权益变动表的水平分析,是将所有者权益变动表的整体数据变动与各个项目的数据变动进行对比,揭示公司当期所有者权益规模与各个组成要素变动的关系,解释公司净资产的变动原因,从而进行相关分析与决策的过程。（   ）

2. 营业外收入是指企业根据其他会计准则规定未在当期损益中确认的各项利得和损失。（   ）

3. 公司应在每期采用相同的会计政策,不应也不能变更会计政策。（   ）

4. 只要财务报告中所陈述的会计方法选择或变更的理由看起来合理,财务报告分析者就可以不用关注公司会计方法选择或变更的深层次原因。（   ）

5. 前期差错更正主要采用追溯重述法,它是指在发现前期差错时,视同该项前期差错从未发生过,从而对财务报表相关项目进行更正的方法。（   ）

6. 派现使公司的资产和所有者权益同时减少,股东手中的现金增加;送股使流通在外的股份数增加,公司账面的未分配利润不变,股本增加,影响每股账面价值和每股收益。（   ）

7. 送股后,如果盈利总额不变,普通股股数的增加会引起每股收益和每股市价的下降,从而股东所持股票的市场价值总额下降。（   ）

8. 股票分割可降低公司股票的市场价格,从而易于在市场上流通。这有利于吸引投资买卖公司股票。（   ）

9. 现金流量表是以权责发生制为基础编制的,反映企业一定会计期间内现金及现金等价物流入和流出信息的动态报表。（   ）

10. 企业用现金购买短期的国库券会引起现金流量表中现金流量的变动。（   ）

11. 盈利企业仍然有可能发生财务危机。（   ）

12. 现金流量表结构分析的目的在于揭示现金流入量和现金流出量的结构情况,从而抓住企业现金流量管理的重点。（   ）

13. 经营活动产生现金净流入量,投资活动和筹资活动导致现金净流出。这种组合反映公司利用经营活动产生的现金流量以及筹资获得的资金进行了投资活动。（   ）

14. 在三类业务活动引起的现金流量中,投资活动现金流量的稳定性和再生性较好,一般情况下应占较大比例。（   ）

15. 处置固定资产、无形资产和其他长期资产的损失属于投资活动产生的损益,所以在将净利润调节为经营活动现金流量时需要予以调节。（   ）

四、简答题

1. 简述公司派现的动机及其对所有者权益的影响。
2. 简述公司送股的动机及其对所有者权益的影响。
3. 简述现金流量表与资产负债表、利润表的关系。
4. 简述现金流量的分类。
5. 简述经营活动现金净流量与净利润综合分析的作用。
6. 简述现金流量表结构分析的意义。

五、计算分析题

1. 宏启公司 2021 年实现净利润 3 500 万元,分配股利 474 万元,增发新股 1 000 万元,长期投资于 A 单位,股权占 30%,A 单位 2021 年盈利 125 万元。

   要求:计算该公司所有者权益变动额。

2. 假定世宇公司本年净利润为 6 000 万元,股利分配时的股票市价为 10 元/股,发行在外的流通股股数为 10 000 万股,股利分配政策为 10 送 2。

   要求:计算此政策对每股收益和每股市价的影响。

3. 荣众公司有流通在外的股票 200 万股,每股市价 3 元,公司的市场价值总额是 600 万元。简化的当年年末的资产负债表如表 4-3 所示。

   表 4-3　　　　　　　资产负债表(现金股利支付前)　　　　　　　单位:元

资产		负债及所有者权益	
货币资金	2 500 000	负债	0
其他资产	3 500 000	所有者权益	6 000 000
合计	6 000 000	合计	6 000 000

   要求:假设该公司管理部门本年年末决定每股派现 1 元,试计算支付股利后的公司市场价值、所有者权益和每股市价。

4. 杰升公司本年的相关资料如表 4-4 所示。

   表 4-4　　　　　　　杰升公司本年部分财务信息　　　　　　　单位:万元

项目	本年
销售商品、提供劳务收到的现金	45 000
经营活动产生的现金流量净额	1 500
营业收入	40 000
净利润	2 500
总资产平均余额	2 000
股份数(万股)	4 000

   要求:根据上述资料,分别计算以下财务指标:
   (1) 盈利现金比率。
   (2) 全部资产现金回收率。
   (3) 销售获现比率。
   (4) 每股经营活动现金流量。

5. 华明公司简易现金流量表如表 4-5 所示。

表 4-5　　　　　　　　　华明公司简易现金流量表

编制单位:华明公司　　　　　　2021 年度　　　　　　单位:万元

项目	金额
一、经营活动产生的现金流量净额	66 307
二、投资活动产生的现金流量净额	－108 115
三、筹资活动产生的现金流量净额	－101 690
四、现金及现金等价物净变动	
补充资料:	
1. 将净利润调节为经营活动的现金流量	
净利润	B
加:计提的资产减值准备	1 001
固定资产折旧	15 639
无形资产摊销	4
长期待摊费用的摊销	116
待摊费用的减少(减:增加)	－91
预提费用的增加(减:减少)	－136
处置固定资产、无形资产和其他资产的损失	0
固定资产报废损失	0
财务费用	2 047
投资损失(减:收益)	－4 700
存货的减少(减:增加)	17 085
经营性应收项目的减少(减:增加)	－2 437
经营性应付项目的增加(减:减少)	－34 419
其他	0
经营活动产生的现金流量净额	A
2. 现金净增加情况	
现金的期末余额	27 558
减:现金的期初余额	D
现金净增加额	C

要求:

(1) 填写表中 A、B、C、D 四项。

(2) 分析该公司当期经营活动现金净流量与净利润出现差异的原因。

6. 立远公司 2020 年和 2021 年度现金流量资料如表 4-6 所示。

表 4-6　　　　　　　　　　　　　现金流量表　　　　　　　　　　　　　单位:万元

项目	2021 年	2020 年
一、经营活动产生的现金流量		
销售商品、提供劳务收到的现金	1 240	1 039
收到的租金	0	0
收到的增值税销项税额和返回的增值税款	20	12
收到的除增值税以外的其他税费返还	13	8
收到的其他与经营活动有关的现金	59	70
现金流入小计	1 332	1 129
购买商品、接受劳务支付的现金	985	854
经营租赁所支付的现金	0	0
支付给职工以及为职工支付的现金	60	63
支付的增值税款	76	127
支付的所得税款	53	22
支付的除增值税、所得税以外的其他税费	14	10
支付的其他与经营活动有关的现金	109	202
现金流出小计	1 297	1 278
经营活动产生的现金流量净额	35	−149
二、投资活动产生的现金流量		
收回投资所收到的现金	205	260
分得股利或利润所收到的现金	25	20
取得债券利息所收到的现金	12	10
处置固定资产、无形资产和其他长期资产而收到的现金净额	0	0
现金流入小计	242	290
购建固定资产、无形资产和其他长期资产所支付的现金	155	175
权益性投资所支付的现金	104	200
债券性投资所支付的现金	0	0
支付的其他与投资活动有关的现金	0	0
现金流出小计	259	375
投资活动产生的现金流量净额	−17	−85
三、筹资活动产生的现金流量		
吸收权益投资所收到的现金	150	177
发行债券所收到的现金	0	0
借款所收到的现金	165	263
收到的其他与投资活动有关的现金	0	0

(续表)

项目	2021年	2020年
现金流入小计	315	440
偿还债务所支付的现金	175	325
发生筹资费用所支付的现金	12	10
分配股利或利润所支付的现金	5	0
偿付利息所支付的现金	10	15
融资租赁所支付的现金	0	0
减少注册资本所支付的现金	0	0
支付的其他与筹资活动有关的现金	0	0
现金流出小计	202	350
筹资活动产生的现金流量净额	113	90
四、汇率变动对现金的影响额	0	0
五、现金及现金等价物净增加额	131	−144

要求:
(1) 对现金流量表进行水平分析。
(2) 对现金流量表进行垂直分析。

第三部分 参考答案

一、单项选择题

1	2	3	4	5	6	7	8	9	10
D	D	A	D	B	B	C	C	A	A
11	12	13	14	15					
B	A	A	B	D					

难点解析:

1. 所有者权益是指公司资产扣除负债后由股东享有的"剩余权益",也称为净资产,所有者权益净变动额即净资产变动额。选项A总权益变动额和选项B总资产变动额等于所有者权益变动额加负债变动额。

2. 其他债权投资是核算企业以公允价值计量且其变动计入其他综合收益的金融资产。其公允价值的变动应计入其他综合收益。

3. 股利分配后的股数=1 000÷(12×10)=1 200(万股),稀释每股收益=2 000÷1 200=1.67(元/股)

4. 实收资本(或者股本)的增加包括资本公积转入、盈余公积转入、利润分配转入和发行新股等多种渠道,前三种都会稀释股票的价格,而发行新股既能增加注册资本和股东权益,又可增加公司的现金资产,这是对公司发展最有利的增股方式。

5. 在一般情况下,公司应在每期采用相同的会计政策,不应也不能随意变更会计政策。满足下列条件之一的,可以变更会计政策:第一,法律、行政法规或者国家统一的会计制度等要求变更。第二,会计政策变更能够提供更可靠、更相关的会计信息。

6. 一般而言,不属于会计政策变更的业务或事项具体包括:①当期发生的交易或事项与以前相比具有本质差别而采用新的会计政策。例如,企业将自用的办公楼改为出租,将办公楼由固定资产转为投资性房地产。办公楼自用和出租有本质区别,因而这种变化不属于会计政策变更。②对初次发生的或不重要的交易或事项而采用新的会计政策。例如,企业第一次发生跨年度的劳务供应合同项目,对这种项目采取了完工百分比法于年末确认收入。

7. 派现会导致公司现金流出,减少公司的资产和所有者权益规模,降低公司内部筹资的总量,既影响所有者权益内部结构,也影响整体资本结构。

8. 股票分割的影响包括:①股票分割可降低公司股票的市场价格,从而易于在市场上流通。②股票分割实际上是向投资者传递公司发展前景良好的信息。因为股票分割意味着公司想以较低的发行价吸引投资者购买公司的新股票,公司的股票价格有上升趋势。③如果股票分割后的每股现金股利比股票分割前高,股东可获得较多的利益,从而对公司的发展充满信心,并且不会随便出售手中持有的股票。这无疑有利于稳定公司的股票价格。股票分割也不直接增加股东的财富,不影响公司的资产、负债及所有者权益的金额变化。

9. 现金等价物,是指企业持有的期限短、流动性强、易于转换为已知金额现金、价值变动风险很小的投资。

10. 处置固定资产、无形资产和其他长期资产收回的现金净额,取得投资收益收到的现金属于投资活动产生的现金流量;分配股利、利润或偿付利息支付的现金属于筹资活动产生的现金流量。

11. 处置子公司及其他营业单位收到的现金净额,购建固定资产、无形资产和其他长期资产支付的现金属于投资活动产生的现金流量;支付给职工以及为职工支付的现金属于经营活动产生的现金流量。

12. 收到的税费返还、支付的各项税费属于经营活动收到的现金流量;吸收投资收到的现金属于投资活动产生的现金流量。

13. 现金流量表结构分析的目的在于揭示现金流入量和现金流出量的结构情况,从而抓住企业现金流量管理的重点。选项B是现金流量表总体分析的目的;选项C是现金流量表水平分析的目的;选项D是现金流量组合分析的目的。

14. 同时存在大量的经营活动、投资活动和筹资活动现金净流入量。这种组合体现出公司拥有充沛的现金流入量。经营活动和投资活动产生现金净流入量,筹资活动导致现金净流出。这种组合往往意味着企业的经营和投资状况良好,已进入债务偿还期或者为股东分配股利。经营活动和筹资活动产生现金净流入量,投资活动导致现金净流出。这种组合反映公司利用经营活动产生的现金流量以及筹资获得的资金进行了投资活动。经营活动产生现金净流入量,投资活动和筹资活动导致现金净流出。这种组合意味着企业依赖经营活动的现金流入量进行投资活动并偿还债务或分配股利,体现经营活动强大的现金产生能力,也要提防现金消耗量过大导致现金不足。

15. 资产减值准备、固定资产折旧、公允价值变动损失已计入本期利润表中的相关损益项目,但并未引起实际经营活动现金流出。因此,在净利润的基础上进行调整计算时,应将其加回到净利润中。经营活动存货的增加,说明现金减少或经营性应付项目增加;存货减少,说明非付现销售成本增加。所以在调节净利润时,应减去存货的净增加数,或加上存货的净减少数。

二、多项选择题

1	2	3	4	5	6	7	8	9	10
BC	ABC	ABC	ABCD	ABCD	ABC	ABCD	BCD	AC	AC

难点解析:

1. 当股数增加时,每股收益会被稀释。送股、股票分割会使股数增加,从而稀释每股收益。派现不会影响每股收益。股票回购使股数减少,每股收益会增加。

2. 资本公积转增资本、盈余公积转增资本、盈余公积弥补亏损属于所有者权益的内部结转,不会导致所有者权益总额的变动。股票回购会使所有者权益总额减少。

3. 发行新股、可转换债券发行权、债务重组转为资本都会使得所有者权益增加;盈余公积弥补亏损属于所有者权益的内部结转,不会导致所有者权益总额的变动。

4. 库存股没有具体股东,因此,库存股的权利会受到一定的限制。比如,它不具有股利分派权、表决权、优先认购权、分派剩余财产权等。

5. 所有者权益变动表至少应当单独列示下列项目的信息:①综合收益总额,在合并所有者权益变动表中还应单独列示归属于母公司所有者的综合收益总额和归属于少数股东的综合收益总额。②会计政策变更和会计差错更正的累积影响金额。③所有者投入资本和向所有者分配利润等。④按照规定提取的盈余公积;⑤所有者权益各组成部分的期初和期末余额及其调节情况。

6. 现金流量表反映了企业在一定时期内创造的现金数额,揭示了在一定时期内现金流动的状况,通过现金流量表分析,可以达到以下目的:①从动态上了解企业现金变动情况和变动原因。②判断企业获取现金的能力。③评价企业盈利的质量。利润用于反映当期的财务成果。

7. 现金流量表综合分析主要包括现金流量表总体分析、现金流量表水平分析、现金流量表结构分析和现金流量组合分析。

8. 以交易为目的的股票投资既不属于货币资金,也不属于现金及现金等价物;银行定期存款属于货币资金,但不属于现金及现金等价物;三个月内到期的短期债券投资不属于货币资金,但属于现金及现金等价物;申请开立银行承兑汇票时支付的保证金属于货币资金,但不属于现金及现金等价物。

9. 不减少现金的经营性费用会使利润减少,但不影响经营活动现金流量;非现金流动资产的减少可能会影响利润,但不影响经营活动现金流量;付现经营性费用会使利润和经营活动现金流量同时减少;从银行提取备用金不影响利润和经营活动现金流量。

10. 应收账款增加和应收票据增加可能导致"营业收入"和"销售商品、提供劳务收到的现金"两个项目不一致。

三、判断题

1	2	3	4	5	6	7	8	9	10
√	×	×	×	√	√	×	√	×	×
11	12	13	14	15					
√	√	×	×	√					

难点解析：

2. 其他综合收益是指企业根据其他会计准则规定未在当期损益中确认的各项利得和损失。利得是指由企业非日常活动所形成的、会导致所有者权益增加的、与所有者投入资本无关的经济利益的流入。

3. 在一般情况下，公司应在每期采用相同的会计政策，不应也不能随意变更会计政策。

4. 无论财务报告中所陈述的会计方法选择或变更的理由看起来多么合理，无论审计给出的审计意见多么肯定，财务报告分析者都不能仅仅停留于此，而应该关注公司会计方法选择或变更的深层次原因。

7. 送股后，如果盈利总额不变，普通股股数的增加会引起每股收益和每股市价的下降，但由于股东所持股份的比例不变，每位股东所持股票的市场价值总额仍保持不变。

9. 现金流量表是以收付实现制为基础编制的，反映企业一定会计期间内现金及现金等价物流入和流出信息的动态报表。

10. 企业从银行提取现金、用现金购买短期的国库券等现金和现金等价物之间的转换不属于现金流量。

11. 利润是按权责发生制计算的，用于反映当期的财务成果，利润不代表真正实现的收益，账面上的利润满足不了企业的资金需要，因此，盈利企业仍然有可能发生财务危机，高质量盈利必须有相应的现金流入做保证。

13. 经营活动和筹资活动产生现金净流入量，投资活动导致现金净流出。这种组合反映公司利用经营活动产生的现金流量以及筹资获得的资金进行了投资活动。

14. 在三类业务活动产生的现金流量中，经营活动现金流量的稳定性和再生性较好，一般情况下应占较大比例。

四、简答题

1. 【参考答案】

派现将减少公司的资产和留存收益规模，降低公司的财务弹性，并影响公司整体的投资与筹资决策。所以，管理部门在决定派现时，应当权衡各方面的因素。一般而言，公司派现决策的动机如下：

(1) 消除不确定性动机。
(2) 传递优势信息动机。
(3) 减少代理成本动机。
(4) 返还现金动机。

派现会导致公司现金流出,缩减公司的资产和所有者权益规模,降低公司内部筹资的总量,既影响所有者权益内部结构,也影响整体资本结构。

2. 【参考答案】

公司送股的动机如下:①送股固然不会增加股票的内在价值,但是对股东来说将收益作为本金留存公司是一种再投资行为。只要公司经营前景看好,股票红利就很诱人。②从市场评价来看,送股相当吸引人。③公司送股决策最直接的目的还是更多地筹资。④送股还有避税、降低交易成本等优点。

送股是一种比较特殊的股利形式,它不直接增加股东的财富,不会导致企业资产的流出或负债的增加,不影响公司的资产、负债及所有者权益总额的变化,所影响的只是所有者权益内部有关各项目及其结构的变化,即将未分配利润转为股本(面值)或资本公积(超面值溢价)。

3. 【参考答案】

(1) 现金流量表的编制和分析能弥补资产负债表和利润表的不足。资产负债表是反映企业在某一特定日期财务状况的报表,可以提供企业某一日期资产或负债的总额及结构,表明企业拥有或控制的资源及分布情况,企业未来需要用多少资产或劳务清偿债务以及清偿时间。但是,资产负债表无法说明一个企业的资产、负债和所有者权益为什么发生了变化。利润表是反映企业在一定会计期间经营成果的报表。利润表中有关营业收入和营业成本等信息说明了经营活动对财务状况的影响,一定程度上说明了财务状况变动的原因,但由于利润表是按照权责发生制原则确认和计量收入与费用的,没有提供经营、投资、筹资活动引起的现金流入和现金流出的信息。

(2) 现金流量表主要提供有关企业现金流量方面的信息。在评价企业经营业绩、衡量企业财务资源和财务风险以及预测企业未来前景等方面,现金流量表有着十分重要的作用。

4. 【参考答案】

现金流量根据企业经济活动的性质,通常可分为经营活动现金流量、投资活动现金流量和筹资活动现金流量。现金流量根据现金的流程,又可分为现金流入量、现金流出量以及现金净流量。

5. 【参考答案】

(1) 现金存量的增减以及现金流量的流向均以实际发生为基础,既避免了权责发生制的不足,又可以与资产负债表、利润表的相关项目相互联系、相互检验。

(2) 以现金流量作为盈利能力的参照指标,具有较强的稳健性。

(3) 现金存量与其他资产存在方式相比较,更容易检查和验证。

(4) 净现金流量、经营活动现金净流量等指标,比利润、净利润等指标更能体现公司的综合盈利水平和偿债能力,更能反映公司的盈利质量。

6. 【参考答案】

现金流出结构分为总流出结构和内部流出结构。现金总流出结构反映企业经营活动的现金流出量、投资活动的现金流出量和筹资活动的现金流出量分别在全部现金流出量中所占的比重。现金内部流出结构反映的是经营活动、投资活动和筹资活动等各项业务活动现金流出中具体项目的构成情况。现金流出结构可以表明企业的现金究竟流向何方,要节约开支应从哪些方面入手等。

五、计算分析题

1.【参考答案】

根据净利润与所有者权益变动额的关系公式,本题所有者权益变动额的具体计算如下:

$3\,500 + 125 \times 30\% - 474 + 1\,000 = 4\,063.5$(万元)

2.【参考答案】

此政策对每股收益和每股市价的影响计算如下:

送股后的每股收益 = $6\,000 \div 10\,000 \div (1+20\%) = 0.5$ 元

送股后的每股市价 = $10 \div (1+20\%) = 8.33$ 元

3.【参考答案】

支付股利后,公司市场价值和所有者权益下降到400万元,具体如表4-7所示。

表4-7 资产负债表(现金股利支付后) 单位:元

资产		负债及所有者权益	
货币资金	500 000	负债	0
其他资产	3 500 000	所有者权益	4 000 000
合计	4 000 000	合计	4 000 000

支付股利、除权后股票每股市价为2元。

4.【参考答案】

(1) 盈利现金比率 = $1\,500 \div 2\,500 = 60\%$

(2) 全部资产现金回收率 = $1\,500 \div 2\,000 = 75\%$

(3) 销售获现比率 = $45\,000 \div 40\,000 = 112.5\%$

(4) 每股经营活动现金流量 = $1\,500 \div 4\,000 = 0.375$(元)

5.【参考答案】

(1) A = 66 307

B = 66 307 − (1 001 + 15 639 + 4 + 116 − 91 − 136 + 2 047 − 4 700 + 17 085 − 2 437 − 34 419) = 72 198

C = 66 307 − 108 115 − 101 690 = −143 498

D = 27 558 − 143 498 = 171 056

(2) 分析该公司当期经营活动现金净流量与净利润出现差异的原因如下:

经营活动现金流量净额 = 净利润 − 非付现经营性收入 + 非付现经营性费用 − 非经营性收入 + 非经营性费用 − 非现金流动资产净变化额 + 非现金流动负债净变化额

若当期经营活动现金净流量与净利润出现差异,即可判断某公司在本期出现了不减少现金的经营性费用、不减少现金的非经营性费用、非现金流动资产各项的变动、流动负债各项的变动。

6.【参考答案】

对现金流量表的水平分析如表4-8所示。

表 4-8		现金流量表水平分析表			单位:万元
项目	2021 年	2020 年	差异		
			金额	百分比	
经营活动:现金流入	1 332	1 129	203	17.98%	
现金流出	1 297	1 278	19	1.49%	
现金流量净额	35	−149	184	123.49%	
投资活动:现金流入	242	290	−48	−16.55%	
现金流出	259	375	−116	−30.93%	
现金流量净额	−17	−85	68	—	
筹资活动:现金流入	315	440	−125	−28.41%	
现金流出	202	350	−148	−42.29%	
现金流量净额	113	90	23	25.56%	
汇率变动对现金影响额	0	0	0	—	
现金及现金等价物增加额	131	−144	275	190.97%	

分析数据说明:本期现金净流量比上期有较大规模的增加,增加额为 275 万元。增加的主要原因是经营活动现金净流量的增加,而经营活动现金净流量的增加主要依靠经营活动现金流入量的增加,本期比上期增加 184 万元,增加幅度为 123.49%,说明本期经营活动回笼现金实力较强。

(2) 对现金流量表的垂直分析如表 4-9 所示。

表 4-9	现金流入量结构分析表			单位:万元
项目	2021 年结构		2020 年结构	
经营活动产生的现金流入	1 332	70.51%	1 129	60.73%
投资活动产生的现金流入	242	12.81%	290	15.60%
筹资活动产生的现金流入	315	16.68%	440	23.67%
现金流入小计	1 889	100%	1 859	100%

从表 4-9 可以看出,无论是 2020 年还是 2021 年,在全部现金流入量中,经营活动所产生的现金流入都是主要的、基本的,而且比重在不断上升,其重要原因是经营活动现金流入量绝对数的增长。

现金流出量结构分析如表 4-10 所示。

表 4-10	现金流出量结构分析表			单位:万元
项目	2021 年结构		2020 年结构	
经营活动产生的现金流出	1 297	73.78%	1278	63.80%
投资活动产生的现金流出	259	14.73%	375	18.72%
筹资活动产生的现金流出	202	11.49%	350	17.47%
现金流出小计	1 758	100%	2 003	100%

从表 4-10 可以看出,无论是 2020 年还是 2021 年,在全部现金流出量中,经营活动所产生的现金流出量占主要比重,而且 2021 年的比重较 2020 年有所上升。其原因是经营活动规模扩大,并且与流入量相匹配。

第五章　企业偿债能力分析

第一部分　内容概要

一、偿债能力分析的内涵及目的

偿债能力是指企业偿还全部到期债务的能力和现金的保障程度。负债是指企业过去的交易或者事项形成的、预期会导致经济利益流出企业的现时义务。企业的负债按照偿还期的长短,可以分为流动负债和非流动负债两大类。

偿债能力是企业投资人、债权人、经营人等都十分关心的重要问题。站在不同的角度,分析目的有所区别。

(一) 企业偿债能力分析有利于投资者进行正确的投资决策

投资人更重视企业的盈利能力,但他们认为企业拥有良好的财务环境和较强的偿债能力,更有助于提高企业的盈利能力。

(二) 企业偿债能力分析有利于债权人进行正确的信贷决策

债权人是从维护自身利益角度出发分析企业偿债能力的,只有企业具有较强的偿债能力,才能保证债权人按期收回信贷资金,并得到相应的利息。

(三) 企业偿债能力分析有利于经营者进行正确的经营决策

企业各环节畅通的关键在于企业的资金循环和周转速度。企业偿债能力的好坏,既是对企业资金循环状况的直接反映,又对企业生产经营各环节的资金循环和周转有着重要的影响。

(四) 企业偿债能力分析有利于关联企业正确评价企业的财务状况

偿债能力是企业经营信誉的重要指标,是企业外部形象的重要方面。对经营关联企业而言,偿债能力分析的主要目的是判断其业务往来企业是否有足够的支付能力和供货能力,以确定是否继续与其发生业务往来。

二、短期偿债能力的内涵及影响因素

短期偿债能力是指企业对短期债权人权益或其担负的短期债务的保障程度,主要取决于企业资产的流动性与变现力。

从短期偿债能力对企业的影响可以看出,企业必须十分重视短期偿债能力的分析和研究。了解影响短期偿债能力的因素,对于分析企业短期偿债能力的变动情况、变动原因及促进企业短期偿债能力的提高是十分有用的。总的来说,影响短期偿债能力的因素可以分为企业内部因素和企业外部因素。

（一）企业内部因素

1. 资产结构

在企业的资产结构中，如果流动资产所占比重较大，则企业短期偿债能力相对大些，因为流动负债一般要通过流动资产变现来偿还。如果流动资产所占比重较高，但其内部结构不合理，其实际偿债能力也会受到影响。流动资产中应收账款、存货资产的周转速度也是反映企业偿债能力强弱的辅助性指标。

2. 流动负债的规模与结构

企业的流动负债有些必须以现金偿付，需要用现金偿付的流动负债对资产的流动性要求更高，企业只有拥有足够的现金才能保证其偿债能力。流动负债中各种负债的偿还期限是否集中，都会对企业偿债能力产生影响。

3. 融资能力

企业如与银行等金融机构保持良好的信用关系，随时能够筹集到大量的资金，即使各种偿债能力指标不高，却总能按期偿付其债务和支付利息。

4. 经营现金流量水平

企业的短期债务通常是用现金进行偿还的，因此，现金流量是决定企业短期偿债能力的重要因素。

（二）企业外部因素

1. 宏观经济形势

宏观经济形势是影响企业短期偿债能力的重要外部因素。当一国经济持续稳定增长时，社会的有效需求也会随之稳定增长，产品畅销。由于市场条件良好，企业的产品和存货可以较容易地通过销售转化为货币资金，从而提高企业短期偿债能力。

2. 证券市场的发育与完善程度

企业的流动资产常常会包括一定比例的有价证券。如果证券市场发达，企业随时可将手中持有的有价证券转换为现金，进而影响企业的短期偿债能力，特别是当企业把投资有价证券作为资金调度手段时，证券市场的发展和完善程度对企业的短期偿债能力的影响就更大。

3. 银行的信贷政策

一个企业如果其产品是国民经济急需的，发展方向是国家政策鼓励的，就会较容易地取得银行借款，其偿债能力也会提高。此外，当国家采取较宽松的信贷政策时，所有的企业都会在需要资金时较容易地取得银行信贷资金，其实际偿债能力就会提高。

三、短期偿债能力的静态分析指标

（一）营运资本

营运资本也称净营运资本，是指流动资产总额减流动负债总额后的剩余部分，表示企业的流动资产在偿还全部流动负债后还有多少剩余，它是一个绝对数指标。其计算公式如下：

$$营运资本 = 流动资产 - 流动负债$$

该指标越高，表示企业可用于偿还流动负债的资金越充足，企业的短期偿付能力越强，企业所面临的短期流动性风险越小，债权人安全程度越高。

(二) 流动比率

流动比率是指企业的流动资产与流动负债的比率。它表明企业每单位流动负债有多少流动资产作为偿还的保证,反映企业动用可以在短期内产生或转换为现金的流动资产偿还到期流动负债的能力。其计算公式如下:

$$流动比率=\frac{流动资产}{流动负债}$$

企业的流动比率指标越高,说明企业资产流动性越好,反映企业短期偿债能力越强,债权人的本息权益越有保障。一般认为,流动比率为2∶1比较适宜,此时企业的财务基础较为稳固。但2∶1只是经验值,不同企业流动比率的确定还要结合企业自身的情况。

(三) 速动比率

速动比率,也称酸性测试比率,是指企业的速动资产与流动负债的比率。它表明企业每单位流动负债有多少速动资产可作为偿还的保证,反映企业动用可以在短期内迅速产生或转换为现金的流动资产偿还到期流动负债的能力。其计算公式如下:

$$速动比率=\frac{速动资产}{流动负债}$$

速动资产是指几乎可以立即变现用来偿付流动负债的那些资产,一般包括货币资金、交易性金融资产、应收票据、应收账款、应收利息、应收股利、合同资产、其他应收款和其他流动资产。在计算速动资产指标时,要排除存货和预付账款等预付费用,是因为存货是流动资产中变现速度最慢的资产,且在销售时受到市场价格的影响,使其变现价值具有很大的不确定性。预付账款,本质上属于预付费用,只能减少企业未来时期的现金支出,其流动性实际很低。

速动资产的另一种表达方式是流动资产减存货。一般认为,在企业的全部流动资产中,存货大约占50%。所以,速动比率的一般标准为1,即每一元的流动负债,都有一元几乎可以立即变现的资产来偿付。如果速动比率低于1,一般认为偿债能力较差,但分析时还要结合其他因素进行评价。这是经验值,不适用于所有的行业和企业。

(四) 现金比率

现金比率是指企业的现金类资产与流动负债的比率。该指标有两种表示方式:

(1) 第一种表示方式,即现金类资产仅指货币资金。

$$现金比率=\frac{货币资金}{流动负债}\times100\%$$

(2) 第二种表示方式,即现金类资产不仅包括货币资金,还包括货币资金的等价物,即企业持有的期限短、流动性强、易于转换为已知金额的现金、价值变动风险很小的投资。

$$现金比率=\frac{货币资金+有价证券}{流动负债}\times100\%$$

现金比率可以准确地反映企业的直接偿付能力,当企业面临支付工资日或大宗进货日等需要大量现金时,这一指标更能显示出其重要作用。现金比率越高,表示企业可立即用于支付债务的现金类资产越多。由于企业现金类资产的盈利水平较低,企业不可能也没有必要保留过多的现金类资产。如果这一比率过高,表明企业通过负债方式所筹集的流动资金没有得到充分利用,所以并不鼓励企业保留更多的现金类资产。一般认为,这一比率应在20%左右,在这一水平上,企业的直接支付能力不会有太大的问题。

(五)流动比率、速动比率、现金比率相互关系

流动比率、速动比率、现金比率是以流动资产和流动负债的相互关系,反映企业短期偿债能力的主要指标,三者之间的相互关系如下:

(1) 以全部流动资产作为偿付流动负债的基础,所计算的指标是流动比率。它包括变现能力较差的存货、持有待售资产、一年内到期的非流动资产和基本不能变现的预付费用。如果存货中有超储积压物资,会造成企业短期偿债能力较强的假象。

(2) 速动比率以扣除变现能力较差的存货、持有待售资产、一年内到期的非流动资产和预付费用作为偿付流动负债的基础,它弥补了流动比率的不足。

(3) 现金比率以现金类资产作为偿付流动负债的基础,但现金持有量过大会对企业资产利用效果产生副作用,所以该比率不宜过大。这一指标相对流动比率和速动比率来说,其作用程度较小。

四、短期偿债能力的动态分析指标

(一)现金流动负债比率

现金流动负债比率是指经营活动现金流量净额与平均流动负债的比率,用来衡量企业的流动负债用经营活动所产生的现金来支付的程度。其计算公式如下:

$$现金流动负债比率 = \frac{经营活动现金流量净额}{平均流动负债}$$

当该指标等于或大于1时,表示企业有足够的能力以经营活动产生的现金来偿还其短期债务;如果该指标小于1,表示企业经营活动产生的现金不足以偿还到期债务,必须采取对外筹资或出售资产等其他方式才能偿还债务。

(二)企业支付能力系数

企业支付能力系数是反映企业短期偿债能力的重要指标。根据企业支付能力反映的具体时间的差异,支付能力系数可分为期末支付能力系数和近期支付能力系数两种。

期末支付能力系数是指期末货币资金余额与逾期未付款项数额之比。其计算公式如下:

$$期末支付能力系数 = \frac{期末货币资金余额}{逾期未付款项数额} \times 100\%$$

其中,逾期未付款项包括逾期未缴预算款项、逾期银行借款、逾期应付款项等。该指标大于或等于1,说明企业有支付能力;反之,说明企业支付能力不足,且指标越低,说明企业支付能力越差。

近期支付能力系数是反映企业有无足够的支付能力来偿还近期到期债务的指标。其计算公式如下:

$$近期支付能力系数 = \frac{近期能够用来支付的资金}{近期需要支付的各种款项} \times 100\%$$

其中,近期能够用来支付的资金包括企业现有的货币资金、近期能取得的营业收入、近期确有把握收回的各种应收款项等。近期需要支付的各种款项包括到期或逾期应交款项、未付款项,如职工薪酬、应付账款、银行借款、各项税费、应付利润等。

企业近期支付能力系数应等于或大于100%,越高说明企业近期支付能力越强。如果小于100%,则说明企业近期支付能力不足,应采取积极有效的措施,从各种渠道筹集资金,以便按期清偿到期债务,保证企业生产经营活动的正常进行。

(三) 速动资产够用天数

在财务分析中,除了通过以流动负债为基础,分析企业的短期偿债能力,还可以企业生产经营开支水平判断其短期偿债能力,通常用"速动资产够用天数"指标来反映企业速动资产维持其正常生产经营开支水平的程度。其计算公式如下:

$$速动资产够用天数 = \frac{速动资产}{预计每天营业所需的现金支出}$$

从该指标的计算公式可以看出,如果速动资产较多,而每天营业所需现金支出较少,速动资产够用天数就多;反之,速动资产够用天数就少。企业速动资产够用天数少,表示企业偿债能力弱。

(四) 现金到期债务比率

现金到期债务比率是指经营活动现金流量净额与本期到期债务之间的比率,用来衡量企业本期到期债务用经营活动所产生的现金流量净额支付的程度。其计算公式如下:

$$现金到期债务比率 = \frac{经营活动现金流量净额}{本期到期债务}$$

如果该指标等于或大于1,表示企业有足够的能力以生产经营活动产生的现金来偿还当期的短期债务;如果该指标小于1,表示企业生产经营活动产生的现金不足以偿还当期到期的债务,必须采取其他措施才能满足企业当期偿还到期债务的需要。

(五) 反映企业短期偿债能力的辅助指标分析

1. 应收账款周转率和应付账款周转率的比较分析

流动资产中的应收账款(包括应收票据),是由企业赊销商品产生的。其占用额不仅取决于企业的销售政策,而且取决于企业的信用政策和收账政策。

流动负债中的应付账款(包括应付票据),是由企业赊购商品产生的,其占用额的大小从主观因素来考察,取决于企业支付货款的速度和企业赊购金额的大小。

流动比率实际上是企业流动资产和流动负债周转速度的函数。流动资产周转速度越快,企业流动资产规模越小,流动比率越低。流动负债的周转速度越慢,企业的流动负债规模越大,流动比率就越低。应收账款与应付账款这种相互关系会对企业的短期偿债能力产生以下影响:

(1) 应收账款与应付账款的周转期相同。在这种情况下,通过赊销商品所收回的现金恰好能满足偿付因赊购业务而产生的债务,不需动用其他流动资产来偿还,企业的短期偿债能力指标不会因应收账款和应付账款的存在而改变。

(2) 应收账款的周转速度快于应付账款的周转速度。在这种情况下,企业的流动比率就会降低,以流动比率反映的企业静态短期偿债能力就相对差一些。但是由于流动资产中的应收账款周转速度快,而流动负债中的应付账款周转速度慢,从动态上看,企业的实际偿债能力较强。

(3) 应收账款的周转速度低于应付账款的周转速度。在这种情况下,企业的流动比率较高,以流动比率反映的企业静态短期偿债能力就比较强。如果从动态上看,企业的实际短期偿债能力是要低于以流动比率表示的企业短期偿债能力水平的。

2. **存货周转率分析**

存货周转率是反映企业存货资产利用效率的指标,同时也能动态反映企业的短期偿债能力。

存货周转速度对存货规模有较大影响,当其他条件不变时,存货周转速度越快,存货规模越小;反之,存货规模越大。在流动比率一定的情况下,如果企业预期存货周转速度加快,则企业的短期偿债能力将会因此提高;相反,如果预期存货周转速度减慢,则企业的短期偿债能力将会出现下降趋势。

五、长期偿债能力的内涵及其影响因素

长期偿债能力是指企业偿还非流动负债的能力,或者说企业偿还非流动负债的保障程度。

影响企业长期偿债能力的主要因素有:

(1) 企业的盈利能力。企业的长期偿债能力与盈利能力密切相关。就一般情况而言,企业的盈利能力越强,长期偿债能力越强;反之,则长期偿债能力越弱。如果企业长期亏损,则必须通过变卖资产才能清偿债务,否则企业的正常生产经营活动就不能进行,最终影响投资人和债权人的利益。因此,企业的盈利能力是影响长期偿债能力最重要的因素。

(2) 投资效果。投资的效果决定了企业是否有能力偿还长期债务。如果企业每一项投资都不能达到预期目标时,即使有相当比例的权益资金作保证,其偿债能力也会受到相当程度的影响。

(3) 权益资金的增长和稳定程度。如果企业将绝大部分利润都分配给投资者,权益资金增长很少,就会降低偿还债务的保障性和可靠性。对于债权人来说,将利润的大部分留在企业,会使权益资金增加,减少利润外流,这对投资人并没有实质性的影响,却会增加偿还债务的可靠性,从而提高企业的长期偿债能力。

(4) 权益资金的实际价值。权益资金的实际价值是影响企业最终偿债能力最重要的因素。当企业结束经营时,最终的偿债能力取决于企业权益资金的实际价值。

(5) 企业经营现金流量。企业的债务主要还是用现金来清偿,虽然企业的盈利能力是偿还债务的根本保证,但是企业盈利毕竟不等同于现金流量充足。企业只有具备较强的变现能力,有充裕的现金,才能保证具有真正的偿债能力。

六、资产规模对长期偿债能力影响的分析

(一) 资产负债率

资产负债率是企业负债总额占企业资产总额的百分比。其计算公式如下:

$$资产负债率 = \frac{负债总额}{资产总额} \times 100\%$$

该指标越大,说明企业的债务负担越重;反之,说明企业的债务负担越轻。资产负债率既可用于衡量企业利用债权人资金进行经营活动的能力,也可反映债权人发放贷款的安全程度。对债权人来说,该比率越低越好,因为企业的债务负担越轻,其总体偿债能力越强,债权人权益的保证程度越高。特别是在企业清算时,资产变现价值很可能低于账面价值,而所有者一般只承担有限责任,这一比率越高,债权人蒙受损失的可能性就越大。一般认为,资产负债率的适宜水平是 40%～60%,如果这一比率超过 100%,则表明企业已资不抵债,视为达到破产的警戒线。

从稳健原则出发,特别是考虑到企业在清算时的偿债能力,有形资产负债率的计算可以保守些,即从资产中扣除无形资产等,计算有形资产负债率。

有形资产负债率是企业负债总额与有形资产总额的比率。其计算公式如下:

$$有形资产负债率 = \frac{负债总额}{资产总额 - 无形资产} \times 100\%$$

(二) 股东权益比率

股东权益比率是股东权益总额同资产总额的比率,反映企业全部资产中所有者投入所占的比重。其计算公式如下:

$$股东权益比率 = \frac{股东权益总额}{资产总额} \times 100\% = 1 - 资产负债率$$

股东权益比率是表示长期偿债能力保证程度的重要指标,该指标越高,说明企业资产中由所有者投资所形成的资产越多,偿还债务的保证程度越大。如果企业处于清算状态,该指标对偿债能力的保证程度就显得更加重要。

实务中,可将该指标以倒数的形式列示,称为业主权益乘数。

业主权益乘数是指资产总额相当于股东权益总额的倍数,表示企业的负债程度,用来衡量企业的财务风险。其计算公式如下:

$$业主权益乘数 = \frac{资产总额}{股东权益总额} = 1 \div (1 - 资产负债率)$$

业主权益乘数指标表示企业的股东权益支撑的投资规模。该指标越大,说明股东投入的资本在资产中所占比重越小,企业对负债经营利用得越充分,企业负债程度越高,财务风险也就越大。

(三) 产权比率(净资产负债率)

产权比率是负债总额与股东权益总额的比率。该指标表明由债权人提供的和由投资者提供的资金来源的相对关系,反映企业基本财务结构是否稳定。其计算公式如下:

$$产权比率 = \frac{负债总额}{股东权益总额} \times 100\%$$

作为衡量企业长期偿债能力的指标,如果说资产负债率是反映企业债务负担的指标,股东权益比率是反映偿债保证程度的指标,产权比率就是反映债务负担与偿债保证程度相对关系的指标。产权比率和资产负债率、股东权益比率具有相同的经济意义,但该指标更直观地表示负债受到股东权益的保护程度。

考虑到有些资产在企业结算时其价值会受到严重影响,如清算时商誉价值可能不存在,该指标可以更保守地计算,即计算有形净值负债率。

有形净值负债率是企业负债总额与有形净资产总额的比率。该指标在净资产中扣除了无形资产。其计算公式如下:

$$有形净值负债率=\frac{负债总额}{净资产-无形资产}\times100\%$$

(四) 固定长期适合率

固定长期适合率是指固定资产净值与股东权益总额和非流动负债总额之和的比率。其计算公式如下:

$$固定长期适合率=\frac{固定资产净值}{股东权益总额+非流动负债总额}\times100\%$$

就大多数企业来说,其固定资产方面的投资都希望用权益资金来解决,这样就不会因为固定资产投资回收期长而影响企业短期偿债能力。如果企业固定资产规模较大,而权益资金规模较小,难以满足固定资产投资的需要,则可以通过举借长期债务来解决。一般的标准认为,该指标必须小于1。

与固定长期适合率相配合的指标是固定资产净值与非流动负债总额比率,该指标对于反映企业清算状态的偿债能力意义较大。其计算公式如下:

$$固定资产与非流动负债比率=\frac{固定资产净值}{非流动负债总额}\times100\%$$

一般认为,该指标应超过100%。其依据是,当企业进入清算状态时,其资产不一定能按账面价值变现,流动负债必须依赖流动资产变现来偿还,非流动负债需依赖固定资产变现来清偿。如果固定资产净值不大于非流动负债,债权人的利益就没有足够的保证。

(五) 资产非流动负债率

资产非流动负债率是非流动负债总额与资产总额的比率,反映企业全部资产中有多少是由非流动负债形成的。这是从清算角度计算与分析企业最终清偿能力的保守指标。其计算公式如下:

$$资产非流动负债率=\frac{非流动负债总额}{资产总额}\times100\%$$

资产非流动负债率越大,说明每1元资产中非流动负债所占比重越高,企业主要依赖长期债务进行融资,长期偿债能力风险较大。分析人员应结合行业对该指标进行分析。

在资产非流动负债率的基础上,从分母资产总额中剔除未来变现能力较差的无形资产,计算有形资产非流动负债率,可以更保守地计算企业长期偿债能力。其计算公式如下:

$$有形资产非流动负债率=\frac{非流动负债总额}{有形资产总额(资产总额-无形资产)}\times100\%$$

(六)非流动负债营运资金比率

非流动负债营运资金比率是指营运资本与非流动负债的比率。其计算公式如下：

$$\text{非流动负债营运资金比率} = \frac{\text{流动资产} - \text{流动负债}}{\text{非流动负债}} \times 100\%$$

通常该指标应大于1,说明企业营运资本可以用于偿还非流动负债。但该指标在一定程度上受企业筹资策略的影响,因为在资产负债比率一定的情况下,流动负债与非流动负债的结构安排因筹资策略的改变而不同。

七、盈利能力对长期偿债能力影响的分析

(一)销售利息比率

销售利息比率是指一定时期的利息费用与营业收入的比率。其计算公式如下：

$$\text{销售利息比率} = \frac{\text{利息费用}}{\text{营业收入}} \times 100\%$$

这一指标可以反映企业销售状况对偿付债务的保证程度,企业的负债最终还是要用其经营所得去偿还,如果经营状况不佳,在其经营期间偿付债务就缺少根本的保证,而企业权益资金的多少对偿债的保证只有在企业处于清算状态时才能真正发挥作用。在企业负债规模基本稳定的情况下,销售状况越好。偿还到期债务可能给企业造成的冲击越小。该指标越小越好,该指标越小,说明通过销售所得现金用于偿付利息的比例越小,企业的偿债压力越小。

(二)已获利息倍数

已获利息倍数是指企业息税前利润与利息支出的比率。其计算公式如下：

$$\text{已获利息倍数} = \frac{\text{利润总额} + \text{利息支出}}{\text{利息支出}}$$

已获利息倍数指标反映了企业盈利与利息支出之间的特定关系。一般来说,该指标越高,说明企业的长期偿债能力越强;该指标越低,说明企业的偿债能力越差。运用已获利息倍数分析评价企业长期偿债能力,从静态看,一般认为该指标至少要大于1,否则说明企业偿债能力很差,无力举债经营;从动态看,已获利息倍数提高,说明偿债能力增强,否则说明企业偿债能力下降。

(三)债务本息保证倍数

债务本息保证倍数是指企业一定时期息税前利润与还本付息金额的比率,它是息税前利润对财务需要(现金流出)的保证程度的比率,通常用倍数来表示。其计算公式如下：

$$\text{债务本息保证倍数} = \frac{\text{息税前利润}}{\text{利息费用} + \dfrac{\text{年度还本额}}{1 - \text{所得税税率}}}$$

该指标最低标准为1,该指标越高,表明企业偿债能力越强。如果该指标低于1,说明企业偿债能力较弱,企业会因还本付息而出现资金周转困难的情况,支付能力下降,使企业信誉受损。

八、现金流量对长期偿债能力影响的分析

(一) 到期债务本息偿付比率

到期债务本息偿付比率是指经营活动现金流量净额与本期到期债务本息之间的比率,用来衡量企业到期债务本金及利息可由经营活动创造的现金来支付的程度。其计算公式如下:

$$到期债务本息偿付比率 = \frac{经营活动现金流量净额}{本期到期债务本息} \times 100\%$$

经营活动现金流量净额是企业最稳定、经常性的现金来源,是清偿债务的基本保证。如果这一比率小于1,说明企业经营活动产生的现金不足以偿付到期债务和利息支出,企业必须通过其他渠道筹资或通过出售资产才能清偿债务。这一指标数值越大,表明企业长期偿债能力越强。

(二) 强制性现金支付比率

强制性现金支付比率是指现金流入总量与经营活动现金流出量和偿还到期本息付现和的比率,是反映企业是否有足够的现金履行其偿还债务、支付经营费用等责任的指标。其计算公式如下:

$$强制性现金支付比率 = \frac{现金流入总量}{经营活动现金流出量 + 偿还到期本息付现} \times 100\%$$

该指标至少应等于1,即现金流入总量能够满足强制性项目的支付需要。这一指标越大,表明企业偿债能力越强,其超过100%的部分可用来满足企业其他方面的现金需求。

(三) 现金债务总额比率

现金债务总额比率是指经营活动现金流量净额与负债平均余额的比率,用来衡量企业承担债务的能力,即负债总额用经营活动所产生的现金支付程度。其计算公式如下:

$$现金债务总额比率 = \frac{经营活动现金流量净额}{负债平均余额} \times 100\%$$

企业真正能用于偿还债务的是现金流量,通过经营活动现金流量净额和负债的比较,可以更好地反映企业的偿债能力。现金债务总额比率能够反映企业生产经营现金流量净额偿还债务的能力。该比率越高,表明企业偿还债务的能力越强,财务灵活性越高。

(四) 利息现金流量保证倍数

利息现金流量保证倍数是指企业经营活动现金流量净额与利息费用的比率。该指标反映经营活动产生的现金流量净额是利息费用的倍数。其计算公式如下:

$$利息现金流量保证倍数 = \frac{经营活动现金流量净额}{利息费用} \times 100\%$$

利息现金流量保证倍数比已获利息倍数更能反映企业的偿债能力。当企业息税前利润和经营活动现金流量净额变动基本一致时,这两个指标结果相似。但如果企业正处于高速成长期,息税前利润和经营活动现金流量净额相差很大时,使用利息现金流量保证倍数指标更稳健、更保守。

第二部分 练 习 题

一、单项选择题

1. 影响企业短期偿债能力的主要原因是(　　)。
   A. 盈利能力　　　　　　　　　　B. 销售收入
   C. 资产结构　　　　　　　　　　D. 资产变现能力
2. 最关心企业偿债能力的分析者应该是(　　)。
   A. 投资者　　　B. 经营者　　　C. 供应商　　　D. 债权人
3. 一般情况下,企业财务状况比较稳定可靠的流动比率应该保持在(　　)。
   A. 4∶1　　　　B. 3∶1　　　　C. 2∶1　　　　D. 1∶1
4. 如果流动比率大于1,则下列结论成立的是(　　)。
   A. 速动比率大于1　　　　　　　　B. 现金比率大于1
   C. 营运资金大于0　　　　　　　　D. 短期偿债能力绝对有保障
5. 在企业陷入财务危机或面临清算等特别情况下,(　　)指标更能反映债权人利益的保障程度。
   A. 权益乘数　　B. 产权比率　　C. 有形资产负债率　　D. 资本负债比率
6. 适用资产负债表可计算的比率是(　　)。
   A. 应收账款周转率　　　　　　　　B. 总资产报酬率
   C. 利息保障倍数　　　　　　　　　D. 现金比率
7. 某企业当前的流动比率为2,下列经济业务中会引起该比率降低的是(　　)。
   A. 用银行存款偿还应付账款　　　　B. 发行股票收到银行存款
   C. 收回应收账款　　　　　　　　　D. 开出短期票据借款
8. 如果流动资产大于流动负债,则月末用现金偿还一笔应付账款会使(　　)。
   A. 营运资金减少　　　　　　　　　B. 营运资金增加
   C. 流动比率提高　　　　　　　　　D. 流动比率降低
9. 下列各项中,不属于影响企业短期偿债能力因素的是(　　)。
   A. 企业的投资效果　　　　　　　　B. 企业的融资能力
   C. 企业的权益结构　　　　　　　　D. 企业的资产结构
10. 短期偿债能力的强弱往往表现为(　　)。
    A. 资产的多少　　　　　　　　　　B. 资产变现能力的强弱
    C. 盈利的多少　　　　　　　　　　D. 资产周转速度的快慢
11. 有形资产负债率中的"有形资产"是指(　　)。
    A. 有形资产总额　　　　　　　　　B. 所有者权益
    C. 资产总额扣除无形资产　　　　　D. 所有者权益扣除递延资产
12. 衡量企业已获利润对借款利息支付能力的指标是(　　)。
    A. 营运资金与非流动负债比率　　　B. 所有者权益比率
    C. 固定支出保障倍数　　　　　　　D. 已获利息倍数

13. 较高的现金比率,一方面会使企业资产的流动性增强,另一方面会使(　　)。
    A. 存货购进的减少　　　　　　　B. 销售机会的丧失
    C. 利息的增加　　　　　　　　　D. 机会成本的增加
14. 债务本息保证倍数不仅反映了企业获利能力,而且反映了(　　)。
    A. 总偿债能力　　B. 短期偿债能力　　C. 长期偿债能力　　D. 经营能力
15. 下列各项中,不属于企业短期偿债能力外部影响因素的是(　　)。
    A. 融资能力　　　　　　　　　　B. 银行信贷政策
    C. 宏观经济形势　　　　　　　　D. 证券市场完善程度
16. 下列各项中,不属于企业近期需要支付的款项是(　　)。
    A. 职工薪酬　　B. 应付账款　　C. 银行借款　　D. 应收账款
17. 当现金到期债务比率(　　),表示企业生产经营活动产生的现金不足以偿还当期到期的债务,必须采取其他措施才能满足企业当期偿还到期债务的需要。
    A. 等于1　　　B. 大于1　　　C. 小于1　　　D. 等于0
18. 下列等式中正确的是(　　)。
    A. 股东权益比率=1÷(1-资产负债率)　　B. 股东权益比率=1-资产负债率
    C. 业主权益乘数=1-资产负债率　　　　D. 产权比率=1-资产负债率
19. (　　)是企业最稳定、经常性的现金来源,是清偿债务的基本保证。
    A. 筹资活动现金流量净额　　　　B. 投资活动现金流量净额
    C. 经营活动现金流量净额　　　　D. 以上都是
20. 债权人借款给企业,其基本前提是(　　)。
    A. 控制企业　　B. 按期收回本金　　C. 获取利息收入　　D. 以上都不是

二、多项选择题

1. 下列项目中,不属于速动资产的有(　　)。
   A. 现金　　　　B. 应收股利　　　C. 预付账款　　　D. 存货
2. 下列各项中,可用于衡量企业长期偿债能力的有(　　)。
   A. 已获利息倍数　　　　　　　B. 产权比率
   C. 应付账款周转率　　　　　　D. 现金比率
3. 下列利益相关者中,关心企业偿债能力的有(　　)。
   A. 投资者　　　B. 债权人　　　C. 经营人　　　D. 供应商
4. 下列项目中,属于企业逾期未付款项的有(　　)。
   A. 逾期未缴预算款　　　　　　B. 逾期银行借款
   C. 逾期应付账款　　　　　　　D. 逾期应收账款
5. 下列各项中,属于从盈利能力方面评价企业长期偿债能力的指标有(　　)。
   A. 销售利息比率　　　　　　　B. 到期债务本息偿付比率
   C. 已获利息倍数　　　　　　　D. 现金债务总额比率
6. 下列负债中,通常需要企业用现金进行偿还的有(　　)。
   A. 预收账款　　B. 应交税费　　C. 应付职工薪酬　　D. 短期借款

7. 企业的非流动负债包括( )。
   A. 长期借款　　　B. 预计负债　　　C. 应付债券　　　D. 递延收益
8. 下列指标中,既可以用来评价企业营运能力又可以用来评价企业偿债能力的有( )。
   A. 应收账款周转率　　　　　　　B. 存货周转率
   C. 应付账款周转率　　　　　　　D. 资产负债率
9. 关于流动比率,下列说法正确的有( )。
   A. 可以通过资产负债表直接求得　　B. 属于时点指标
   C. 指标越大表明短期偿债能力越强　D. 属于时期指标
10. 若某企业的现金比率为100%,则以下说法正确的有( )。
    A. 短期偿债能力较弱　　　　　　B. 丧失部分投资收益
    C. 短期偿债能力较强　　　　　　D. 机会成本较高

三、判断题

1. 对债权人而言,企业的资产负债率越高越好。　　　　　　　　　　　(　)
2. 速动比率对应收账款和存货变现能力较差的企业尤为重要。　　　　(　)
3. 任何企业,速动比率均应保持在1的水平。　　　　　　　　　　　　(　)
4. 权益乘数越大,财务杠杆作用越大。　　　　　　　　　　　　　　　(　)
5. 利息保障倍数是从利润角度考虑企业长期偿债能力的指标。　　　　(　)
6. 营运资金作为一个绝对财务指标,不利于不同规模企业间的比较。　(　)
7. 企业信用政策放宽,会增加企业的应收账款数额,增加发生坏账损失的可能性。
   　　　　　　　　　　　　　　　　　　　　　　　　　　　　　　　(　)
8. 流动比率越高,表明企业资产运用效果越好。　　　　　　　　　　　(　)
9. 债权人通常不仅关心企业偿债能力比率,还关心企业盈利能力比率。(　)
10. 会计政策的变更会增加企业偿债能力指标的不可靠性。　　　　　　(　)
11. 从一定意义上讲,企业资产的流动性比收益性更重要。　　　　　　(　)
12. 获利能力强的企业,其长期偿债能力也强。　　　　　　　　　　　(　)
13. 资产的流动性与变现性是指短期内企业资产变现的时间及变现价格的确定性。
    　　　　　　　　　　　　　　　　　　　　　　　　　　　　　　　(　)
14. 企业生产的产品越是国民经济急需的,该企业就越不容易取得银行借款。(　)
15. "三角债"的存在会影响企业的偿债能力,使短期偿债能力的指标也不实。(　)
16. 当企业处于销售上升期时,存货易于转化为现金,增强企业的偿债能力。(　)
17. 一般认为,在企业的全部流动资产中,存货大约占50%。　　　　　(　)
18. 速动资产够用天数由于资料的易获取性,对于企业外部分析者是非常有用的。
    　　　　　　　　　　　　　　　　　　　　　　　　　　　　　　　(　)
19. 企业非流动负债的偿还主要靠企业资产的变现来实现。　　　　　　(　)
20. 资产非流动负债率是从清算角度计算与分析企业最终清偿能力的保守指标。
    　　　　　　　　　　　　　　　　　　　　　　　　　　　　　　　(　)

四、简答题

1. 简述流动比率与速动比率的优缺点。
2. 如何将短期偿债能力的静态指标与动态指标结合进行分析与评价?
3. 流动比率、速动比率、现金比率之间存在什么关系?
4. 应收账款与应付账款存在什么关系?这种关系对企业短期偿债能力有何影响?

五、计算分析题

1. 大华公司期末流动负债80万元,速动比率为2.0,流动比率为2.5,企业当年的营业成本为84万元。已知该企业年初和年末的存货相同,且该企业没有预付账款。

    要求:计算该公司的速动资产和存货周转率。

2. 光明公司相关资料如表5-1所示。

表5-1　　　　　　　　　　　光明公司相关资料　　　　　　　　单位:百万元

项目	期末	期初
流动资产:		
货币资金	400	360
交易性金融资产	40	40
应收票据及应收账款	100	80
预付款项	60	40
其他应收款	20	16
存货	200	160
其他流动资产	60	60
流动负债	500	520

要求:

(1) 计算该企业期末流动比率。

(2) 计算该企业期初速动比率。

3. 明辉公司资产负债表相关数据如表5-2所示。

表5-2　　　　　　　　　　明辉公司资产负债表(简表)　　　　　　　　单位:元

项目	期末余额	期初余额	项目	期末余额	期初余额
流动资产:			流动负债:		
货币资金	3 750	12 500	短期借款	15 725	9 162.50
应收账款	18 750	21 250	应付账款	10 525	5 000
存货	18 750	1 612.50	流动负债合计	26 250	14 162.50
流动资产合计	41 250	35 362.50	非流动负债:		
非流动资产:			长期借款	18 750	15 000
固定资产	41 250	31 000	非流动负债合计	18 750	15 000

(续表)

项目	期末余额	期初余额	项目	期末余额	期初余额
非流动资产合计	41 250	31 000	负债合计	45 000	29 162.50
			所有者权益:		
			股本	11 250	11 250
			资本公积	13 625	13 500
			盈余公积	6 475	6 450
			未分配利润	6 150	6 000
			所有者权益合计	37 500	37 200
资产总计	82 500	66 362.50	负债和股东权益合计	82 500	66 362.50

要求:

(1) 计算该企业期初流动比率。

(2) 计算该企业期初资产负债率。

(3) 计算该企业期末业主权益乘数。

4. 东阳公司相关资料如表 5-3 所示。

表 5-3　　　　　　　　　　东阳公司相关资料　　　　　　　　　单位:万元

项目	期末	期初
流动资产:		
货币资金	76 556	156 280
交易性金融资产	64	120
应收票据及应收账款	63 104	70 668
预付款项	143 220	36 536
其他应收款	1 632	1 300
存货	19 352	34 424
其他流动资产	4 848	8 000
流动负债	318 060	538 500

要求:

(1) 计算该企业期初营运资本。

(2) 计算该企业期末速动比率。

5. 长宁公司相关资料如表 5-4 所示。

表 5-4　　　　　　　　　　长宁公司相关数据　　　　　　　　　单位:千元

项目	期末余额	期初余额	项目	期末余额	期初余额
流动资产:			流动负债:		
货币资金	11 480 406	6 483 170	短期借款	3 882 479	2 893 855
应收账款	9 972 495	7 098 949	应付账款	9 495 946	7 856 240

(续表)

项目	期末余额	期初余额	项目	期末余额	期初余额
存货	8 978 036	7 429 503	…		
预付款项	355 887	311 362	流动负债合计	29 996 836	20 938 653
…	…	…	非流动负债:		
流动资产合计	42 676 095	30 486 661	长期借款	1 292 547	2 085 229
非流动资产:			…		
长期应收款	612 008	581 007	非流动负债合计	5 685 538	5 402 495
长期股权投资	168 433	137 019	负债合计	35 682 374	26 341 148
固定资产	4 103 076	3 038 063	股东权益:		
无形资产	589 084	224 848	股本	1 343 330	959 522
开发支出	4 796 020	258 991	资本公积	6 298 172	5 807 332
			…		
非流动资产合计	8 189 826	8 742 895	股东权益合计	15 183 547	12 888 408
资产总计	50 865 921	39 229 556	负债和股东权益合计	50 865 921	39 229 556

要求:请分别计算该公司期初和期末的有形资产负债率。

6. 宁阳公司相关资料如表 5-5 所示。

表 5-5　　　　　　　　　　宁阳公司相关资料　　　　　　　　单位:万元

项目	本年	上年
营业收入	241 877	328 796
利息费用	69 336	27 096
期末总资产	2 102 056	1 758 068
期末所有者权益	588 756	482 820

要求:
(1) 计算该企业上年的期末资产负债率。
(2) 计算该企业本年的销售利息比率。

第三部分　参考答案

一、单项选择题

1	2	3	4	5	6	7	8	9	10
D	D	C	C	C	D	D	C	A	B
11	12	13	14	15	16	17	18	19	20
C	D	D	C	A	D	C	B	C	B

难点解析：

1. 短期偿债能力是指企业对短期债权人权益或其担负的短期债务的保障程度，主要取决于企业资产的流动性与变现力。

2. 最关心企业偿债能力的分析者应该是债权人。

3. 一般认为，流动比率为 2∶1 比较适宜，此时企业的财务基础较为稳固。但 2∶1 只是经验值，不同企业流动比率的确定还要结合企业自身的情况。

4. 如果流动比率大于 1，表明流动资产大于流动负债，营运资金等于流动资产减流动负债，当流动比率大于 1，则营运资金大于 0。

5. 从稳健原则出发，特别是考虑到企业在清算时的偿债能力，有形资产负债率的计算可以保守些，即从资产中扣除无形资产等，计算有形资产负债率。

6. 现金比率等于货币资金（或货币资金的等价物）与流动负债的比值，这两项指标均来自于资产负债表。

7. 某企业当前的流动比率为 2，表明流动资产金额是流动负债金额的 2 倍，开出短期票据借款会导致流动资产和流动负债同时增加相同的金额，即流动比率的分子和分母同时增加相同的金额，这会导致流动比率降低。

8. 如果流动资产大于流动负债，即企业的流动比率大于 1，此时月末用现金偿还一笔应付账款，会导致流动资产和流动负债同时降低相同的金额，即流动比率的分子和分母同时减少相同的金额，这会导致流动比率提高。

9. 影响企业短期偿债能力的因素主要有资产结构、流动负债的规模与结构、融资能力、经营现金流量水平。影响企业长期偿债能力的主要因素有企业的盈利能力、投资效果、权益资金的增长和稳定程度、权益资金的实际价值、企业经营现金流量。

11. 企业的无形资产如商标权、专利权、非专利技术等，不一定能用来偿还债务，可以将其视为不能偿债的资产，从资产总额中扣除。

12. 已获利息倍数是指企业息税前利润与利息支出的比率。

13. 由于企业现金类资产的盈利水平较低，企业不可能也没有必要保留过多的现金类资产，较高的现金比率也会使企业的机会成本增加。

14. 债务本息保证倍数是指企业一定时期息税前利润与还本付息金额的比率，它是息税前利润对财务需要（现金流出）的保证程度的比率，通常用倍数来表示。该指标既反映了企业的获利能力，也反映了企业的长期偿债能力。

15. 影响短期偿债能力的因素可以分为企业内部因素和企业外部因素。企业内部因素是指企业自身的资产结构、流动负债的规模与结构、融资能力、经营现金流量水平等因素。企业外部因素是指与企业所处经济环境相关的因素，如宏观经济形势、证券市场的发育与完善程度、银行的信贷政策等因素。

16. 近期需要支付的各种款项包括到期或逾期应交款项和未付款项，如职工薪酬、应付账款、银行借款、各项税费、应付利润等。

17. 现金到期债务比率等于或大于 1 时，表示企业有足够的能力以生产经营活动产生的现金来偿还当期的短期债务。现金到期债务比率小于 1，表示企业生产经营活动产生的现金不足以偿还当期到期的债务,必须采取其他措施才能满足企业当期偿还到期债务的需要。

19. 经营活动现金流量净额是企业最稳定、经常性的现金来源,是清偿债务的基本保证。

20. 债权人借款给企业,目的虽然是为了获取利息收入,但基本前提是能够按期收回本金。

二、多项选择题

1	2	3	4	5	6	7	8	9	10
CD	AB	ABCD	ABC	AC	BCD	ABCD	ABC	ABC	BCD

难点解析:

1. 速动资产是指几乎可以立即变现用来偿付流动负债的那些资产,一般包括货币资金、交易性金融资产、应收票据、应收账款、应收利息、应收股利、合同资产、其他应收款和其他流动资产。在计算速动资产指标时,一般要排除存货和预付账款等预付费用。

2. 衡量企业长期偿债能力的指标主要有资产负债率、股东权益比率、产权比率(净资产负债率)、固定长期适合率、资产非流动负债率、非流动负债营运资金比率、销售利息比率、已获利息倍数、债务本息保证倍数、到期债务本息偿付比率、强制性现金支付比率、现金债务总额比率和利息现金流量保证倍数。

4. 逾期未付款项包括逾期未缴预算款项、逾期银行借款、逾期应付款项等。

5. 从盈利能力角度分析,评价企业长期偿债能力的指标主要有销售利息比率、已获利息倍数和债务本息保证倍数。

6. 预收账款是指企业向购货方预收的购货订金或部分货款。企业预收的货款待实际出售商品、产品或者提供劳务时再行冲减。预收账款是以买卖双方协议或合同为依据,由购货方预先支付一部分(或全部)货款给供应方而发生的一项负债,这项负债要用以后的商品或劳务来偿付。

7. 企业的非流动负债包括长期借款、应付债券、长期应付款、预计负债、递延收益、递延所得税负债及其他非流动负债等。

8. 通过对各项流动资产和流动负债周转效率和流动情况的分析,进一步反映企业短期偿债能力的动态变化,应收账款周转率、应付账款周转率和存货周转率可以作为企业短期偿债能力的辅助指标分析。

9. 流动比率等于流动资产除以流动负债,两项指标均来自资产负债表,是短期偿债能力的评价指标。该指标越大,表明流动资产对流动负债的保障程度越大,短期偿债能力越有保障。

10. 一般认为,现金比率宜保持在20%左右。某企业的现金比率为100%,较高的现金比率会使企业资产的流动性增强,短期偿债能力增强,但同时也会增加企业的机会成本,使企业丧失部分投资收益。

三、判断题

1	2	3	4	5	6	7	8	9	10
×	√	×	√	√	√	√	×	√	√
11	12	13	14	15	16	17	18	19	20
√	√	√	×	√	√	√	×	×	√

难点解析：

1. 资产负债率越高表明企业的债务压力越大，对债权人而言，到期不能收回本金和利息的风险越大。

2. 用速动比率来评价企业的短期偿债能力，消除了存货等变现能力较差的流动资产项目的影响，可以部分地弥补流动比率指标存在的缺陷。

3. 速动比率的一般标准为1，但也要结合企业的具体情况分析。

4. 业主权益乘数是指资产总额相当于股东权益总额的倍数，表示企业的负债程度，用来衡量企业的财务风险。业主权益乘数越大，表明企业负债规模越大，财务杠杆作用越大。

8. 流动比率越高，表明流动资产对流动负债的偿付程度越大，企业的短期偿债能力越高，与企业资产的利用效果无关。

9. 债权人到期想收回本金和利息，因此关心企业偿债能力比率；而企业的盈利能力也关系企业到期能否还本付息，因此债权人也关心企业的盈利能力比率。

10. 会计政策的变更会使报表数据发生变化，从而增加企业偿债能力指标的不可靠性。

12. 获利能力强的企业更有财力到期还本付息，尤其是对于需要依靠企业经营获利来偿还的长期负债。

14. 如果一个企业的产品是国民经济急需的，发展方向是国家政策鼓励的，就会较容易取得银行借款，其偿债能力也会提高。

15. 如果国民经济进入迟滞阶段，国民购买力不足，就会使企业产品积压，企业资金周转不灵，企业间货款相互拖欠，形成所谓的"三角债"，企业的偿债能力就会受到影响，反映短期偿债能力的指标也不实。

16. 当销售处于上升期时，存货易于转化为现金；反之，当销售处于下降期时，则不利于甚至会阻碍存货向现金转化，作为资金来源的流动负债，主要取决于企业的销售水平。

18. 在计算速动资产够用天数时，需要知道企业预计每天营业所需的现金支出，这是企业外部财务分析者不容易获得的。

19. 企业非流动负债的偿还主要靠企业的盈利能力来实现，企业流动负债的偿还主要靠企业资产的变现来实现。

四、简答题

1.【参考答案】

第一，优点是直观、简洁、通俗。

第二，不足主要表现在：①无法从动态上反映企业的短期偿债能力。流动比率各项要素都来自资产负债表的时点指标,用时点指标反映时期能力,难免片面。②具有较强的粉饰效应。流动资产中各要素所占比例的大小对企业偿债能力有重要影响,流动性较差的项目所占比重越大,企业偿还到期债务的能力就越差。另外,企业可以通过瞬时增加流动资产或减少流动负债等方法来粉饰其流动比率,人为操纵其值的大小,从而误导信息使用者。③指标来源于报表,指标的真实性直接影响评价质量。④应结合企业不同时期的生产经营性质与特点以及流动资产的结构状况进行分析。

2.【参考答案】

第一,短期偿债能力的静态指标具有一定缺陷,因此,分析者应该从动态指标角度进行分析与评价。

第二,从动态方面反映企业短期偿债能力的指标是建立在现金流量表和对经营中的现金流量分析基础上的,主要有现金流量比率、近期支付能力系数、速动资产够用天数、现金到期债务比率。此外,应收账款周转率、应付账款周转率、存货周转率也是从动态上反映企业短期偿债能力的辅助性指标。

3.【参考答案】

第一,以全部流动资产作为偿付流动负债的基础,所计算的指标是流动比率。它包括变现能力较差的存货和基本不能变现的预付费用。如果存货中有超储积压物资,会造成企业短期偿债能力较强的假象。

第二,速动比率以扣除变现能力较差的存货和预付款项作为偿付流动负债的基础,它弥补了流动比率的不足。

第三,现金比率以现金类资产作为偿付流动负债的基础,但现金持有量过大会对企业资产利用效率产生副作用,所以该比率不宜过大。相对流动比率和速动比率来说,现金比率的作用程度较小。

4.【参考答案】

企业购入材料等物资的目的在于通过加工制成产品销售收回现金,并实现价值增值。因此,赊购商品所产生的应付账款应用赊销商品回收的现金来偿付,在资金周转上,两者与资金周转期有关,而且必须相互配合。应收账款与应付账款的相互关系对企业的短期偿债能力产生的影响如下:

第一,应收账款与应付账款的周转期相同,那么通过赊销商品所回收的现金恰好能满足偿付因赊购业务而产生的债务,企业的短期偿债能力指标不变。

第二,应收账款的周转速度快于应付账款的周转速度,那么企业的流动比率就会降低。由于流动资产中的应收账款周转速度快,而流动负债中的应付账款周转速度慢,从动态上看,企业的实际偿债能力是较强的。

第三,应收账款的周转速度低于应付账款的周转速度,那么企业的流动比率就较高,但从动态上看,企业的实际短期偿债能力低于以流动比率表示的企业短期偿债能力水平。

五、计算分析题

1.【参考答案】

速动资产＝流动负债×速动比率＝80×2＝160万元

流动资产＝流动负债×流动比率＝80×2.5＝200万元

存货＝流动资产－速动资产＝200－160＝40万元

存货周转率＝营业成本÷存货平均余额＝84÷40＝2.1

2.【参考答案】

(1) 期末流动比率＝期末流动资产÷期末流动负债＝(400＋40＋100＋60＋20＋200＋60)÷500＝1.76

(2) 期初速动比率＝期初速动资产÷期初流动负债＝(360＋40＋80＋16＋60)÷520＝1.07

3.【参考答案】

(1) 期初流动比率＝流动资产÷流动负债＝35 362.50÷14 162.50＝2.50

(2) 期初资产负债率＝总负债÷总资产×100％＝29 162.50÷66 362.50×100％＝43.94％

(3) 期末业主权益乘数＝总资产÷所有者权益＝82 500÷37 500＝2.2

4.【参考答案】

流动资产＝156 280＋120 70 668＋36 536＋1 300＋34 424＋8 000＝307 328元

(1) 期初营运资本＝流动资产－流动负债＝307 328－538 500＝－231 172元

(2) 期末速动比率＝速动资产÷流动负债＝(76 556＋64＋63 104＋1 632＋4 848)÷318 060＝0.46

5.【参考答案】

期初有形资产负债率＝26 341 148÷(39 229 556－224 848)×100％＝67.53％

期末有形资产负债率＝35 682 374÷(50 865 921－589 084)×100％＝70.97％

6.【参考答案】

(1) 上年期末资产负债率＝负债总额÷资产总额＝(1 758 068－482 820)÷1 758 068×100％＝72.54％

(2) 本年销售利息比率＝利息费用÷营业收入＝69 336÷241 877×100％＝28.67％

第六章 企业盈利能力分析

第一部分 内容概要

一、盈利能力分析的内涵与目的

盈利能力通常是指企业在一定时期内赚取利润的能力。盈利能力的大小是一个相对的概念,即利润与一定的资源投入或一定的收入相比较而获得的一个相对的概念。利润率越高,盈利能力越强;利润率越低,盈利能力越差。

盈利能力分析,是指通过一定的分析方法,判断企业获取利润的能力,包括企业在一定会计期间内从事生产经营活动的盈利能力和企业在较长时期内稳定地获取利润的能力。在企业的财务分析体系中,盈利能力分析是核心。

企业的盈利能力分析无论对于企业的股东、债权人、政府相关部门,还是对于衡量企业经理人员和企业职工的工作效率都是至关重要的。

对经营者而言,企业盈利能力分析的目的具体表现在以下两个方面。

(1) 利用盈利能力的有关指标反映和衡量企业经营业绩。

(2) 通过盈利能力分析发现经营管理中存在的问题。

对于债权人来讲,利润是企业偿债的重要来源,特别是对长期债务而言,盈利能力的强弱直接影响企业的偿债能力。

对股东而言,企业盈利能力的强弱是至关重要的。在市场经济下,股东往往会认为企业的盈利能力比财务状况、营运能力更重要。股东们关心企业赚取利润的多少并重视对利润率的分析,是因为他们的股息与企业的盈利能力是紧密相关的。此外,企业盈利能力增加还会使股票价格上升,从而使股东们获得资本收益。

二、盈利能力分析的基础

经营方式是盈利能力分析的基础。按照经营方式划分,经营分为资本经营、资产经营和商品经营三种类型。

(一) 三种经营模式的目标

资本是企业为购置从事生产经营活动所需的资产的资金来源,是投资者对企业的投入,出现在资产负债表的右侧。资本经营型企业的管理目标是资本保值与增值或追求资本盈利能力最大化。

资产是企业拥有或控制的能够带来未来经济利益的经济资源,企业从事生产经营活动,必须具备一定的资产。资产经营型企业的管理目标是追求资产的增值和资产盈利能力的最大化。

商品经营形成的商品销售利润是主要来源。商品销售利润的高低,直接反映了企业生产经营状况和经济效益的好坏。商品经营的基本内涵是企业以市场为导向,组织供产销等经营活动,以一定的人力、物力消耗,生产与销售尽可能多的社会需要的商品。

(二) 资本经营与资产经营

资本经营与资产经营的区别主要表现在以下两个方面:第一,经营内容不同,资产经营主要强调资产的配置、重组及有效使用;资本经营主要强调资本流动、收购、重组、参股和控股等。第二,经营出发点不同,资产经营从整个企业出发,强调全部资源的运营,而不考虑资源的产权问题;资本经营则在产权清晰的基础上从企业所有者出发,强调资本(主要指自有资本或所有者权益)的运营,把资产经营看作是资本经营的环节或组成部分。

资本经营与资产经营的联系主要表现在以下两个方面:第一,资本与资产的关系决定了两者之间相互依存、相互作用,资本经营要以资产经营为依托,资本经营不能离开资产经营而孤立存在。第二,资本经营是企业经营的最高层次,资本经营是对资产经营的进步。

(三) 资产经营与商品经营

资产经营与商品经营既相互联系,又相互区别,主要体现在以下几个方面:第一,资产经营不能离开商品经营而独立存在,没有有效的商品经营就不能取得好的资产经营效果。第二,资产经营是商品经营的进一步发展,它不仅考虑了商品本身的消耗与收益,还考虑了资产的投入与产出及周转速度,并以此作为经营的核心。第三,资产经营目标比商品经营目标更综合。实现商品经营目标是实现资产经营目标的基础,但不是全部。要实现资产经营目标,应在商品经营的基础上,进一步搞好资产的重组与有效使用,加快资产周转速度。

三、资本经营盈利能力分析

(一) 资本经营盈利能力的内涵与指标

资本经营盈利能力,是指企业所有者投入的资本通过经营取得利润的能力。反映资本经营盈利能力的基本指标是净资产收益率,即企业本期净利润与净资产平均余额的比率。其计算公式如下:

$$净资产收益率 = \frac{净利润}{净资产平均余额} \times 100\%$$

上式中,净利润是指企业当期税后利润;净资产是指企业资产减去负债后的余额,包括实收资本、资本公积、盈余公积、未分配利润、其他综合收益、其他权益工具和少数股东权益等,也就是资产负债表中的所有者权益总额。对于净资产平均余额,一般取期初与期末的平均值。

净资产收益率是反映盈利能力的核心指标。因为企业的根本目标是所有者权益或股东价值最大化,而净资产收益率既可直接反映资本的增值能力,又影响着企业股东价值的大小。该指标越高,反映企业盈利能力越好。评价标准通常包括社会平均利润率、行业平均利润率或资本成本率等。

(二) 影响资本经营盈利能力的因素

影响净资产收益率的因素主要有总资产报酬率、负债利息率、企业资本结构和所得税税率等。

净资产收益率与各影响因素之间的关系如下：

$$净资产收益率=\left[总资产报酬率+(总资产报酬率-负债利息率)\times\frac{负债平均余额}{净资产平均余额}\right]\times(1-所得税税率)$$

(三) 现金流量指标对资本经营盈利能力的补充

对资本经营盈利能力发挥补充作用的现金流量指标主要有净资产现金回收率和盈利现金比率。

1. 净资产现金回收率

净资产现金回收率是经营活动净现金流量与平均净资产之间的比率。其计算公式如下：

$$净资产现金回收率=\frac{经营活动净现金流量}{净资产平均余额}$$

2. 盈利现金比率

盈利现金比率，也称盈余现金保障倍数，反映公司本期经营活动产生的现金净流量与净利润之间的比率关系。其计算公式如下：

$$盈利现金比率=\frac{经营活动净现金流量}{净利润}$$

四、资产经营盈利能力分析

(一) 资产经营盈利能力的内涵与指标

资产经营盈利能力，是指企业运营资产而产生利润的能力。反映资产经营盈利能力的指标是总资产报酬率，即息税前利润与总资产平均余额之间的比率。其计算公式如下：

$$总资产报酬率=\frac{利润总额+利息支出}{总资产平均余额}\times100\%$$

$$总资产平均余额=\frac{期初资产总额+期末资产总额}{2}$$

总资产报酬率高，说明企业资产的运用效果好，也意味着企业的资产盈利能力强。所以，这个比率越高越好。评价总资产报酬率时，需要与企业前期的比率、同行业其他企业的这一比率等进行比较，并进一步找出影响该指标的不利因素，以助力企业加强经营管理。

(二) 影响资产经营盈利能力的因素

根据总资产报酬率指标的经济内容，可作如下分解：

$$总资产报酬率=\frac{营业收入}{总资产平均余额}\times\frac{利润总额+利息支出}{营业收入}\times100\%$$

$$=总资产周转率\times销售息税前利润率\times100\%$$

可见，影响总资产报酬率的因素有两个：一是总资产的周转率，二是销售息税前利润率。

五、商品经营盈利能力分析

商品经营盈利能力不考虑企业的筹资或投资问题，只研究利润与收入或成本之间的比率关系。商品经营盈利能力的指标可分为两类：一类是各种利润额与收入之间的比率，统称收入利润率；另一类是各种利润额与成本之间的比率，统称成本利润率。

（一）收入利润率指标

反映收入利润率的指标主要有营业收入利润率、营业收入毛利率、总收入利润率、销售净利润率、销售息税前利润率等。不同的收入利润率，其内涵不同，揭示的收入与利润关系不同，在分析评价中的作用也不同。

收入利润率指标是正指标，指标值越高越好。分析人员在分析时应根据分析的目的与要求，确定适当的标准值，如可用行业平均值、全国平均值、企业目标值等。

（二）成本利润率指标

反映成本利润率的指标主要包括营业成本利润率、营业费用利润率、全部成本费用利润率等。

成本利润率也是正指标，即指标值越高越好。分析人员在分析评价时，可将各指标实际值与标准值进行对比。标准值可根据分析的目的与管理要求确定，如可用行业平均值、全国平均值、企业目标值等。

（三）现金流量指标对商品经营盈利能力的补充

销售获现比率是对商品经营盈利能力的补充，反映企业通过销售获取现金的能力。销售获现比率是销售商品、提供劳务收到的现金与营业收入之比。其计算公式如下：

$$销售获现比率 = \frac{销售商品、提供劳务收到的现金}{营业收入}$$

使用该指标进行分析时，应注意当期收到的预收账款和收回前期应收账款对指标的影响。

六、上市公司盈利能力分析

由上市公司自身特点所决定，其盈利能力除了可以通过一般企业盈利能力的指标分析，还应进行一些特殊指标的分析，特别是一些与企业股票价格或市场价值相关的指标分析，如每股收益、普通股权益报酬率、股利发放率、价格与收益比率，以及每股经营现金流量等指标的分析。

（一）每股收益分析

1. 每股收益的内涵与计算

每股收益是指每股发行在外的普通股所能分摊到的净收益额。每股收益又分为基本每股收益与稀释每股收益。

基本每股收益是指归属于普通股股东的当期净利润与发行在外的普通股加权平均数的比率。其计算公式如下：

$$基本每股收益 = \frac{净利润 - 优先股股利}{发行在外的普通股加权平均数（流通股数）}$$

发行在外的普通股加权平均数按下列公式计算：

$$发行在外的普通股加权平均数 = 期初发行在外的普通股股数 + 当期新发行的普通股股数 \times \frac{已发行时间}{报告期时间} - 当期回购普通股股数 \times \frac{已回购时间}{报告期时间}$$

稀释每股收益是指当企业存在稀释性潜在普通股时,应当分别调整归属于普通股股东的当期净利润和发行在外的普通股加权平均数,并据此计算稀释每股收益。

稀释性潜在普通股,是指假设当期转换为普通股会减少每股收益的潜在普通股,如可转换公司债券、认股权证和股份期权。

2. 每股收益影响因素分析

为了分析企业每股收益变动的原因,应确定影响每股收益的主要因素,并对各个因素进行分析,测算各个因素的变动对每股收益的影响程度。依据每股收益的影响因素,对每股收益指标作如下分解:

$$基本每股收益 = \frac{净利润 - 优先股股利}{发行在外的普通股加权平均数(流通股数)}$$

$$= \frac{普通股权益平均余额}{发行在外的普通股加权平均数(流通股数)} \times \frac{净利润 - 优先股股利}{普通股权益平均余额}$$

$$= 每股账面价值 \times 普通股权益报酬率$$

从上面的公式中可知,每股收益主要取决于每股账面价值和普通股权益报酬率两个因素。

(二)普通股权益报酬率

普通股权益报酬率是指净利润扣除应发放的优先股股利后的余额与普通股权益平均余额之比。其计算公式如下:

$$普通股权益报酬率 = \frac{净利润 - 优先股股利}{普通股权益平均余额}$$

该指标从普通股股东的角度反映企业的盈利能力,该指标值越高,说明企业的盈利能力越强,普通股股东可获得的收益越多。普通股权益报酬率应作为独立指标对企业盈利能力、投资收益水平进行分析。

(三)股利发放率分析

股利发放率是普通股每股股利与每股收益的比值,反映普通股股东从每股收益中分得股利的多少,体现了公司的股利分配政策和股利支付能力。其计算公式如下:

$$股利发放率 = \frac{每股股利}{每股收益} \times 100\%$$

公式中,每股股利是指企业实际发放给普通股股东的股利总额与流通在外的普通股股数的比值。每股股利是反映企业每一普通股获得股利多少的指标,该指标值越大,表明企业获利能力越强。

为了进一步分析股利发放率变动的原因,可按下式进行分解:

$$股利发放率 = \frac{每股市价}{每股收益} \times \frac{每股股利}{每股市价} \times 100\% = 价格与收益比率 \times 股利报偿率$$

从公式可以看出,股利发放率主要取决于价格与收益比率和股利报偿率。

(四)价格与收益比率

价格与收益比率,亦称市盈率,是反映普通股的市场价格与当期每股收益之间的关系,可用来判断企业股票与其他企业股票相比较所具有的潜在价值。其计算公式如下：

$$价格与收益比率 = \frac{每股市价}{每股收益}$$

该指标的数值能够表明企业盈利能力的稳定性，可在一定程度上反映企业管理部门的经营能力和企业盈利能力及潜在的成长能力。同时，该指标还可以反映此股票市价是否具有吸引力。分析人员把多个企业的股票价格与收益比率进行比较，并结合所属行业的经营前景，将其作为选择投资目标的参考。

(五) 每股经营现金流量指标

每股经营现金流量是指经营活动净现金流量与发行在外的普通股股数的比率，反映每股发行在外的普通股平均占有的经营净现金流量。这个指标越大，说明企业进行资本支出和支付股利的能力越强。其计算公式如下：

$$每股经营现金流量 = \frac{经营活动净现金流量}{发行在外的普通股加权平均数}$$

第二部分　练　习　题

一、单项选择题

1. （　　）指标越高，说明企业的资产盈利能力越强。
   A. 总资产周转率　　　　　　　　B. 存货周转率
   C. 总资产报酬率　　　　　　　　D. 应收账款周转率

2. 总资产报酬率主要受（　　）和销售息税前利润率这两个因素的影响。
   A. 总资产周转率　　　　　　　　B. 固定资产周转率
   C. 流动资产周转率　　　　　　　D. 应收账款周转率

3. 下列各项中，不属于在计算稀释每股收益时应考虑的潜在普通股是（　　）。
   A. 认股权证　　　　　　　　　　B. 股票期权
   C. 公司债券　　　　　　　　　　D. 可转换公司债券

4. 企业所有者作为投资者，关心其资本的保值和增值情况，因此较为重视企业的（　　）。
   A. 偿债能力　　　　　　　　　　B. 营运能力
   C. 发展能力　　　　　　　　　　D. 盈利能力

5. 下列各指标中，能揭示每股股利与每股收益关系的是（　　）。
   A. 市净率　　　　　　　　　　　B. 股利支付率
   C. 每股市价　　　　　　　　　　D. 每股净资产

6. 在企业各种收入利润率中，（　　）通常是其他利润率的基础。
   A. 营业收入毛利率　　　　　　　B. 销售息税前利润率
   C. 总收入利润率　　　　　　　　D. 销售净利润率

7. 上市公司盈利能力分析与一般企业盈利能力分析的主要区别在于是否分析（　　）。
   A. 利润水平　　B. 股东权益　　C. 商品经营　　D. 每股收益

8. 从根本上看,一个企业的股东权益增长应主要依赖(　　)。
   A. 净资产收益率　　　　　　　　B. 净损益占营业收入比率
   C. 资本积累率　　　　　　　　　D. 股东净投资率
9. 净资产收益率指标是(　　)最关心的指标。
   A. 债权人　　　B. 经营者　　　C. 所有者　　　D. 政府
10. 在财务比率分析中,总资产报酬率属于(　　)。
    A. 资产管理比率　　　　　　　　B. 偿债能力比率
    C. 发展能力比率　　　　　　　　D. 盈利能力比率
11. 下列各项中,能提高销售净利率的途径是(　　)。
    A. 增加销售费用　　　　　　　　B. 扩大营业收入
    C. 增加资产投入　　　　　　　　D. 增加银行借款
12. 下列各项中,不属于资本经营盈利能力影响因素的是(　　)。
    A. 总资产报酬率　　　　　　　　B. 负债利息率
    C. 增值税税率　　　　　　　　　D. 资本结构
13. 总资产报酬率是指(　　)与平均总资产之间的比率。
    A. 息税前利润　　　　　　　　　B. 净利润
    C. 营业利润　　　　　　　　　　D. 利润总额
14. 市盈率的计算公式是(　　)。
    A. 每股面值与每股收益的比率　　B. 每股市价与每股股利的比率
    C. 每股市价与每股收益的比率　　D. 每股面值与每股股利的比率
15. 某公司普通股为 20 000 万股,当年实现的利润总额为 100 000 万元,股票市场上该股票的价格是 60 元/股,则该企业的市盈率为(　　)。
    A. 10　　　　　B. 12　　　　　C. 16　　　　　D. 30

二、多项选择题

1. 按照经营方式划分,经营分为(　　)。
   A. 资本经营　　B. 公司经营　　C. 资产经营　　D. 商品经营
2. 资本经营与资产经营两者的主要区别表现在(　　)。
   A. 经营内容不同　　　　　　　　B. 资产经营是进一步
   C. 经营出发点不同　　　　　　　D. 资本经营是基础
3. 下列各项中,属于从现金流量方面对资本经营盈利能力进行补充说明的有(　　)。
   A. 股利发放率　　　　　　　　　B. 盈利现金比率
   C. 每股收益　　　　　　　　　　D. 净资产现金回收率
4. 下列各项中,属于营业费用的有(　　)。
   A. 营业成本　　　　　　　　　　B. 税金及附加
   C. 期间费用　　　　　　　　　　D. 信用减值损失
5. 在分析评价时,根据分析的目的与管理要求,标准值可以选择(　　)。
   A. 行业平均值　　B. 全国平均值　　C. 企业目标值　　D. 历史经验值

6. 下列各项中,属于在计算发行在外的普通股加权平均数时需要考虑的有(　　)。
   A. 期初发行在外的普通股股数　　　　B. 当期回购的普通股股数
   C. 期末发行在外的普通股股数　　　　D. 当期新发行的普通股股数
7. 下列各项中,属于基本每股收益影响因素的有(　　)。
   A. 每股账面价值　　　　　　　　　　B. 普通股权益报酬率
   C. 股利发放率　　　　　　　　　　　D. 价格与收益率
8. 下列各项中,属于净资产的有(　　)。
   A. 实收资本　　　B. 盈余公积　　　C. 资本公积　　　D. 未分配利润
9. 净资产收益率反映资本的增值能力,其评价标准通常包括(　　)。
   A. 社会平均利润率　　　　　　　　　B. 资本积累率
   C. 行业平均利润率　　　　　　　　　D. 资本成本率
10. 下列各项中,属于评价上市公司盈利能力特有指标的有(　　)。
    A. 价格与收益比率　　　　　　　　　B. 每股收益
    C. 净资产收益率　　　　　　　　　　D. 普通股权益报酬率

三、判断题

1. 营业利润是企业营业收入与营业成本费用及营业税金及附加之间的差额。　(　　)
2. 每股股利与企业盈利能力永远是同方向变动的。　　　　　　　　　　　　(　　)
3. 价格与收益比率是反映普通股的市场价格与当期每股收益之间关系的指标。(　　)
4. 收入利润率和成本利润率都是正指标,指标值越高,表明商品的盈利水平越好。
　　　　　　　　　　　　　　　　　　　　　　　　　　　　　　　　　　(　　)
5. 对企业盈利能力的分析主要是指对利润额的分析。　　　　　　　　　　　(　　)
6. 公司发行优先股时,无需对稀释性每股收益指标的分母进行调整。　　　　(　　)
7. 资本经营盈利能力分析主要是对全部资产报酬指标进行分析和评价。　　　(　　)
8. 企业资产运用效率提高,会提升资产经营的盈利水平。　　　　　　　　　(　　)
9. 资本经营的基本内涵是合理配置与使用资产,以一定的资产投入取得尽可能多的收益。　　　　　　　　　　　　　　　　　　　　　　　　　　　　　　　　(　　)
10. 企业总收入包括营业收入、其他收益、投资净收益、公允价值变动净收益、资产处置净收益和营业外收支净额。
11. 反映企业核心盈利能力的指标是总资产报酬率。　　　　　　　　　　　(　　)
12. 在计算普通股股东所能享有的收益额时,应将优先股股利扣除。　　　　(　　)
13. 盈利现金比率越大,公司盈利质量就越低。　　　　　　　　　　　　　(　　)
14. 市盈率是衡量企业偿债能力的一项财务指标。　　　　　　　　　　　　(　　)
15. 提升总资产的周转率可以提升企业资产的盈利水平。　　　　　　　　　(　　)

四、简答题

1. 为什么总资产报酬率的分子为息税前利润?是否可用其他指标作该指标的分子?
2. 计算商品经营盈利能力时应注意哪些问题?

3. 简述上市公司盈利能力指标与一般企业的盈利能力指标的关系。
4. 从企业经理人员的角度阐述企业盈利能力分析的目的。

五、计算分析题

1. 元力股份有限公司 2021 年年末在外发行普通股 48 800 股,同时在外发行不可转换优先股为 3 200 股(该优先股为非累计优先股,固定股利支付率为 6%,每股面值为 10 元)。2022 年年末在外发行普通股为 74 300 股,其中 25 500 股为 9 月份发行,持有 3 个月;2022 年实现的净利润额为 420 000 元。

要求:计算该公司的每股收益。

2. 西森公司 2022 年和 2021 年资产负债表和利润表有关数据如下:2022 年销售收入为 3 000 万元,息税前利润为 136 万元,总资产平均余额为 2 000 万元;2021 年销售收入为 2 850 万元,息税前利润为 160 万元,总资产平均余额为 1 680 万元。

要求:分析该公司盈利水平下降的影响因素。

3. 已知广顺公司本年发行在外的普通股股数为 256 000 万股,每股股价为 10 元,当年实现的净利润为 153 600 万元,并按 50% 的股利发放率发放现金股利。

要求:
(1) 计算该公司每股股利。
(2) 计算该公司的市盈率。

4. 华清公司为上市公司,2021 年 1 月 1 日以 5% 的利率发行可转换公司债券,面值 10 000 万元,期限为 5 年,利息每年年末支付。债券利息不符合资本化条件,该公司适用的所得税税率为 25%。该可转换公司债券在发行一年后可以转换为股票,转换价格为每股 5 元,即按债券面值每 100 元可转换为 20 股面值 1 元的普通股。该上市公司 2021 年归属于普通股股东的净利润为 30 000 万元,2021 年发行在外普通股加权平均数为 40 000 万股。

要求:计算该公司的基本每股收益和稀释每股收益。

5. 江才公司当年实现营业收入 4 000 万元,赚取息税前利润为 160 万元,当年资产的平均余额为 11 200 万元。由于公司业务范围扩大,公司考虑增加一条新生产线,该生产线的增加预计会使得企业营业收入增加 1 000 万元,同时带来 5% 的销售息税前利润率,总资产周转率也将变更为 0.333 次。

要求:分析该公司新增加的生产线对资产经营盈利能力的影响,并分析变动的原因。

第三部分 参考答案

一、单项选择题

1	2	3	4	5	6	7	8	9	10
C	A	C	D	B	A	D	A	C	D
11	12	13	14	15					
B	C	A	C	B					

难点解析：

1. 资产经营盈利能力的衡量指标主要是总资产报酬率。该指标越高，表明资产的盈利能力越强。

2. 总资产报酬率主要受总资产周转率和销售息税前利润率这两个因素的影响。

3. 稀释性潜在普通股，是指假设当期转换为普通股会减少每股收益的潜在普通股，如可转换公司债券、认股权证和股份期权。

4. 企业是以盈利能力为目的的组织，投资者比较重视企业的盈利能力。

5. 股利支付率等于每股股利与每股收益的比值。

6. 在企业各种收入利润率中，营业收入毛利率通常是其他利润率的基础。

7. 上市公司的盈利能力除了可以通过一般企业盈利能力的指标分析，还应进行一些特殊指标的分析，如每股收益、普通股权益报酬率、股利发放率、价格与收益比率，以及每股经营现金流量等指标的分析。

8. 一个企业的股东权益增长应主要依赖企业的经营所得。

11. 销售净利率是指净利润与营业收入之间的比率，营业收入的扩大通常会增加企业的净盈利，提升销售净利率。

12. 影响净资产收益率的因素主要有总资产报酬率、负债利息率、企业资本结构和所得税税率等。

13. 反映资产经营盈利能力的指标是总资产报酬率，即息税前利润与总资产平均余额之间的比率。

14. 价格与收益比率，亦称市盈率，是反映普通股的市场价格与当期每股收益之间的关系，可用来判断企业股票与其他企业股票相比较所具有的潜在价值。

15. 每股收益＝100 000÷20 000＝5 元，市盈率＝60÷5＝12。

二、多项选择题

1	2	3	4	5	6	7	8	9	10
ACD	AC	BD	ABCD	ABC	ABD	AB	ABCD	ACD	ABD

难点解析：

1. 按照经营方式划分，经营分为资本经营、资产经营、商品经营。

2. 资本经营与资产经营两者的主要区别表现在经营内容不同、经营出发点不同。

3. 对资本经营盈利能力发挥补充作用的现金流量指标主要有净资产现金回收率和盈利现金比率。

4. 营业费用总额包括营业成本、税金及附加、期间费用、研发费用、资产减值损失和信用减值损失。

5. 分析评价时，根据分析的目的与管理要求确定，标准值可以选择行业平均值、全国平均值、企业目标值等。

6. 计算发行在外的普通股加权平均数时需要考虑的有：期初发行在外的普通股股数、

期末发行在外的普通股股数、当期新发行的普通股股数。

7. 每股收益主要取决于每股账面价值和普通股权益报酬率两个因素。

9. 净资产收益率的评价标准通常包括社会平均利润率、行业平均利润率或资本成本率等。

10. 上市公司的盈利能力除了可以通过一般企业盈利能力的指标分析,还应进行一些特殊指标的分析,如每股收益、普通股权益报酬率、股利发放率、价格与收益比率,以及每股经营现金流量等指标的分析。

三、判断题

1	2	3	4	5	6	7	8	9	10
×	×	√	√	×	√	×	√	×	√
11	12	13	14	15					
×	√	×	×	√					

难点解析：

1. 营业利润＝营业收入－营业成本－税金及附加－销售费用－管理费用－财务费用－信用减值损失－资产减值损失＋公允价值变动收益(－公允价值变动损失)＋投资收益(－投资损失)＋其他收益＋资产处置收益(－资产处置损失)

2. 股利政策主要有剩余股利政策、稳定股利政策、固定股利率政策、正常股利加额外股利政策。不同股利政策体现了股利与盈利的不同关系,稳定股利政策和固定股利率政策与企业盈利能力的方向有时不一致。

5. 对企业盈利能力的分析主要从资本、资产和商品三个方面对盈利能力的指标进行分析,不是仅指对利润额的分析。

7. 资本经营盈利能力,是指企业所有者投入的资本通过经营取得利润的能力。

9. 资产经营的基本内涵是合理配置与使用资产,以一定的资产投入取得尽可能多的收益。

11. 反映企业核心盈利能力的指标是净资产收益率。

13. 盈利现金比率越大,公司盈利质量就越高。

14. 市盈率是衡量企业盈利能力的一项财务指标。

四、简答题

1.【参考答案】

(1) 比率指标要求分子与分母口径一致决定了总资产报酬率的分子为息税前利润,而不能是利润总额。企业总资产的资金来源有两部分:一是所有者权益,二是负债。所有者的投资报酬体现为利润;债权人的投资报酬体现为利息。因此,评价总资产的收益能力或盈利能力就不能仅考虑利润,忽视利息,而应包括这两个部分。

(2) 资产经营的目标决定了总资产报酬率的分子应使用息税前利润,而不是息前税后利润。资产经营的目标与资本经营的目标不同,它考虑的不仅是企业资本所有者利益,而且是企业所有利益相关者的利益,包括所有者、债权人、国家等各方面的利益。用税前利润而不是税后利润,有利于全面反映企业总资产的贡献能力,包括对国家或社会的贡献能力。

2.【参考答案】

(1) 反映商品经营盈利能力的指标可从收入和成本角度分为两大类,如收入利润率和成本利润率。

(2) 由于多步式利润表提供的利润的多样性和相应的收入及成本费用的多样性,各指标分子分母计算口径问题是商品经营盈利能力计算中的关键问题。

(3) 计算收入利润率时应注意营业收入、总收入与利润的对应关系。

(4) 计算成本利润率时应注意营业成本、营业成本费用、总成本费用与利润的对应关系。

(5) 注意各指标名称与内涵的协调。

3.【参考答案】

(1) 上市公司是一般企业的特殊形式,因此反映一般企业盈利能力的指标都适用于上市公司。

(2) 反映上市公司盈利能力的某些指标与一般企业的盈利能力指标实质相同,只是名称不同,如每股收益与资本收益率(净利润/实收资本),普通股权益报酬率与净资产收益率等就属于这种类型。

(3) 上市公司特殊指标是一些与企业股票价格或市场价值相关的指标。这些指标与一般企业盈利能力指标并不矛盾。在规范的资本市场环境和较高的会计信息质量前提下,这些特殊指标直接受企业盈利能力一般指标的影响。

4.【参考答案】

(1) 利用盈利能力的有关指标反映和衡量企业经营业绩。企业经理人员的根本任务就是努力为企业赚取更多的利润。利用盈利能力指标可以衡量经理人员工作业绩的优劣。

(2) 相关人员通过盈利能力分析发现经营管理中存在的问题。企业经营的好坏,都会通过盈利能力表现出来。相关人员通过对盈利能力的深入分析,可以发现经营管理中的重大问题,进而采取措施解决问题,提高企业收益水平。

五、计算分析题

1.【参考答案】

$$\text{发行在外的普通股加权平均数} = \text{期初发行在外的普通股股数} + \text{当期新发行的普通股股数} \times \frac{\text{已发行时间}}{\text{报告期时间}} - \text{当期回购普通股股数} \times \frac{\text{已回购时间}}{\text{报告期时间}}$$

$$= 48\,800 + 25\,500 \times 3 \div 12$$

$$= 55\,175 \text{ 股}$$

$$\text{基本每股收益} = \frac{\text{净利润} - \text{优先股股利}}{\text{发行在外的普通股加权平均数(流通股数)}}$$

$$= \frac{420\,000 - 3\,200 \times 10 \times 6\%}{55\,175} = 7.58(\text{元})$$

2.【参考答案】

资产利润率的分解

项目	2022年	2021年	变动
营业收入(万元)	3 000	2 850	150
息税前利润(万元)	136	160	−24
总资产平均余额(万元)	2 000	1 680	320
总资产报酬率	6.80%	9.52%	−2.72%
销售息税前利润率	4.53%	5.61%	−1.08%
总资产周转次数(次)	1.50	1.69	0.19

2022年数据计算：

$$总资产报酬率 = \frac{息税前利润}{总资产平均余额} \times 100\% = \frac{136}{2\ 000} \times 100\%$$
$$= 6.80\%$$

$$销售息税前利润率 = \frac{利息税前利润}{营业收入} \times 100\% = \frac{136}{3\ 000} \times 100\%$$
$$= 4.53\%$$

$$总资产周转率 = \frac{营业收入}{总资产平均余额} = \frac{3\ 000}{2\ 000} = 1.50\ 次$$

2021年数据计算：

$$总资产报酬率 = \frac{息税前利润}{总资产平均余额} \times 100\% = \frac{160}{1\ 680} \times 100\% = 9.52\%$$

$$销售息税前利润率 = \frac{利息税前利润}{营业收入} \times 100\% = \frac{160}{2\ 850} \times 100\% = 5.61\%$$

$$总资产周转率 = \frac{营业收入}{总资产平均余额} = \frac{2\ 850}{1\ 680} = 1.69\ 次$$

分析对象：

总资产报酬率变动 = 6.80% − 9.52% = −2.72%

因素分析：

总资产报酬率 = 销售息税前利润率 × 总资产周转次数

上年数：5.61% × 1.69 = 9.52%

替代销售息税前利润率：−1.08% × 1.69 = −1.83%

替代总资产周转次数：4.53% × (−0.19) = −0.89%

销售息税前利润率降低，使得总资产报酬率下降1.83%；总资产周转率下降，使得总资产报酬率下降0.89%。两者共同作用使总资产周转率下降2.72%，其中销售息税前利润率下降时主要影响因素。(本题计算过程进行了尾差处理)

3.【参考答案】

(1) 每股股利 = $\dfrac{\text{现金股利总额}}{\text{发行在外的普通股股数}} = \dfrac{153\,600 \times 50\%}{256\,000} = 0.3$ 元

(2) 每股收益 = $\dfrac{\text{净利润}}{\text{发行在外的普通股股数}} = \dfrac{153\,600}{256\,000} = 0.6$ 元

市盈率 = $\dfrac{\text{每股市价}}{\text{每股收益}} = \dfrac{10}{0.6} = 16.67$

4.【参考答案】

基本每股收益 = 3 000 ÷ 40 000 = 0.75 元

净利润的增加 = 10 000 × 5% × (1 − 25%) = 375 万元

普通股股数的增加 = 10 000 ÷ 100 × 20 = 2 000 万股

稀释每股收益 = (30 000 + 375) ÷ (40 000 + 2 000) = 0.72 元

5.【参考答案】

资产经营能力分析

项目	当年	预计
营业收入(万元)	4 000	5 000
息税前利润(万元)	160	250
平均总资产(万元)	11 200	15 000
总资产周转率	0.357	0.333
总资产报酬率	1.43%	1.67%
销售息税前利润率	4%	5%
总资产报酬率差异	0.24%	

分析对象(总资产报酬率差异):

1.67% − 1.43% = 0.24%

采用因素分析法计算如下:

(1) 总资产周转率变动的影响 = (0.333 − 0.357) × 4% = −0.096%

(2) 销售息税前利润率的影响 = 0.333 × (5% − 4%) = 0.333%

由分析可知,该公司新增加的项目由于投入资产较高,资产周转率对总资产报酬率带来的影响为负,而由于销售息税前利润对总资产报酬率是正面的影响,该正面影响大于资产周转率的负面影响,总体的总资产报酬率因新项目而将增加0.24%。

第七章 企业营运能力分析

第一部分 内容概要

一、企业营运能力分析的内涵及目的

1. 企业营运能力分析的内涵

营运能力是指企业在经营过程中使用资产获取回报的效率。

营运能力分析是指通过对反映企业资产营运效率和效益的指标进行计算与分析,评价企业的营运能力,为企业提高经济效益指明方向。

2. 企业营运能力分析的目的

企业营运能力分析的主要目的包括以下几个方面:

(1) 评价企业资产的营运效率。

(2) 评价企业资产的营运效益。

(3) 挖掘企业资产利用的潜力。

二、企业营运能力分析的内容

企业营运能力分析的内容包括以下几个方面:

(1) 总资产营运能力分析。

(2) 流动资产营运能力分析。

(3) 固定资产营运能力分析。

三、总资产营运能力指标分析

(一) 总资产产值率

总产值是指工业企业在一定时期内生产的工业产品或提供工业性劳务活动的总价值量。总资产产值率反映了企业总资产与总产值之间的对比关系。其计算公式如下:

$$总资产产值率 = \frac{总产值}{平均总资产} \times 100\%$$

该指标数值越高,说明企业资产的投入产出率越高,企业总资产运营状况越好。

(二) 百元产值占用的资产

企业产出与总资产之间的关系,还可以从另一角度来反映,即百元产值占用资金。该指标本质上是总资产产值率的倒数,反映每百元产值占用的资产。其计算公式如下:

$$百元产值占用资金 = \frac{平均总资产}{总产值} \times 100 = (\frac{流动资产}{总产值} + \frac{固定资产}{总产值} + \frac{其他资产}{总产值}) \times 100$$

该指标越低,说明单位产出所占用的资产越少,表明企业资产营运能力越强。

(三) 总资产收入率

总资产收入率反映了企业总资产与总收入之间的对比关系。其计算公式如下:

$$总资产收入率 = \frac{营业收入}{平均总资产} \times 100\%$$

$$= \frac{总产值}{平均总资产} \times \frac{营业收入}{总产值} \times 100\%$$

$$= 总资产产值率 \times 产品销售率$$

该指标越高,说明企业总资产营运能力越强。提高总资产收益率取决于两大方面:一是要提高资产的生产效率,这是提高企业资产营运能力的基础。没有产品,就谈不上销售,更谈不上效益。二是要提高产品销售率,把生产出来的产品尽快、尽可能多地销售出去。

(四) 总资产周转率

从资产周转角度看,总资产收入率亦称总资产周转率(次数),尽管这两个指标的计算方法相同,但总资产周转率是从资产流动性方面反映总资产的利用效率。其计算公式如下:

$$总资产周转率 = \frac{总周转额(营业收入)}{平均总资产}$$

$$= \frac{营业收入}{平均流动资产} \times \frac{平均流动资产}{平均总资产}$$

$$= 流动资产周转率 \times 流动资产占总资产的比重$$

总资产周转速度的快慢取决于两大因素:一是流动资产周转率。流动资产的周转速度要高于其他类资产的周转速度,加速流动资产周转,就会使总资产周转速度加快;反之,则会使总资产周转速度减慢。二是流动资产占总资产的比重。流动资产周转速度快于其他类资产周转速度,所以企业流动资产所占比例越大,总资产周转速度越快;反之,总资产周转速度则越慢。

(五) 总资产周转天数

总资产周转速度也可以用周转期来表示。其计算公式如下:

$$总资产周转天数 = \frac{计算期天数}{总资产周转率(次数)} = \frac{总资产平均余额 \times 计算期天数}{营业收入}$$

四、总资产营运能力综合对比分析

(1) 资产占用与总产值之间综合对比分析,主要说明各类资产在企业生产过程中的利用效果,主要指标有固定资产产值率、流动资产产值率、总资产产值率。

(2) 资产占用与收入之间综合对比分析,主要用于评价各类资产营运效益和周转速度,主要指标有固定资产收入率、流动资产周转率和总资产收入率。

(3) 总资产营运能力与盈利能力之间综合对比分析,目的在于解释总资产盈利能力变动的原因,为提高总资产盈利能力指明方向。两者之间的关系可用下式反映:

$$总资产盈利能力 = 资产营运能力 \times 产品盈利能力$$

即：

$$总资产报酬率 = 总资产周转率 \times 销售息税前利润率$$

五、流动资产营运能力指标分析

(一) 流动资产营运能力指标的计算

流动资产完成从货币到商品,再到货币这一循环过程,表明流动资产周转了1次,以产品实现销售为标志。相关计算公式如下：

$$流动资产周转率 = \frac{营业收入}{平均流动资产}$$

$$流动资产周转期 = \frac{平均流动资产 \times 计算期天数}{营业收入}$$

$$流动资产垫支周转率 = \frac{营业成本}{平均流动资产}$$

$$流动资产垫支周转期 = \frac{平均流动资产 \times 计算期天数}{营业成本}$$

(二) 流动资产周转率指标分析

为了分析流动资产周转速度变动的原因,找出加速流动资产周转的途径,根据流动资产周转速度指标的经济内容和内在联系,可将流动资产周转速度指标作如下分解：

$$流动资产周转率 = 流动资产垫支周转率 \times 成本收入率$$

影响流动资产周转率的因素：一是流动资产垫支周转率,二是成本收入率。流动资产垫支周转率反映了流动资产的真正周转速度,成本收入率说明了所费与所得之间的关系,反映出流动资产的利用效果。

(三) 流动资产垫支周转率指标分析

在流动资产周转速度分析的基础上,进一步分析流动资产垫支周转速度,可将流动资产垫支周转率作如下分解：

$$流动资产垫支周转率 = 存货周转率 \times 存货构成率$$

(四) 流动资产加速周转效果分析

流动资产周转加速的效果既可以体现为取得一定的产出需要占用的流动资产减少,也可以体现为一定的流动资产占用取得更多的收入。

1. 对流动资产的影响

加快流动资产周转,可以使企业在销售规模不变的条件下,运用更少的流动资产,形成流动资产节约额。其计算公式如下：

$$流动资产节约额 = 报告期营业收入 \times \left(\frac{1}{报告期流动资产周转次数} - \frac{1}{基期流动资产周转次数} \right)$$

流动资产节约额可以分为：

(1) 绝对节约额,主要标志是流动资产周转加快而营业收入不变。

(2) 相对节约额,主要标志是流动资产周转加快而流动资产实际存量大于或等于基期流动资产存量。

(3) 既包括绝对节约额又包括相对节约额,主要标志是流动资产周转加快而营业收入增加,同时流动资产占用量减少。

2. 对收入的影响

加快流动资产周转,可以使企业在销售规模不变的条件下,增加企业的收入。其计算公式如下:

营业收入增加额＝基期流动资产平均余额×(报告期流动资产周转率－基期流动资产周转率)

六、存货营运能力分析

(一) 存货周转率计算与分析

存货周转速度通常用存货平均余额与营业成本的比率来表示,以反映企业存货规模是否合适,周转速度如何。其表示方法有以下两种:

$$存货周转率 = \frac{营业成本}{平均存货}$$

$$存货周转期 = \frac{平均存货 \times 计算期天数}{营业成本}$$

存货周转速度下降或偏低,可能由以下原因引起:

(1) 存货管理方法落后。
(2) 产品滞销,存货积压。
(3) 预测存货将升值,囤积居奇。
(4) 企业销售政策发生变化。
(5) 会计核算范围或方法发生变化。
(6) 存货账实不符,虚假挂账。

(二) 存货营运能力分项分析

存货按其性质可以分为原材料存货、在产品存货和产成品存货。所以,存货周转期又可以分为材料周转期、在产品周转期和产成品周转期三项分指标。其计算公式分别为:

$$材料周转天数 = \frac{平均库存材料余额 \times 计算期天数}{当期材料费用}$$

$$在产品周转天数 = \frac{平均在产品余额 \times 计算期天数}{当期生产成本}$$

$$产成品周转天数 = \frac{平均产成品余额 \times 计算期天数}{营业成本}$$

七、应收账款营运能力分析

应收账款周转率是指企业一定时期赊销收入净额与应收账款平均余额的比率,用以反映应收账款的收款速度,一般以周转次数来表示。其计算公式如下:

$$应收账款周转率 = \frac{赊销收入}{平均应收账款}$$

应收账款是指因商品购销关系所产生的债权资产,而不是单指会计核算上的应收账款科目,一般包括应收账款和应收票据。

应收账款周转率说明年度内应收账款转化为现金的平均次数,体现了应收账款的变现速度和企业的收账效率,一般认为,周转率越高越有利,因为它可能表明:①收款迅速,可节约营运资金。②减少了坏账损失。③可减少收账费用。④资产流动性高。

反映应收账款周转率的另一个指标是应收账款周转期,也称作应收账款账龄或应收账款平均收账期。其计算公式如下:

$$应收账款周转期 = \frac{计算期天数}{应收账款周转率} = \frac{平均应收账款 \times 计算期天数}{赊销收入}$$

分析时,通过以上指标本期数与前期数、计划数、同类企业先进水平的比较,可以了解应收账款周转率的变动情况、计划完成情况、与先进水平的差距等。

应收账款周转率分析应注意以下方面:
(1) 外部分析以营业收入作为周转额。
(2) 经营季节性特征的影响。
(3) 应收账款变化趋势问题。
(4) 增值税的影响。

八、营业周期计算与分析

营业周期是指企业从购入存货到生产、销售产品并最后收回现金所经历的时间。营业周期的计算公式如下:

$$营业周期 = 存货周转期 + 应收账款周转期$$

营业周期反映了企业经营活动的效率,营业周期越短,说明资产的使用效率越高。在其他条件不变的情况下,缩短营业周期将有助于提升企业的盈利能力。

九、固定资产产值率计算与分析

固定资产是企业主要的生产手段,固定资产的利用效率可以直接通过所生产的产品价值(产值)表现出来,将一定时期按不变价格计算的产值与固定资产平均总值进行对比,就可以计算出固定资产产值率。其计算公式如下:

$$固定资产产值率 = \frac{总产值}{平均固定资产} \times 100\%$$

生产用固定资产中的核心部分是生产设备,生产设备是生产价值的直接手段,所以生产用固定资产产值率可做如下分解:

$$固定资产产值率 = \frac{总产值}{生产设备平均值} \times \frac{生产设备平均值}{平均生产用固定资产} \times \frac{平均生产用固定资产}{平均固定资产} \times 100\%$$

$$= 生产设备产值率 \times 生产设备占生产用固定资产的比重 \times 生产用固定资产占固定资产的比重$$

十、固定资产周转率计算与分析

固定资产周转率是指一定时期实现的营业收入与固定资产平均总值的比率。其计算公式如下：

$$固定资产周转率=\frac{营业收入}{平均固定资产}$$

反映固定资产周转率的另一个指标是固定资产周转期。其计算公式如下：

$$固定资产周转期=\frac{平均固定资产\times 计算期天数}{营业收入}$$

固定资产周转率变动原因的分析，可依据下面的分解式进行：

$$固定资产周转率=固定资产产值率\times 产品销售率$$

第二部分　练　习　题

一、单项选择题

1. 从狭义角度讲，营运能力是指企业资产的利用效率，它反映企业的资产管理水平和（　　）。
   A. 资产周转情况　　B. 资产盈利情况　　C. 资产投资情况　　D. 资产回收情况

2. 资产的（　　）表现为企业资产所占用资金的周转速度，反映企业资金利用的效率。
   A. 盈利能力　　　　B. 发展能力　　　　C. 偿债能力　　　　D. 营运能力

3. 反映企业资产营运的效率的指标主要是指资产的周转率和（　　）。
   A. 产出率　　　　　B. 收入率　　　　　C. 周转天数　　　　D. 资产占有率

4. 可以反映企业资产投入与产出关系的指标是（　　）。
   A. 总资产产值率　　B. 总资产周转率　　C. 固定资产占有率　D. 总资产周转期

5. 某企业期初存货 200 万元，期末存货 300 万元，本期产品销售收入为 1 500 万元，本期产品销售成本为 1 000 万元，则该企业的存货周转率为（　　）。
   A. 3 次　　　　　　B. 5 次　　　　　　C. 4 次　　　　　　D. 6 次

6. （　　）不会直接增加企业的营业收入，多数情况下也不对营业收入的取得产生直接作用。
   A. 存货　　　　　　　　　　　　　　B. 交易性金融资产
   C. 固定资产　　　　　　　　　　　　D. 应收账款

7. 如果企业流动资产周转速度加快，而营业收入不变，此时所形成的节约额是（　　）。
   A. 绝对节约额　　　　　　　　　　　B. 绝对节约额和相对节约额
   C. 相对节约额　　　　　　　　　　　D. 无法确定

8. 某企业年初应收账款 230 万元，年末应收账款 250 万元，本期产品销售收入为 1 200 万元，本期产品销售成本为 1 000 万元，则该企业应收账款周转天数为（　　）。
   A. 86 天　　　　　　B. 71 天　　　　　C. 79 天　　　　　　D. 72 天

9. （　　）指标越高，说明企业资产的运用效率越好，也意味着企业资产的营运能力越强。
   A. 总资产周转率　　B. 存货周转率　　　C. 总资产报酬率　　D. 应收账款周转率

10. 应收账款周转率中的应收账款应为( )。
   A. "应收账款"账户的期末余额
   B. 扣除坏账准备后的全部赊销账款净额
   C. 未扣除坏账准备的"应收账款"期末余额
   D. 仅在本年度发生的应收账款

11. 某公司年初存货为 5 000 元,年末存货为 3 000 元,已知当年销售收入净额为 50 000 元,销售毛利率为 40%,则存货周转率为( )。
   A. 3 次　　　　B. 7.5 次　　　　C. 12 次　　　　D. 6 次

12. 流动资产周转率可以分解为流动资产垫支周转率和( )两个因素的乘积。
   A. 产出率　　　B. 销售率　　　C. 成本收入率　　　D. 收入成本率

13. 在其他条件不变的情况下,会引起总资产周转率指标下降的经济业务是( )。
   A. 用现金偿还负债　　　　　　B. 借入一笔短期借款
   C. 用银行存款购入一台机器设备　D. 捐赠一笔赈灾资金

14. 企业的营业周期是指企业从购入存货到生产、销售产品并最后收回现金所经历的时间,包含存货周转期和( )。
   A. 现金周转期　　　　　　　　B. 应收账款周转期
   C. 流动资产周转期　　　　　　D. 固定资产周转期

15. 下列关于现金周期的说法中,错误的是( )。
   A. 在正常情况下,企业的现金周期小于营业周期
   B. 现金周期是衡量公司从置备存货支出现金到销售货物收回现金所需要的时间
   C. 现金周期的影响因素:应收账款周转天数、存货周转天数、应付账款周转天数
   D. 计算应付账款周转率是赊购净额不可以用本期存货增加净额替代

二、多项选择题

1. 存货按性质可以分为( )。
   A. 原材料存货　　　　　　　　B. 在产品存货
   C. 产成品存货　　　　　　　　D. 周转材料存货

2. 营业周期包括( )。
   A. 存货周转期　　　　　　　　B. 应收账款周转期
   C. 固定资产周转期　　　　　　D. 无形资产周转期

3. 下列指标中,属于反映流动资产周转情况的财务指标有( )。
   A. 营业周期　　　　　　　　　B. 流动资产周转率
   C. 现金周期　　　　　　　　　D. 存货周转期

4. 从广义角度讲,下列各项中属于企业经济资源的有( )。
   A. 人力资源　　B. 财力资源　　C. 物力资源　　D. 技术信息资源

5. 下列各项,属于企业营运能力分析主要目的的有( )。
   A. 评价企业资产的营运效率　　B. 评价企业资产的营运效益
   C. 挖掘企业资产利用的潜力　　D. 发挥企业资产的使用价值

6. 下列指标中,属于反映企业营运能力的财务指标有( )。
   A. 总资产周转率
   B. 净资产收益率
   C. 应收账款周转天数
   D. 有形资产负债比率
7. 存货周转率偏低的原因可能有( )。
   A. 存货管理方法落后
   B. 存货账实不符
   C. 会计核算范围发生变化
   D. 销售政策发生变化
8. 进行应收账款周转率分析时,应注意( )。
   A. 以营业收入作为周转额
   B. 经营季节性特征的影响
   C. 应收账款变化趋势问题
   D. 增值税的影响
9. 下列关于营业周期的说法中,错误的有( )。
   A. 营业周期越长,资产的效率越高,收益性也越强
   B. 现金周转期越短,营业周期越短
   C. 应收账款周转天数越短,营业周期越短
   D. 存货周转率越快,营业周期越长
10. 下列计算公式错误的有( )。
    A. 应付账款周转率=赊购净额/应付账款平均余额
    B. 现金周期=应收账款周转天数+存货周转天数
    C. 流动资产周转期=流动资产垫支周转期×收入成本率
    D. 总资产周转率=固定资产周转率×固定资产占总资产平均比重

三、判断题

1. 企业总资产营运能力的高低主要取决于流动资产营运能力的高低。 （ ）
2. 资产的周转期越长,说明资产的实用效率越高。 （ ）
3. 企业资产营运的效率主要是指资产的周转率和周转天数。 （ ）
4. 甲公司的总资产周转率高于乙公司,说明甲公司的资产管理效率高于乙公司。 （ ）
5. 周转天数可以消除期限长短与周转速度的影响,使不同计算期间的周转速度直接可比。 （ ）
6. 为了计算方便,全年按360天计算,季度按90天计算,月度按30天计算。 （ ）
7. 总产值既表示本期生产的价值,也能表明其是否将得到市场的认可。 （ ）
8. 一般情况下,企业制定的信用政策越严格,收款的速度越快。 （ ）
9. 资产周转的快慢直接影响企业的流动性,周转越慢的资产流动性越强。 （ ）
10. 一个企业存货周转率过高,可能是企业的存货水平太高导致的。 （ ）
11. 营业周期短的企业,流动资产的数量也往往较少,资产的流动性往往较差。 （ ）
12. 反映企业所有资产周转情况的重要指标是总资产周转率。 （ ）
13. 如果能够得到存货内部构成数据,应当分类别分析周转情况,观察具体是何种存货导致本期存货周转率的变动,以便分析企业存货周转的未来趋势。 （ ）
14. 赊销退回、赊销折让以及赊销折扣,都不会影响应收账款周转率的大小。 （ ）

15. 企业的应收账款周转率过高,可能是由于企业的信用政策过于苛刻,这样可能会限制企业销售规模的扩大,影响企业长远的盈利能力。( )

四、简单题

1. 简述营运能力分析的目的和内容。
2. 如何做好一家上市公司的营运能力分析?
3. 企业投资性资产会对营运能力分析产生什么影响?

五、计算分析题

1. 卓元公司年初流动资产为 220 万元,年末流动资产为 280 万元,本年利润总额为 100 万元,所得税税率为 25%,销售净利润率为 20%。

要求:计算该公司流动资产周转率。

2. 乐宇公司总资产营运能力指标的计算如表 7-1 所示。

表 7-1　　　　　乐宇公司资产负债表部分数据　　　　　单位:元

项目	上年	本年
营业收入	29 312	31 420
工业总产值	28 423	28 645
总资产	36 592	36 876

要求:

(1) 计算本年总资产产值率指标。
(2) 计算本年百元产值占用资金指标。
(3) 计算本年总资产收入率指标。
(4) 计算本年总资产周转率指标。

3. 文马公司相关数据整理如表 7-2 所示。

表 7-2　　　　　文马公司相关数据　　　　　单位:万元

项目	上年	本年
营业收入		31 420
产品营业成本		21 994
流动资产合计	13 250	13 846
其中:存货	6 312	6 148
应收账款	3 548	3 216

要求:

(1) 计算该公司的存货周转速度指标。
(2) 计算该公司的应收账款周转速度指标。
(3) 计算该公司的流动资产周转速度指标
(4) 计算该公司的流动资产垫支周转速度指标。

4. 流动资产周转加速效果的计算

(1) 思达企业基期流动资产平均余额为 3 650 万元,营业收入为 14 600 万元,报告期营业收入增加到 16 425 万元,流动资产平均余额不变。试计算报告期流动资产相对节约额。

(2) 圣元企业基期流动资产平均余额为 4 630 万元,营业收入为 13 890 万元,报告期营业收入不变,流动资产周转率为 3.4 次。试计算报告期流动资产绝对节约额。

(3) 京飞企业基期流动资产平均余额为 2 438 万元,营业收入为 6 095 万元,报告期流动资产平均余额为 2 360 万元,营业收入为 7 316 万元。试计算报告期流动资产节约额。

(4) 根据(3)的资料,计算流动资产周转加速对营业收入的影响。

5. 众峰公司相关数据整理如表 7-3 所示。

表 7-3　　　　　　　　　众峰公司相关数据　　　　　　　　单位:万元

项目	上年	本年
工业总产值		268 954
营业收入		275 368
固定资产原值	86 450	94 370
其中:生产用固定资产原值	58 786	66 059
生产设备原值	32 332	39 635

要求:

(1) 计算该公司固定资产产值率指标。

(2) 计算该公司生产设备产值率指标。

(3) 计算该公司生产用固定资产产值率指标。

(4) 计算该公司固定资产收入率指标。

6. 仁广公司连续 3 年的资产负债表中相关资产项目的数额如表 7-4 所示。

表 7-4　　　　　　　仁广公司资产负债表中相关数据　　　　　　　单位:元

项目	2019 年年末	2020 年年末	2021 年年末
流动资产	2 200	2 680	2 680
其中:应收账款	944	1 028	1 140
存货	1 060	928	1 070
固定资产	3 800	3 340	3 500
资产总额	8 800	8 060	8 920

已知该公司 2021 年营业收入为 10 465 万元,比 2020 年增长了 15%;营业成本为 8 176 万元,比 2020 年增长了 12%。

要求:

(1) 计算该公司 2020 年应收账款周转率。

(2) 计算该公司 2020 年存货周转率。

(3) 计算该公司 2021 年流动资产周转率。

(4) 计算该公司 2021 年固定资产周转率。

第三部分 参考答案

一、单项选择题

1	2	3	4	5	6	7	8	9	10
A	D	C	A	C	B	A	D	A	B
11	12	13	14	15					
B	C	B	B	D					

难点解析：

4. 总资产产值率＝总产值÷总资产平均余额，反映企业资产投入与产出的关系。

5. 存货周转率＝营业成本÷存货平均余额＝2×1 000÷(200＋300)＝4 次

6. 交易性金融资产的取得和销售一般会影响企业的投资收益，不会对企业营业收入产生直接影响。

7. 如果企业流动资产周转速度加快，而营业收入不变，此时所形成的节约额是绝对节约额。

8. 应收账款周转率＝营业收入÷应收账款平均余额＝2×1 200÷(230＋250)＝5 次

   应收账款周转天数＝360÷应收账款周转率＝360÷5＝72 天

10. 应收账款周转率中的应收账款包括"应收账款"和"应收票据"等全部赊销账款在内，并且扣除了坏账准备。

11. 营业成本＝营业收入×(1－销售毛利率)＝50 000×60％＝30 000 元

    存货周转率＝营业成本÷存货平均余额＝30 000×2÷(5 000＋3 000)＝7.5 次

13. 借入一笔短期借款会导致总资产金额增加，总资产金额增加会引起总资产周转率指标下降。

14. 营业周期＝存货周转期＋应收账款周转期

15. 赊购净额是指一定期间企业的向外赊购净额，该数据往往也很难通过公开信息披露资料获得，只能以本期存货增加净额这一指标来代替。

二、多项选择题

1	2	3	4	5	6	7	8	9	10
ABC	AB	ABCD	ABCD	ABC	AC	ABCD	ABCD	ABD	BD

难点解析：

1. 存货按性质可以分为原材料存货、在产品存货、产成品存货。

2. 营业周期＝存货周转期＋应收账款周转期

3. 对流动资产的周转情况进行总体分析的常用指标包括：营业周期、现金周期、营运资本周转率、流动资产周转率。

6. 净资产收益率属于反映企业盈利能力的财务指标，有形资产负债比率属于反映企业偿债能力的财务指标。

9. 营业周期越短,资产的效率越高,收益能力越强,资产的流动性越强,资产风险越低。

10. 现金周期＝应收账款周转天数＋存货周转天数－应付账款周转天数

总资产周转率＝营业收入÷总资产平均余额

三、判断题

1	2	3	4	5	6	7	8	9	10
√	×	√	×	√	√	×	√	×	×
11	12	13	14	15					
×	√	√	×	√					

难点解析:

1. 由于流动资产的流动性高,企业总资产营运能力的高低主要取决于流动资产营运能力的高低。

2. 资产的周转期越长,说明资产的实用效率越低。

4. 甲公司的总资产周转率高于乙公司,仅能说明甲公司资产的周转效果高于乙公司,无法说明甲公司的资产管理效率高于乙公司。

7. 总产值表示本期生产的价值,营业收入能表明其是否得到市场的认可。

9. 资产周转的快慢直接影响企业的流动性,周转越快的资产流动性越强。

10. 企业的存货水平太高会导致存货的余额高,存货余额高会使得存货的周转率降低。

11. 营业周期短的企业,资产的流动性往往较强。

14. 赊销收入净额＝赊销收入－赊销退回－赊销折让－赊销折扣,会影响应收账款周转率的有赊销产成品、期末收回应收账款、发生现金折扣、发生销售退回。

四、简答题

1.【参考答案】

营运能力分析的目的包括:

第一,评价资产流动性。

第二,评价资产利用效益。

第三,挖掘资产利用潜力。

营运能力分析的内容包括:流动资产周转速度分析、固定资产利用效果分析、总资产营运能力分析。

2.【参考答案】

可从以下四个步骤进行:

第1,从指标计算的角度,计算总资产、流动资产、固定资产周转率的相关指标,分析指标对应的经济含义。

第二,将全部周转能力指标与同行业可比公司和行业均值进行比较,对每一个指标进行多年的趋势分析,同时结合行业比较与趋势分析,判断企业总资产营运能力、流动资产营运能力以及固定资产营运能力的水平。

第三,分析总资产营运能力、流动资产营运能力(包括存货和应收账款等流动资产)以及固定资产营运能力高(低)的影响因素、变化的原因,以及可能产生的经济后果。

第四,分析提高企业资产营运能力的途径和方法。结合公司战略、资产构成、经营特征、供应链特征、宏观环境、发展阶段等因素,对如何提高企业的营运能力提出相应的建议。

3.【参考答案】

企业的资产根据使用方式的不同,可以分为自营资产和对外投资两大类。自营资产是指企业开展生产经营业务所使用和占用的资产,如存货、固定资产等。对外投资是指企业通过直接或间接的方式将资产投入企业外部的其他主体,如交易性金融资产、长期股权投资等。这两类资产的回收及获利方式是不同的。自营资产的投入主要通过销售商品或提供服务取得营业收入予以回收并获利。对外投资主要是通过取得投资收益和买卖交易进行回收并获利。因此,投资性资产并不会直接增加企业的营业收入,多数情况下也不对营业收入的取得产生直接作用。所以,企业存在较大规模的对外投资,将会影响对资产周转率的计算分析效果。

五、计算分析题

1.【参考答案】

$$销售净利润率 = \frac{净利润}{营业收入} = \frac{100 - 100 \times 25\%}{营业收入} = 20\%$$

营业收入 = 375 万元

$$流动资产周转率 = \frac{营业收入}{流动资产平均余额} = \frac{375}{(220 + 280) \div 2} = 1.5 \text{ 次}$$

2.【参考答案】

$$总资产产值率 = \frac{总产值}{总资产平均余额} \times 100\% = \frac{28\ 645}{(36\ 592 + 36\ 876) \div 2} \times 100\% = 77.98\%$$

$$百元产值占用资金 = \frac{总资产平均余额}{总产值} \times 100 = \frac{(36\ 592 + 36\ 876) \div 2}{28\ 645} \times 100 = 128.24 \text{ 元}$$

$$总资产收入率 = \frac{营业收入}{总资产平均余额} \times 100\% = \frac{31\ 420}{(36\ 592 + 36\ 876) \div 2} \times 100\% = 85.53\%$$

$$总资产周转率 = \frac{营业收入}{总资产平均余额} = \frac{31\ 420}{(36\ 592 + 36\ 876) \div 2} = 0.86 \text{ 次}$$

3.【参考答案】

$$(1) 存货周转率 = \frac{营业成本}{存货平均余额} = \frac{21\ 994}{(6\ 312 + 6\ 148) \div 2} = 3.53 \text{ 次}$$

$$存货周转天数 = \frac{360}{存货周转率} = \frac{360}{3.53} = 101.97 \text{ 天}$$

$$(2) 应收账款周转率 = \frac{营业收入}{应收账款平均余额} = \frac{31\ 420}{(3\ 548 + 3\ 216) \div 2} = 9.29 \text{ 次}$$

$$应收账款周转天数 = \frac{360}{应收账款周转率} = \frac{360}{9.29} = 38.75 \text{ 天}$$

(3) 流动资产周转率 = $\dfrac{营业收入}{流动资产平均余额} = \dfrac{31\,420}{(13\,250+13\,846)\div 2} = 2.32$ 次

流动资产周转天数 = $\dfrac{360}{流动资产周转率} = \dfrac{360}{2.32} = 155.23$ 天

(4) 流动资产垫支周转率 = $\dfrac{营业成本}{流动资产平均余额} = \dfrac{21\,994}{(13\,250+13\,846)\div 2} = 1.62$ 次

流动资产垫支周转天数 = $\dfrac{360}{流动资产垫支周转率} = \dfrac{360}{1.62} = 221.76$ 天

4. 【参考答案】

(1) 流动资产相对节约额 = $16\,425 \times \left(\dfrac{1}{16\,425\div 3\,650} - \dfrac{1}{14\,600\div 3\,650}\right) = -456.25$ 万元

(2) 流动资产绝对节约额 = $13\,890 \times \left(\dfrac{1}{3.4} - \dfrac{1}{13\,890\div 4\,630}\right) = -544.71$ 万元

(3) 流动资产节约额 = $7\,316 \times \left(\dfrac{1}{7\,316\div 2\,360} - \dfrac{1}{6\,095\div 2\,438}\right) = -566.4$ 万元

其中：

绝对节约额 = $2\,360 - 2\,438 = -78$ 万元

相对节约额 = $-566.4 - (-78) = -488.4$ 万元

(4) 营业收入增加额 = $2\,438 \times \left(\dfrac{7\,316}{2\,360} - \dfrac{6\,095}{2\,438}\right) = 1\,462.8$ 万元

5. 【参考答案】

(1) 固定资产产值率 = $\dfrac{工业总产值}{固定资产平均余额} \times 100\% = \dfrac{268\,954}{(86\,450+94\,370)\div 2} \times 100\% = 297.48\%$

(2) 生产设备产值率 = $\dfrac{工业总产值}{生产设备平均余额} \times 100\% = \dfrac{268\,954}{(32\,332+39\,635)\div 2} \times 100\% = 747.44\%$

(3) 生产用固定产值率 = $\dfrac{工业总产值}{生产设备平均余额} \times 100\% = \dfrac{268\,954}{(58\,786+66\,059)\div 2} \times 100\% = 430.86\%$

(4) 固定资产收入率 = $\dfrac{营业收入}{固定资产平均余额} \times 100\% = \dfrac{275\,368}{(86\,450+94\,370)\div 2} \times 100\% = 304.58\%$

6. 【参考答案】

2020 年营业收入 = $10\,465 \div (1+15\%) = 9\,100$ 万元

2020 年营业成本 = $8\,176 \div (1+12\%) = 7\,300$ 万元

(1) 2020 年应收账款周转率 = $\dfrac{营业收入}{应收账款平均余额} = \dfrac{9\,100}{(944+1\,028)\div 2} = 9.23$ 次

(2) 2020 年存货周转率 = $\dfrac{营业成本}{存货平均余额} = \dfrac{7\,300}{(1\,060+928)\div 2} = 7.34$ 次

(3) 2021 年流动资产周转率 = $\dfrac{营业收入}{流动资产平均余额} = \dfrac{10\,465}{(2\,680+2\,680)\div 2} = 3.9$ 次

(4) 2021 年固定资产周转率 = $\dfrac{营业收入}{固定资产平均余额} = \dfrac{10\,465}{(3\,340+3\,500)\div 2} = 3.06$ 次

第八章 企业发展能力分析

第一部分 内 容 概 要

一、企业发展能力分析的目的

企业所追求的目标通常可以概括为生存、发展与获利,从中可以窥见发展对于企业的重要性,它是企业实现盈利的根本途径。发展能力通常是指企业未来生产经营活动的发展趋势和发展潜能,也可以称为企业增长能力。企业应该追求健康的、可持续的增长,这需要管理者利用股东和债权人的资本进行有效运营,合理控制成本,增加收入获得利润,在补偿债务资本成本之后实现股东财富增加,进而提高企业价值。这种增长的潜力就是企业的发展能力,对这种能力进行分析便能对企业的未来成长性进行预测,从而评估企业价值。可见,企业发展能力分析具有重要意义。通过企业发展能力分析,可以实现以下目的:

(1) 补充和完善传统财务分析。
(2) 为预测分析与价值评估做铺垫。
(3) 满足相关利益者的决策需求。

二、企业发展能力分析的内容

企业发展能力分析的内容可分为以下两部分:

(1) 企业单项发展能力分析。企业价值要获得增长,就必须依赖于股东权益、利润、收入和资产等方面的不断增长。企业单项发展能力分析就是通过计算和分析股东权益增长率、利润增长率、收入增长率、资产增长率等指标,分别衡量企业在股东权益、利润、收入、资产等方面所具有的发展能力,并对其在股东权益、利润、收入、资产等方面所具有的发展趋势进行评估。

(2) 企业整体发展能力分析。企业要获得可持续增长,就必须在股东权益、利润、收入和资产等各方面谋求协调发展。企业整体发展能力分析就是通过对股东权益增长率、利润增长率、收入增长率、资产增长率等指标进行相互比较与全面分析,综合判断企业的整体发展能力。

三、股东权益增长率的计算与分析

(一) 股东权益增长率的计算

股东权益增长率是本期股东权益增加额与股东权益期初余额之比,也叫作资本积累率。其计算公式如下:

$$股东权益增长率 = \frac{本期股东权益增加额}{股东权益期初余额} \times 100\%$$

股东权益增长率越高,表明企业本期股东权益增加得越多;反之,股东权益增长率越低,表明企业本期股东权益增加得越少。

(二) 股东权益增长率分析

股东权益变动表反映了股东权益在会计期间发生增减变化的原因,因此可以结合股东权益变动表对股东权益增长率进行分析。综合来看,股东权益的增加主要来源于经营活动产生的净利润、融资活动产生的对股东的净支付以及直接计入股东权益的利得和损失。对股东的净支付就是股东对企业当年的新增投资扣除当年发放的股利。这样股东权益增长率还可以表示为:

$$股东权益增长率 = \frac{本期股东权益增加额}{股东权益期初余额} \times 100\%$$

$$= \frac{净利润 + \left(\begin{array}{c}股东\\新增投资\end{array} - \begin{array}{c}支付\\股东股利\end{array}\right) + 直接计入股东权益的利得和损失}{股东权益期初余额} \times 100\%$$

$$= \frac{净利润 + 对股东的净支付 + 直接计入股东权益的利得和损失}{股东权益期初余额} \times 100\%$$

$$= 净资产收益率 + 股东净投资率 + 净损益占股东权益的比率$$

公式中的净资产收益率、股东净投资率和净损益占股东权益的比率都是以股东权益期初余额作为分母计算的。从公式中可以看出,股东权益增长率是受净资产收益率、股东净投资率、净损益占股东权益的比率这三个因素驱动的。从根本上看,一个企业的股东权益增长应主要依赖于企业运用股东投入资本所创造的利润,也就是公式中的净利润。这种净利润已经扣除了非经常性损益。

为正确判断和预测企业股东权益规模的发展趋势和发展水平,分析人员应对企业不同时期的股东权益增长率加以比较。对这种发展趋势分析的意义除了能够评价企业的发展能力,它还是进行预测分析和基于预测分析的价值评估的重要参考数据。

四、利润增长率计算与分析

(一) 利润增长率的计算

如前所述,一个企业的股东权益增长应主要依赖于企业运用股东投入资本所创造的利润,也就是说,企业的价值主要取决于盈利及其增长。因此,企业利润的增长也是反映企业发展能力的重要方面。利润可表现为营业利润、利润总额、净利润等多种指标,因此相应的利润增长率也具有不同的表现形式。

净利润是企业经营业绩的综合呈现,净利润的增长是企业成长性的基本表现,因此在实际当中,主要采用净利润增长率进行利润增长能力分析。净利润增长率是本期净利润增加额与上期净利润之比。其计算公式如下:

$$净利润增长率 = \frac{本期净利润增加额}{上期净利润} \times 100\%$$

需要说明的是,如果上期净利润为负值,则计算公式的分母应取其绝对值。该公式反映的是企业净利润的增长情况。净利润增长率为正数,则说明企业本期净利润增加,净利润增长率越大,说明企业收益增长得越多;净利润增长率为负数,则说明企业本期净利润减少,收益降低。

除了分析净利润增长,为了观察其具体的构成,分析人员还应进一步分析营业利润增长率等指标,利用营业利润增长率这一指标可以更好地考察企业利润的增长情况。营业利润增长率是本期营业利润增加额与上期营业利润之比。其计算公式如下:

$$营业利润增长率=\frac{本期营业利润增加额}{上期营业利润}\times 100\%$$

如果上期营业利润为负值,则计算公式的分母应取其绝对值。该公式反映的是企业营业利润的增长情况。营业利润增长率为正数,则说明企业本期营业利润增加,营业利润增长率越大,则说明企业收益增长得越多;营业利润增长率为负数,则说明企业本期营业利润减少,收益降低。

(二) 利润增长率分析

在进行利润增长率分析时,应首先关注利润增长的来源。从利润表来看,利润增长大致来源于三个方面:一是企业正常经营活动带来的利润增长,这种增长代表企业发展能力具有可持续性。二是不构成企业日常经营活动的投资活动产生的收益,在利润表中常体现在投资收益、公允价值变动损益、资产处置收益等项目,应对这部分收益带来的营业利润增长的合理性保持警惕,因为企业很可能会通过投资活动和筹资活动收益操控利润。三是经常性收益项目,这是指那些具有较大偶然性和意外性的收益,如债务重组收益、非流动资产毁损报废利得等,这些收益的产生虽然会导致净利润增加,但它们并不能代表企业真实的盈利能力,由此带来的增长也是无法持续保持的。

对企业利润增长率进行分析时,首先应该结合营业收入增长率对比分析:如果企业的营业利润增长率高于其营业收入增长率,则需要深入分析营业利润增长的来源,究竟是属于日常经营活动,还是来自投资活动和筹资活动;反之,如果企业的营业利润增长率低于营业收入增长率,则说明企业营业成本、销售费用、管理费用、财务费用等成本费用项目上升超过了营业收入的增长,说明企业盈利能力并不强,企业营业利润发展潜力受限,也有可能是因为企业发生了投资损失。其次,应该对投资收益、公允价值变动损益、资产处置收益等项目进行合理性分析,警惕企业通过投资活动和筹资活动操控利润行为。最后,为了正确地反映企业净利润和营业利润的成长趋势,应将企业连续多期的净利润增长率和营业利润增长率指标进行对比分析,这样可以排除个别时期偶然性或特殊性因素的影响,从而更加全面、真实地揭示企业净利润和营业利润的增长情况。

利润增长率分析的意义在于揭示了企业未来获利能力的发展趋势,同时也为预测分析以及价值评估提供了有益的参考数据。

五、收入增长率计算与分析

(一) 收入增长率的计算

收入是利润的源泉,对利润增长的分析还需要结合对收入增长的分析。收入增长率反映企业在销售方面的发展能力。收入增长率就是本期营业收入增加额与上期营业收入之比。其计算公式如下：

$$收入增长率 = \frac{本期营业收入增加额}{上期营业收入} \times 100\%$$

需要说明的是,如果上期营业收入为负值,则计算公式的分母应取其绝对值。该公式反映的是企业某期整体销售增长情况。收入增长率为正数,则说明企业本期销售规模扩大,收入增长率越大,则说明企业营业收入增长得越快,销售情况越好;收入增长率为负数,则说明企业销售规模缩小,销售出现负增长,销售情况较差。

(二) 收入增长率分析

在利用收入增长率来分析企业在销售方面的发展能力时,应该注意以下几个方面：

(1) 要判断企业在销售方面是否具有良好的成长性,必须分析销售增长是否具有效益性。如果营业收入的增加主要依赖于资产的相应增加,也就是收入增长率低于资产增长率,说明这种销售增长不具有效益性,同时也反映企业在销售方面的可持续发展能力不强。正常情况下,一个企业的收入增长率应高于其资产增长率,只有这样,才说明企业在销售方面具有良好的成长性。

(2) 要全面、正确地分析和判断一个企业营业收入的增长趋势和增长水平,必须对一个企业不同时期的收入增长率加以比较和分析。收入增长率仅仅就某个时期的销售情况而言,可能会受到一些偶然的和非正常的因素的影响,而无法反映出企业实际的销售发展能力。

(3) 判断企业收入增长率是否合理,一方面,应该将其与企业成本增长率和费用增长率进行对比分析;另一方面,应该将其与企业应收账款增长率和存货增长率进行对比分析。

(4) 可以利用某种产品收入增长率指标来观察企业产品的结构情况,进而分析企业的成长性。其计算公式如下：

$$某种产品收入增长率 = \frac{某种产品本期营业收入增加额}{上期营业收入净额} \times 100\%$$

根据产品生命周期理论,每种产品的生命周期一般可以划分为四个阶段,每种产品在不同的阶段反映出的销售情况也不同。

(5) 要分析收入增长的来源。通过分析收入增长的来源,才能断定企业是否具有销售方面的发展能力。企业的收入增长可能源于外汇汇率的变动,也可能源于债务重组产生的利润,还有可能是源于会计政策或会计估计变更引起的变动。此类原因引起的收入增加,那这种增长力就是不可持续的,不能说明企业的销售能力。另外,要关注收入的质量,造成的坏账准备数额较大,并不能给企业带来发展的动力。

分析收入增长率,其意义在于收入增长率不仅是分析企业销售发展能力的重要比率,也是进行预测分析时的关键参考数据。

六、资产增长率计算与分析

(一) 资产增长率的计算

企业要增加收入,就需要通过增加资产投入来实现。可以利用资产增长率指标反映企业在资产投入方面的增长情况。资产增长率就是本期资产增加额与资产期初余额之比。其计算公式如下：

$$资产增长率 = \frac{本期资产增加额}{资产期初余额} \times 100\%$$

资产增长率是用来考核企业资产投入增长幅度的财务指标。资产增长率为正数，则说明企业本期资产规模增加，资产增长率越大，则说明资产规模增加幅度越大；资产增长率为负数，则说明企业本期资产规模缩减，资产出现负增长。

（二）资产增长率分析

在对资产增长率进行具体分析时，应该注意以下几点：

（1）企业资产增长率高并不意味着企业的资产规模增长就一定适当。评价一个企业的资产规模增长是否适当，必须与销售增长、利润增长等情况结合起来分析。只有在一个企业的销售增长、利润增长超过资产规模增长的情况下，这种资产规模增长才属于效益型增长，才是适当的、正常的。

（2）需要正确分析企业资产增长的来源。因为企业的资产来源一般来自负债和所有者权益，在其他条件不变的情形下，无论是增加负债规模还是增加所有者权益规模，都会提高资产增长率。如果一个企业资产的增长完全依赖于负债的增长，而所有者权益项目在年度里没有发生变动或者变动不大，则说明企业不具备良好的发展潜力。从企业自身的角度来看，企业资产的增加应该主要取决于企业盈利的增加。当然，盈利的增加能带来多大程度的资产增加还要视企业实行的股利政策而定。

（3）为全面认识企业资产规模的增长趋势和增长水平，应对企业不同时期的资产增长率加以比较。

七、企业整体发展能力分析框架

评价企业的发展能力，除了对企业发展能力进行单项分析，还需要分析企业的整体发展能力。分析企业的整体发展能力的具体思路是：

（1）分别计算股东权益增长率、利润增长率、收入增长率和资产增长率等指标的实际值。

（2）分别将上述增长率指标实际值与以前不同时期增长率数值、同行业平均水平进行比较，分析企业在股东权益、利润、营业收入和资产等方面的发展能力。

（3）比较股东权益增长率、利润增长率、收入增长率和资产增长率等指标之间的关系，判断不同方面增长的效益性以及它们之间的协调性。

（4）根据以上分析结果，运用一定的分析标准，判断企业的整体发展能力。一般而言，只有一个企业的股东权益增长率、资产增长率、收入增长率、利润增长率保持同步增长，且不低于同行业平均水平，才可以判断这个企业具有良好的发展能力。

八、企业整体发展能力分析框架应用

应用企业整体发展能力分析框架分析企业整体发展能力时应该注意以下几方面：

（1）对股东权益增长的分析。股东权益的增长主要来自两个方面：一方面来源于净利润,净利润应主要来自营业利润,营业利润又主要取决于营业收入,并且营业收入的增长在资产使用效率保持一定的前提下要依赖于资产投入的增加;另一方面来源于股东的净投资,而净投资取决于本期股东投资资本的增加和本期对股东股利的发放。

(2) 对利润增长的分析。利润的增长主要表现为净利润的增长,而对于一个持续增长的企业而言,其净利润的增长应该主要来源于营业利润的增长,而营业利润的增长又应该主要来自营业收入的增加。

(3) 对销售增长的分析。销售增长是企业营业收入的主要来源,也是企业价值增长的源泉。一个企业只有不断开拓市场,保持稳定的市场份额,才能不断扩大营业收入,增加股东权益,同时为企业进一步扩大市场、开发新产品和进行技术改造提供资金来源,最终促进企业的进一步发展。

(4) 对资产增长的分析。企业资产是取得营业收入的保障,要实现营业收入的增长,在资产利用效率一定的条件下就需要扩大资产规模。要扩大资产规模,一方面可以通过负债融资实现,另一方面可以依赖股东权益的增长,即净利润和净投资的增长。

总之,在运用这一框架时需要注意这四种增长率之间的相互关系,否则无法对企业的整体发展能力作出正确的判断。

第二部分 练 习 题

一、单项选择题

1. 下列各项中,不属于企业资产规模增加的原因的是(　　)。
   A. 企业对外举债　　　　　　　　B. 企业实现盈利
   C. 企业发放股利　　　　　　　　D. 企业发行股票
2. 直接影响股东权益增长率大小的因素,不包括(　　)。
   A. 净资产收益率　　　　　　　　B. 总资产周转率
   C. 净损益占股东权益比率　　　　D. 股东净投资率
3. 可以反映股东权益账面价值增减变化的指标是(　　)。
   A. 权益乘数　　　　　　　　　　B. 股东权益增长率
   C. 股东净投资率　　　　　　　　D. 产权比率
4. 下列指标中,属于增长率指标的是(　　)。
   A. 产权比率　　B. 资本收益率　　C. 不良资产比率　　D. 资本积累率
5. 如果企业某一种产品处于成熟期,其收入增长率的特点是(　　)。
   A. 比值比较大　　　　　　　　　B. 与上期相比变动不大
   C. 比值比较小　　　　　　　　　D. 与上期相比变动非常小
6. 如果说生存能力是企业实现盈利的前提,那么企业实现盈利的根本途径是(　　)。
   A. 发展能力　　B. 营运能力　　C. 偿债能力　　D. 资本积累
7. 从根本上看,一个企业的股东权益增长应主要依赖于(　　)。
   A. 净资产收益率　　　　　　　　B. 股东净投资率
   C. 净损益占营业收入比率　　　　D. 资本积累率

8. 下列指标中,不可以用来表示利润增长能力的指标是(　　)。
   A. 净利润增长率　　　　　　　　　B. 营业利润增长率
   C. 收入增长率　　　　　　　　　　D. 三年利润平均增长率
9. 企业产品销售增长较快,即某种产品收入增长率较高,则企业所处的阶段是(　　)。
   A. 投放期　　　　B. 成长期　　　　C. 成熟期　　　　D. 衰退期
10. 下列指标中,不属于增长率指标的是(　　)。
    A. 利息保障倍数　　B. 销售增长率　　C. 股东权益增长率　　D. 资本积累率
11. 可以用来反映企业收益增长能力的财务指标是(　　)。
    A. 净利润增长率　　B. 收入增长率　　C. 总资产报酬率　　D. 资本积累率
12. 下列计算股东权益增长率的公式中,正确的是(　　)。
    A. 本期股东权益增加额÷股东权益期初余额
    B. (净利润＋对股东的净支付)÷股东权益增加额
    C. (股东新投资－支付股东股利)÷股东权益期初余额
    D. 净资产收益率＋股东净投资率
13. 下列各项中,不属于利润增长来源的是(　　)。
    A. 企业正常经营活动带来的利润增长
    B. 不构成企业日常经营活动的投资活动产生的收益
    C. 非经常性收益项目,如债务重组收益、非流动资产毁损报废利得
    D. 股东对企业当年的新增投资
14. 通过企业发展能力分析可以实现的目的不包括(　　)。
    A. 补充和完善传统财务分析　　　　B. 为预测分析与价值评估作铺垫
    C. 满足相关利益者的决策需求　　　D. 提升企业的整体财力
15. 下列关于收入增长率的分析中,说法错误的是(　　)。
    A. 要判断企业在销售方面是否具有良好的成长性,最重要的是分析其销售增长是否快速
    B. 要全面、正确地分析和判断一个企业营业收入的增长趋势和增长水平,必须将企业不同时期的收入增长率加以比较和分析
    C. 判断企业收入增长率是否合理,应该将其与企业成本增长率和费用增长率进行对比分析
    D. 判断企业收入增长率是否合理,应该将其与企业应收账款增长率和存货增长率进行对比分析

二、多项选择题

1. 下列各项中,不属于增长率指标的有(　　)。
   A. 产权比率　　　　B. 资本积累率　　　　C. 总资产增长率　　　　D. 资本收益率
2. 企业单项发展能力包括(　　)。
   A. 资本发展能力　　　　　　　　　B. 收益发展能力
   C. 销售收入发展能力　　　　　　　D. 负债发展能力

3. 企业收入增长的影响因素包括( )。
A. 外汇汇率的变动　　　　　　　　B. 债务重组产生的利润
C. 会计政策变更　　　　　　　　　D. 会计估计变更
4. 下列关于股东权益增长率的说法中,正确的有( )。
A. 股东权益增长率考虑了权益资本成本
B. 股东权益增长率没有反映股东权益的真实增长
C. 股东权益增长率的计算扣除了债务资本成本
D. 股东权益增长率的计算忽略了对权益资本成本的补偿
5. 股东权益增加的主要来源有( )。
A. 经营活动产生的净收益　　　　　B. 融资活动产生的股东净支付
C. 直接计入股东权益的利得和损失　D. 投资活动产生的收益
6. 企业发展能力分析的目的在于( )。
A. 股东通过发展能力分析衡量企业创造价值的程度以作出正确的战略决策
B. 潜在的投资者通过发展能力分析评价企业的成长性以作出正确的投资决策
C. 债权人通过发展能力分析判断企业未来盈利能力以作出正确的经营和财务决策
D. 经营者通过发展能力分析发现影响企业未来发展的关键因素以作出正确的经营和财务决策
7. 下列说法中正确的有( )。
A. 如果一个企业营业收入增长但利润并未增长,那么从长远看,它并没有增加股东权益
B. 判断企业收入增长率是否合理时,应该将其与企业成本增长率和费用增长率进行对比分析
C. 如果企业的营业利润增长率高于企业营业收入增长率,说明企业为成长型企业
D. 应将企业连续多期的净利润增长率和营业利润增长率指标进行对比分析
8. 下列对于收入增长率的表述中,正确的有( )。
A. 它是评价企业成长状况和发展能力的重要指标
B. 收入增长率不会受到一些偶然的和非正常的因素的影响
C. 企业应收账款增长率大于企业收入增长率,表明企业应收账款管理存在问题
D. 资产重组、外汇汇率变动以及会计政策或会计估计变更也可能会带来收入的增加
9. 下列说法中正确的有( )。
A. 企业资产增长率越高,则说明企业的资产规模增长势头一定越好
B. 如果一个企业的资产增长超过销售增长和利润增长,说明企业资产规模增长快、效益好
C. 如果一个企业资产的增长完全依赖于负债的增长,说明企业不具备良好的发展潜力
D. 分析企业资产规模的增长趋势和增长水平时,应将企业不同时期的资产增长率加以比较
10. 下列关于权益资本成本率的观点中,正确的有( )。
A. 可以采用资本资产定价模型和风险溢价模型求得企业的权益资本成本率

B. 对于非上市公司来说,可以参考可比公司计算其自身的权益资本成本率
C. 可以用企业的债务资本成本代替
D. 权益资本成本率也就是股东权益报酬率

三、判断题

1. 企业存货增长率超过了企业收入增长率,则表明企业库存开始积压。（　　）
2. 企业资产增长率越高,则说明企业的资产规模增长势头一定越好。（　　）
3. 获利能力强的企业,其增长能力也强。（　　）
4. 和盈利能力不一样,增长能力的大小不是一个相对概念。（　　）
5. 在产品生命周期的成熟期,产品销售收入增长率一般趋于稳定,与上期相比变化不大。（　　）
6. 仅分析某一项发展能力指标,我们无法得出企业整体发展能力情况的结论。（　　）
7. 从长远的角度看,上市公司的增长能力是决定公司股票价格上升的根本因素。（　　）
8. 企业能否持续增长对投资者、经营者至关重要,但对债权人而言相对不重要,因为它更关心企业的变现能力。（　　）
9. 若两个企业的三年资本平均增长率相同,就可以判断这两个企业具有相同的资本增长趋势。（　　）
10. 净资产收益率反映企业运用股东投入资本创造收益的能力,而股东净投资率反映了企业利用股东新投资的程度。（　　）
11. 要正确分析和判断一个企业销售收入的增长趋势和增长水平,必须将一个企业不同时期的收入增长率加以比较和分析。（　　）
12. 评价企业的发展能力,只需要对企业发展能力进行单项分析即可。（　　）
13. 与传统财务分析从静态角度分析盈利能力、营运能力以及偿债能力不同,发展能力分析是从动态角度分析这三种能力的。（　　）
14. 用股东权益账面价值的增加来评价股东权益的发展能力是有局限性的,因为股东权益账面价值的增加仅仅扣除了债务资本成本,而忽略了对权益资本成本的补偿。（　　）
15. 一家企业的股东权益增长率、资产增长率、收入增长率、利润增长率保持同步增长,并且不低于行业平均水平,即可以说明这个企业具有较好的发展能力。（　　）
16. 正常情况下,一个企业的收入增长率应高于其资产增长率,只有这样,才说明企业在销售方面具有良好的效益性。（　　）
17. 对企业股东权益、利润、营业收入和资产等增长率指标的分析是对企业未来的发展能力的评价,与企业过去无关,因此最重要的是分析增长率指标的当期实际值。（　　）
18. 根据产品生命周期理论,每种产品的生命周期一般可以划分为三个阶段:投放期、成熟期和衰退期。（　　）
19. 分析股东权益增长率、利润增长率、收入增长率和资产增长率的共同意义是进行预测分析和为基于预测分析的价值评估提供重要参考数据。（　　）
20. 发展能力分析属于动态分析,更注重对企业未来的分析。（　　）

四、简答题

1. 一个企业要想提高股东权益增长率可以采取什么措施?
2. 为什么在进行收入增长分析时要结合资产增长率进行?
3. 如何判断企业收入增长率是否合理?
4. 在应用企业整体发展能力分析框架时应注意哪些问题?

五、计算分析题

1. 已知马虹公司从 2018 年到 2021 年的净利润分别为 140 万元、180 万元、210 万元、245 万元,要求:计算该公司各年的净利润增长率。

2. 已知明诚公司 2018 年、2019 年、2020 年、2021 年的资产总额分别为 200 万元、296 万元、452 万元、708 万元;这四年的负债总额分别为 78 万元、120 万元、179 万元、270 万元。

要求:
(1) 计算该公司的股东权益增长率。
(2) 分析该公司资产增长能力,并简要分析该公司资产增长能力的意义。

3. 已知驰风公司 2018—2021 年的营业利润和净利润情况如表 8-1 所示,请完成表格并根据计算出的数据分析该公司的利润增长能力,并简要说明该公司的利润增长能力分析的意义。

表 8-1　　　　　　　　驰风公司利润增长率计算表　　　　　　　　单位:万元

项目	2018 年	2019 年	2020 年	2021 年
营业利润	38 724	43 407	58 506	105 915
营业利润增长额				
营业利润增长率				
净利润	51 031	40 860	48 202	88 987
净利润增长额				
净利润增长率				

4. 已知利亚公司 2019 年到 2021 年的营业收入分别是 460 万元、540 万元、720 万元,这三年的营业成本分别是 180 万元、420 万元、560 万元。

要求:计算该公司 2020 年的营业收入增长率和 2021 年的营业毛利增长率。

5. 圣雷公司 2018 年至 2021 年有关会计资料如表 8-2 所示。

表 8-2　　　　　　　　圣雷公司有关会计资料　　　　　　　　单位:万元

项目	2018 年	2019 年	2020 年	2021 年
资产总额	1 369	1 649	2 207	3 103
股东权益	797	988	1 343	1 915
营业收入	4 576	6 194	8 671	12 413
营业利润	674	913	1 298	1 866
净利润	398	550	873	1 293

要求：

（1）利用以上数据计量圣雷公司的收入增长率,并分析其销售增长能力。

（2）你认为在分析收入增长时应特别注意哪些事项,以及分析销售增长能力对该公司还有哪些帮助。

第三部分　参考答案

一、单项选择题

1	2	3	4	5	6	7	8	9	10
C	B	B	D	B	A	A	C	B	A
11	12	13	14	15					
A	A	D	D	A					

难点解析：

1. 企业发放股利会导致现金流出企业,企业的资产和所有者权益都会减少。

2. 股东权益增长率＝净资产收益率＋股东净投资率＋净损益占股东权益比率。

4. 资本积累率又叫股东权益增长率,是本期股东权益增加额与股东权益期初余额之比,属于企业单项发展能力分析指标。

5. 若产品处于成熟期,意味着产品的销售和收入处于稳定的状态,各期收入增长率变化不大。

7. 股东权益增长率＝净资产收益率＋股东净投资率＋净损益占股东权益比率,其中最根本的影响因素是净资产收益率。

8. 收入增长率是用来表示收入增长情况的指标。

10. 利息保障倍数是衡量企业偿债能力的指标。

13. 股东对企业当年的新增投资属于股东的新投入,不会影响企业利润。

15. 判断企业销售方面是否具有良好的成长性,最重要的是分析其判断销售增长的效率,而不是收入增长是否快速。

二、多项选择题

1	2	3	4	5	6	7	8	9	10
AD	ABC	ABCD	BCD	ABC	ABCD	ABCD	ACD	CD	ABD

难点解析：

1. 产权比率属于长期偿债能力指标,资本收益率属于资本获利能力指标。

2. 企业单项发展能力包括资本发展能力、收益发展能力、销售收入发展能力和资产发展能力。

4. 股东权益增长率的计算扣除了债务资本成本,但未考虑权益资本成本,所以未能反映股东权益的真实增长。

5. 股东权益增长率＝净资产收益率＋股东净投资率＋净损益占股东权益比率。

8. 选项B收入增长率会受到一些偶然的和非正常的因素的影响。

9. 选项A企业资产增长率越高,说明企业的资产规模增长速度快,无法说明增长势头一定越好。选项B若企业的资产增长超过销售增长和利润增长,仅能说明企业资产规模增长快,无法说明企业资产规模增长效益好。

10. 权益资本成本率一般是指资本成本,与债务资本成本有本质区别,因此选项C错误。

三、判断题

1	2	3	4	5	6	7	8	9	10
√	×	×	×	√	√	√	×	×	√
11	12	13	14	15	16	17	18	19	20
√	×	√	√	√	√	×	×	√	√

难点解析：

2. 企业资产增长率越高,说明企业的资产规模增长速度越快,无法说明势头一定越好。

3. 获利能力强的企业,其增长能力不一定强。

4. 和盈利能力一样,增长能力的大小也是一个相对概念。

6. 对企业整体发展能力的分析要综合企业多项发展能力指标综合分析。

8. 企业能否持续增长对投资者、经营者、债权人都至关重要,债权人不但关心企业的变现能力,也关系企业能否实现持续稳定的增长。

9. 若两个企业的三年资本平均增长率相同,仅能说明这两个企业这三年的资本平均增长率相同,无法判断这两个企业具有相同的资本增长趋势。

12. 评价企业的发展能力,既要对企业发展能力进行单项分析,也要进行整体分析。

17. 对企业股东权益、利润、营业收入和资产等增长率指标的分析是对企业未来的发展能力的评价,既与企业的未来相关又与企业过去有关,发展能力指标的计算一般以历史数据为计算基础。

18. 根据产品生命周期理论,每种产品的生命周期一般可以划分为四个阶段：投放期、成长期、成熟期和衰退期。

四、简答题

1.【参考答案】

第一,明确影响股东权益增长率的直接因素包括净资产收益率和股东净投资率。

第二,明确净资产收益率和股东净投资率的变化对于股东权益增长率大小的影响。

第三,明确提高净资产收益率和股东净投资率可以提高股东权益增长率,前一措施有利于提高企业运用股东投入资本创造收益的能力,后一措施有利于提高企业利用股东新投资的程度。

2.【参考答案】

第一,要判断企业在收入方面是否具有良好的增长性,必须分析收入增长是否具有效益性,这就需要结合资产的增长情况进行分析。

第二,明确如果收入的增加主要依赖于资产的相应增加,也就是收入增长率低于资产增长率,说明这种收入增长不具有效益性,同时也反映企业在销售方面可持续增长能力不强。

第三,理解在正常情况下,一个企业的收入增长率应高于其资产增长率,只有在这种情况下,才说明企业在销售方面具有较好的成长性。

3.【参考答案】

第一,应该将其与企业成本增长率和费用增长率进行对比分析。在正常情况下,企业收入增长率应当大于企业的成本增长率和费用增长率,如果成本增长率或费用增长率大于企业收入增长率,则说明企业成本或费用增长超过了收入增长,具体分析可能是由于产品成本、销售费用、管理费用、财务费用等项目控制不力,如果不加以管控,则可能会导致企业利润下降甚至出现亏损。

第二,应该将其与企业应收账款增长率和存货增长率进行对比分析。在正常情况下,企业收入增长率应当大于企业的应收账款增长率和存货增长率。如果企业应收账款增长率大于企业收入增长率,表明企业应收账款管理存在问题,信用风险开始产生,需要采取控制措施遏制这种风险的蔓延。同理,如果企业存货增长率超过了企业收入增长率,则反映企业存货开始积压,需要采取措施消化库存,否则会影响企业资金使用效率,导致企业出现亏损。

4.【参考答案】

第一,对股东权益增长的分析。股东权益的增长一方面来源于净利润,净利润又主要来自营业利润,营业利润又主要取决于营业收入,并且营业收入的增长在资产使用效率保持一定的前提下要依赖于资产投入的增加;股东权益的增长另一方面来源于股东的净投资,而净投资取决于本期股东投资资本的增加和本期对股东股利的发放。

第二,对利润增长的分析。收益的增长主要表现为净利润的增长。对于一个持续增长的企业来说,净利润的增长应该主要来源于营业利润,而营业利润的增长又应该主要来自营业收入的增加。

第三,对销售增长的分析。销售增长是企业营业收入的主要来源,也是企业价值增长的源泉。一个企业只有不断开拓市场,保持稳定的市场份额,才能不断扩大收入,增加股东权益,从而为企业进一步扩大市场、开发新产品和进行技术改造提供资金来源,最终促进企业的进一步发展。

第四,对资产增长的分析。企业资产是取得营业收入的保障,要实现营业收入的增长,在资产利用效率一定的情况下就需要扩大资产规模。要扩大资产规模,一方面可以通过负债融资实现,另一方面可以依赖股东权益的增长,即净利润和净投资的增长。

五、计算分析题

1.【参考答案】

2019 净利润增长率＝(180－140)÷140×100％＝28.57％

2020 净利润增长率＝(210－180)÷180×100％＝16.67％

2021 净利润增长率＝(245－210)÷210×100％＝16.67％

2.【参考答案】

(1) 利用相关数据分别计算 2018 年、2019 年、2020 年、2021 年的股东权益和 2019 年、2020 年、2021 年的股东权益增长率。

2018 的股东权益＝200－78＝122 万元

2019 的股东权益＝296－120＝176 万元

2020 的股东权益＝452－179＝273 万元

2021 的股东权益＝708－270＝438 万元

2019 股东权益增长率＝(176－122)÷122×100％＝44.26％

2020 股东权益增长率＝(273－176)÷176×100％＝55.11％

2021 股东权益增长率＝(438－273)÷273×100％＝60.44％

(2) 利用相关数据分别计算 2019 年、2020 年、2021 年的资产增长率、股东权益增加额及其占资产增加额的比重,如表 8-3 所示。

表 8-3　　　　　　　资产增长率指标计算表　　　　　　单位:万元

项目	2018年	2019年	2020年	2021年
资产总额	200	296	452	708
资产增加额	—	96	156	256
资产增长率	—	48％	52.70％	56.64％
负债总额	78	120	179	270
股东权益总额	122	176	273	438
股东权益增加额	—	54	97	165
股东权益增加额占资产增加额的比重	—	56.25％	62.18％	64.45％

由表 8-3 可知,该公司 2019 年、2020 年和 2021 年的资产增长率分别为 48％、52.70％和 56.64％,这说明该公司的资产规模不断增加,且资产增长率不断加大,该公司的资产规模具有良好的增长趋势。再结合股东权益的增长来看,从 2019 年到 2021 年,股东权益增加额占资产增加额的比重不断增加,且均超过 50％,说明这 3 年资产的增加主要是来自股东权益的增加,企业资产具备较好的增长潜力。因此,总体来看,乙公司资产发展能力较强。

综合以上分析可以发现,明诚公司的资产增长能力较好,并且假如我们有理由相信未来几年经济环境比较稳定,那么我们可以根据资产增长率对公司未来资产规模进行预测或检验其预测值的合理性,同时可以为预测其他报表和企业价值评估提供参考信息。

3.【参考答案】

利用题目中给出的数据完成表 8-4。

表 8-4　　　　　　　　　　驰风公司利润增长率计算表　　　　　　　　单位：万元

项目	2018 年	2019 年	2020 年	2021 年
营业利润	38 724	43 407	58 506	105 915
营业利润增长额	—	4 683	15 099	47 409
营业利润增长率	—	12.09%	34.78%	81.03%
净利润	51 031	40 860	48 202	88 987
净利润增长额	—	−10 171	7 342	40 785
净利润增长率	—	−19.93%	17.97%	84.61%

根据表 8-4 计算所得的数据对该公司进行利润增长能力分析。

首先，分析营业利润增长情况。如表 8-4 所示，该公司 2019 年、2020 年、2021 年的营业利润增长率分别为 12.09%、34.78% 和 81.03%，可见该公司的营业利润不断增加，其增长规模也不断加大，呈现出良好的增长趋势。

其次，分析该公司净利润的增长情况。如表 8-4 所示，该公司 2019 年、2020 年、2021 年的净利润增长率分别为 −19.93%、17.97%、84.61%，可以看出，该公司的净利润增长率在不断增加，虽然 2019 年的净利润较 2018 年有所降低，致使增长率为负。但 2019 年之后净利润不断增长，尤其 2021 年的增幅很大，达到了 84.61%。这说明该公司的净利润呈现良好的增长趋势。

最后，结合营业利润增长率进行分析。可以看出，该公司 2019 年和 2020 年的净利润增长率均低于营业利润增长率，说明这两年的净利润增长主要来自营业利润的增长，其正常业务的盈利能力较强。2021 年的净利润增长率超过营业利润增长率，说明该年的净利润的增长除了来自营业利润的增长，还有非经营性损益所起的作用。这需要结合非经营性损益占营业利润的比重来进一步分析净利润的增长效益性。

整体而言，该公司具有较好的利润增长能力。

在这样的发展趋势判断下，我们还可以简单地推测一下驰风公司后续几年的利润额，通过对多年数据进行预测或检验，可以提高其预测利润表本身以及根据预测利润表进行的其他预测和价值评估的可信度。

4.【参考答案】

2020 年营业收入增长率 = (540 − 460) ÷ 460 × 100%
　　　　　　　　　　 = 17.39%

2020 年营业毛利 = 营业收入 − 营业成本 = 540 − 420
　　　　　　　 = 120 万元

2021 年营业毛利 = 营业收入 − 营业成本 = 720 − 560
　　　　　　　 = 160 万元

2021 年营业毛利增长率 = (160 − 120) ÷ 120 × 100%
　　　　　　　　　　 = 33.33%

5.【参考答案】

(1) 利用题目给出的相关资料,计算该公司的收入增长率,计算过程如表8-5所示。

表8-5　　　　　　　　　　　　收入增长率计算表　　　　　　　　　　　　单位:万元

项目	2018年	2019年	2020年	2021年
营业收入	4 576	6 194	8 671	12 413
营业收入增加额	—	1 618	2 477	3 742
营业收入增加额	—	35.36%	39.99%	43.16%

根据表8-5的计算结果,我们可以看出,该公司的营业收入规模不断扩大,收入增长率呈现不断上升的趋势,且收入增长率均高于30%,保持着较高的比率。因此,可以初步判断该公司的销售增长性良好,产品正处于成长期。在分析时,第一,我们要注意判断企业在销售方面是否具有良好的成长性,必须分析销售增长是否具有效益性。如果收入增长率低于资产增长率,说明这种销售增长不具有效益性,同时也反映企业在销售方面可持续发展能力不强。第二,要全面、正确地分析和判断一个企业营业收入的增长趋势和增长水平,必须将一个企业不同时期的收入增长率加以比较和分析。因为收入增长率仅仅就某个时期的销售情况而言,某个时期的收入增长率可能会受到一些偶然的和非正常的因素的影响,而无法反映出企业实际的销售发展能力。第三,要观察企业产品的结构情况,每种产品在不同的阶段反映出的销售情况也不同:投放期的收入增长率往往较低;成长期的收入增长率较高;成熟期的收入增长率与上一期相比变动不大;衰退期的收入增长率较上一期变动非常小,甚至表现为负数。对一个具有良好发展前景的企业来说,较为理想的产品结构是"成熟一代,生产一代,储备一代,开发一代"。第四,要注意分析收入增长的来源。企业的收入增长可能源于外汇汇率的变动,也可能源于债务重组产生的利润,还可能源于会计政策或会计估计变更引起的变动,如果是此类原因引起的收入增加,那么这种增长能力就是不可持续的,不能说明企业的销售能力。第五,收入的质量也值得关注。有些收入造成的坏账准备数额较大,这种收入并没有给企业带来发展的动力。

根据这样的增长趋势,我们可以初步推测该公司以后几年的收入增长率,当然在实际预测分析中还要结合企业具体情况加以调整,或者利用多角度预测进行支持性验证,以便为进行其他预测和价值评估等提供更具参考意义的信息。

(2) 利用题目给出的有关数据,计算该公司的股东权益增长率、营业利润增长率、净利润增长率、收入增长率、资产增长率,进而分析该公司的整体发展能力。其计算过程如表8-6所示。

表8-6　　　　　　　　　　　　增长率计算表　　　　　　　　　　　　单位:万元

项目	2018年	2019年	2020年	2021年
股东权益	797	988	1 343	1 915
股东权益增加额		191	355	572
股东权益增长率	—	23.96%	35.93%	42.59
营业利润	674	913	1 298	1 866
营业利润增加额		239	385	568
营业利润增长率	—	35.46%	42.16%	43.76

(续表)

项目	2018年	2019年	2020年	2021年
净利润	398	550	873	1 293
净利润增加额	—	152	323	420
净利润增长率	—	38.19%	58.73%	48.11%
营业收入	4 576	6 194	8 671	12 413
营业收入增加额	—	1 618	2 477	3 742
收入增长率	—	35.36%	39.99%	43.16%
资产总额	1 369	1 649	2 207	3 103
资产增加额	—	280	558	896
资产增长率	—	20.45%	33.84%	40.60%

下面具体分析该公司在股东权益、利润、收入、资产等方面的增长能力。

第一，从表8-6可以看出，该公司自2018年以来，股东权益一直在增加，分析其增长原因可以发现，公司3年的净利润增长率一直高于其当年的股东权益增长率，这说明该公司3年的股东权益增长主要来自生产经营活动所创造的利润，可以判断该公司的股东权益发展能力较好。

第二，对比3年的净利润增长率，可以发现该公司3年来净利润增长率呈现出先升后降的趋势，这说明该公司的净利润增长不太稳定。对比3年的营业收入与净利润可知，3年的净利润增长率均高于当年的收入增长率，这反映出该公司3年的净利润增长能力较好，市场竞争能力较强。再与营业利润相比来看，3年的净利润增长率均高于营业利润增长率，说明净利润的增长除了来自营业利润的增加，还有非经营性损益所起的作用，需要结合非经营性损益占营业利润的比重来分析净利润的稳定性。

第三，根据2019年、2020年、2021年的收入增长率指标，可知该公司3年的营业利润增长率均高于收入增长率，且营业利润增长率本身呈现出上升趋势，说明该公司营业收入的增长超过营业成本、营业税费、期间费用等成本费用的增加，营业利润增长能力较好。

第四，比较该公司3年的收入增长率，可知公司3年来收入增长率一直保持较高的比率，并呈现上升的趋势，这说明该公司的销售具备良好的增长趋势。利用表8-6中的资产增长率指标，分析各年销售增长是否具有效益性。2019年、2020年、2021年连续3年的收入增长率分别都高于当年的资产增长率，这说明该公司3年中每一年的销售增长都具有效益性，即具备良好的成长性。但是收入的质量值得关注，有些收入造成的坏账准备数额较大，这种收入并没有给企业带来发展的动力。

第五，从表8-6可以看出，该公司自2018年以来，其资产总额不断增加，从2018年的1 369万元增加到2021年的3 103万元。该公司2018年以来的资产增长率一直保持较高的比率，这说明该公司近几年资产规模不断增长。再分析该公司资产增长的效益性和资产增长的来源，从表8-6可以看出，该公司3年的资产增长率均低于当年的收入增长率，这说明每年的资产增长是正常适当的；从股东权益增加额占资产增加额比重可以看出该公司3年资产的增加主要来源于股东权益的增加，而不是主要依赖负债的增加。

综合以上几方面的分析，除了净利润的稳定性值得进一步探讨，该公司股东权益增长率、资产增长率、营业收入增长率和净利润增长率基本能够保持同步增长，且保持较高水平，因此可以判断公司具有良好的整体发展能力。

第九章 综合分析与业绩评价

第一部分 内容概要

一、综合分析与业绩评价的目的

综合分析与业绩评价的目的在于：

(1) 明确企业经营活动、投资活动和筹资活动的相互关系，找出制约企业发展的"瓶颈"。
(2) 评价企业财务状况与经营业绩，明确企业的经营水平、位置及发展方向。
(3) 为企业利益相关者进行投资决策提供参考。
(4) 为完善企业财务管理和经营管理提供依据。

二、综合分析与业绩评价的内容

根据上述综合分析与业绩评价的意义和目的，综合分析与业绩评价至少应包括以下两方面内容：

(1) 财务目标与财务环节相互关联综合分析评价。
(2) 企业经营业绩综合评价分析。

三、杜邦财务分析体系

杜邦财务分析体系亦称杜邦财务分析法，是指根据各主要财务比率指标之间的内在联系，建立财务分析指标体系，综合分析企业财务状况的方法。该指标体系是由美国杜邦公司最先采用的，故被称为杜邦财务分析体系。杜邦财务分析体系的特点是将若干反映企业盈利状况、财务状况和营运状况的比率按其内在联系有机地结合起来，形成一个完整的指标体系，并最终通过净资产收益率这一核心指标来综合反映。

杜邦财务分析体系包含了几种主要的指标关系，可以分为以下两大层次。

第一层次是以净资产收益率为核心，揭示出影响净资产收益率的三个重要因素，即：

$$净资产收益率 = 销售净利率 \times 总资产周转率 \times 业主权益乘数$$

第二层次是对销售净利率和总资产周转率的分解，即：

(1) 销售净利率的分解：

$$销售净利率 = \frac{净利润}{营业收入} \times 100\%$$

$$= \frac{总收入 - 总成本费用}{营业收入}$$

(2) 总资产周转率的分解：

$$总资产周转率=\frac{营业收入}{总资产}\times 100\%=\frac{营业收入}{流动资产+非流动资产}$$

杜邦财务分析体系的局限性：

1. 涵盖信息不够全面

杜邦财务分析法主要利用的是企业资产负债表和利润表的项目数据，而不涉及现金流量表，这样做容易让报表使用者只看到账面利润而忽视了更能反映企业生命力的现金流量信息。

2. 分析内容不够完善

杜邦财务分析法主要从企业盈利能力、营运能力、偿债能力的角度对企业展开财务分析，而忽略了对企业发展能力的分析。同时，杜邦财务分析法通常针对的是短期财务结果，这也容易诱导管理者的短期行为，忽视了企业长期价值的创造。

3. 对企业风险分析不足

企业风险是财务报表使用者非常关心的问题，而杜邦财务分析法无法较直观地体现企业经营风险或财务风险。

四、杜邦财务分析体系的变形与发展——可持续增长率财务分析体系

1. 可持续增长率的定义

可持续增长率是指在不改变经营战略（不改变销售净利率和资产周转率）和财务战略（不改变资本结构和股利支付率）的条件下，公司销售所能达到的最大增长率，它体现的是一种可持续的平衡发展。

2. 可持续增长率的计算

$$可持续增长率=净资产收益率\times 留存收益率$$
$$=销售净利率\times 总资产周转率\times 权益乘数\times(1-股利支付率)$$

3. 可持续增长率的分解

企业应当制定符合自身发展需要的经营战略和财务战略，努力使企业实际增长率与可持续增长率相一致，以实现平衡发展。如果企业调整经营战略或财务战略，可能会导致其实际增长率与可持续增长率发生差异，此时我们可以运用可持续增长率分析体系，结合因素分析法分析企业实际销售增长率发生增减变动的原因。

五、经营业绩评价综合指数法

（一）经营业绩评价综合指数法的程序

运用综合指数法进行业绩评价的一般程序或步骤包括：

(1) 选择业绩评价指标。

(2) 确定各项指标的标准值。

(3) 计算指标单项指数。

(4) 确定各项指标的权数。

(5) 计算综合经济指数。
(6) 评价综合经济指数。

(二) 企业经济效益评价指标体系中的经济效益指标

财政部颁布的企业经济效益评价指标体系中选择的经济效益指标包括三个方面的 10 项指标：

1. 反映盈利能力和资本保值增值的指标

反映盈利能力的指标主要是销售利润率、总资产报酬率和资本收益率；反映资本保值能力的指标主要是资本保值增值率。其计算公式分别如下：

(1) 销售利润率 $=\dfrac{\text{营业收入}-\text{营业成本}-\text{税金及附加}}{\text{营业收入}}\times 100\%$

(2) 总资产报酬率 $=\dfrac{\text{利润总额}+\text{利息支出}}{\text{平均资产总额}}\times 100\%$

(3) 资本收益率 $=\dfrac{\text{净利润}}{\text{实收资本}}\times 100\%$

(4) 资本保值增值率 $=\dfrac{\text{期末所有者权益总额}}{\text{期初所有者权益总额}}\times 100\%$

2. 反映资产负债水平和偿债能力的指标

反映企业资产负债水平和偿债能力的指标有四个，其计算公式分别如下：

(1) 资产负债率 $=\dfrac{\text{负债总额}}{\text{资产总额}}\times 100\%$

(2) 流动比率 $=\dfrac{\text{流动资产}}{\text{流动负债}}$

速动比率 $=\dfrac{\text{速动资产}}{\text{流动负债}}$

(3) 应收账款周转率 $=\dfrac{\text{赊销净额}}{\text{平均应收账款余额}}$

(4) 存货周转率 $=\dfrac{\text{营业成本}}{\text{平均存货成本}}$

3. 反映企业对国家或社会贡献水平的指标

反映企业对国家或社会贡献水平的指标有两个，其计算公式分别如下：

(1) 社会贡献率 $=\dfrac{\text{企业社会贡献总额}}{\text{企业平均资产总额}}\times 100\%$

(2) 社会积累率 $=\dfrac{\text{上交国家财政总额}}{\text{企业社会贡献总额}}\times 100\%$

(三) 经济效益指标的单项指数计算

纯正指标或纯逆指标的单项指数计算公式如下：

$$单项指标 = \frac{某指标实际值}{该指标标准值}$$

适度指标的单项指数计算公式如下:

$$单项指数 = \frac{标准值 - 实际值与标准值差额的绝对值}{标准值} \times 100\%$$

(四) 综合经济指数计算

1. 按各项指标实际指数计算(不封顶)

$$综合经济指数 = \sum (某该指标单项指数 \times 该指标权数)$$

2. 按扣除超过100%部分后计算(封顶)

$$综合经济指数 = \sum [某该指标单项指数(扣除超出部分) \times 该指标权数]$$

(五) 综合经济指数评价

按不封顶法计算综合经济指数,当各项业绩指标中没有正指标时,综合经济指数以小于100%为好,而且越低越好。当各项业绩指标中没有逆指标时,一般来说,综合经济指数达到100%,说明企业经营业绩总体水平达到标准要求,或者说企业取得了较好的经济效益,该指数越高,经济效益水平越高;若综合经济指数低于100%,说明企业经济效益没达到标准水平,该指数越低,经营业绩水平越差。

按封顶法计算综合经济指数时,其最高值为100%,越接近100%,说明企业经营业绩总体水平越好。

在运用综合经济指数法进行经营业绩综合评价时,应特别注意以下两个问题:

第一,选择的各项经济指标在评价标准上应尽量保持方向的一致性,即尽量都选择正指标,或都选择逆指标。

第二,综合经济指数是否可高于100%的问题。如果各单项指数取值可高于100%,则综合经济指数可能高于100%。在标准值比较先进时,可采用指数封顶的方法;当标准值为平均值时,则应采取指数不封顶的方法。企业在进行自身经营业绩评价时,也可将两种方法结合使用,取长补短,从而准确地评价企业的经营业绩。

六、经营业绩评价综合评分法

(一) 经营业绩评价综合评分法的程序

运用综合评分法进行业绩评价的一般程序或步骤包括:

(1) 选择业绩评价指标。
(2) 确定各项经济指标的标准值及标准系数。
(3) 确定各项经济指标的权数。
(4) 计算各类业绩评价指标得分。
(5) 计算经营业绩综合评价分数。
(6) 确定综合评价结果等级。

(二) 经营业绩评价综合评分法的指标体系构成

经营业绩评价综合评分法选择的企业综合绩效评价指标包括 22 个财务绩效定量评价指标和 8 个管理绩效定性评价指标,其中财务绩效定量评价指标又分为基本指标和修正指标两类。具体如表 9-1 所示。

表 9-1　　　　　　　　　企业综合绩效评价指标体系

评价指数类别	财务绩效定量评价指标		管理绩效定性评价指标
	基本指标	修正指标	
一、盈利能力状况	净资产收益率 总资产报酬率	销售(营业)利润率 盈余现金保障倍数 成本费用利润率 资本收益率	战略管理 发展创新 经营决策 风险控制 基础管理 人力资源 行业影响 社会贡献
二、资产质量状况	总资产周转率 应收账款周转率	不良资产比率 流动资产周转率 资产现金回收率	
三、债务风险状况	资产负债率 已获利息倍数	速动比率 现金流动负债比率 带息负债比率 或有负债比率	
四、经营增长状况	销售增长率 资本保值增值率	销售(营业)利润增长率 总资产增长率 技术投入比率	

(三) 各类业绩评价指标得分的计算

1. 财务绩效基本指标得分计算

(1) 单项指标得分的计算。

$$\text{单项基本指标得分} = \text{本档基础分} + \text{调整分}$$

其中:

$$\text{本档基础分} = \text{指标权数} \times \text{本档标准系数}$$
$$\text{本档调整分} = \text{功效系数} \times (\text{上档基础分} - \text{本档基础分})$$
$$\text{上档基础分} = \text{指标权数} \times \text{上档标准系数}$$
$$\text{功效系数} = \frac{\text{实际值} - \text{本档标准值}}{\text{上档标准值} - \text{本档标准值}}$$

本档指标值是指上下两档标准值居于较低等级一档。

(2) 财务绩效基本指标总分的计算。

$$\text{分类指标得分} = \sum \text{类内各项基本指标得分}$$
$$\text{基本指标总分} = \sum \text{各类基本指标得分}$$

2. 财务绩效修正指标修正系数的计算

(1) 单项指标修正系数的计算。

$$\text{单项指标修正系数} = 1.0 + (\text{本档标准系数} + \text{功效系数} \times 0.2 - \text{该类基本指标分析系数})$$

$$功效系数 = \frac{指标实际值 - 本档标准值}{上档标准值 - 本档标准值}$$

$$某类基本指标分析系数 = \frac{该类基本指标得分}{该类指标权数}$$

(2) 分类综合修正系数的计算。

$$分类综合修正系数 = \sum 类内单项指标的加权修正系数$$

其中：

$$单项指标加权修正系数 = 单项指标修正系数 \times 该项指标在本类指标中的权数$$

3. 修正后得分的计算

$$修正后总分 = \sum (分类综合修正系数 \times 分类基本指标得分)$$

4. 管理绩效定性指标的计分方法

(1) 单项评议指标得分。

$$单项评议指标分数 = \sum \left(\begin{array}{c} 单项评议 \\ 指标权数 \end{array} \times \begin{array}{c} 各评议专家给 \\ 定等级参数 \end{array} \right) \div 评议专家人数$$

(2) 评议指标总分的计算。

$$评议指标总分 = \sum 单项评议指标分数$$

(四) 计算经营业绩综合评价分数

在得出财务绩效定量评价分数和管理绩效定性评价分数后，应当按照规定的权重，耦合形成综合绩效评价分数。其计算公式如下：

$$企业综合绩效评价分数 = 财务绩效定量评价分数 \times 70\% + 管理绩效定性评价分数 \times 30\%$$

(五) 确定综合评价结果等级

企业综合绩效评价结果以85、70、50、40分作为类型判定的分数线。具体的企业综合绩效评价类型与评价级别如表9-2所示。

表9-2　　　　　企业综合绩效评价类型与评价级别一览表

评价类型	评价级别	评价得分
优(A)	A++ A+ A	A++≥95分 95分＞A+≥90分 90分＞A≥85分
良(B)	B+ B B-	85分＞B+≥80分 80分＞B≥75分 75分＞B-≥70分
中(C)	C C-	70分＞C≥60分 60分＞C-≥50分
低(D)	D	50分＞D≥40分
差(E)	E	E＜40分

第二部分 练 习 题

一、单项选择题

1. 企业的财务目标是( )。
   A. 资本增值最大化　　　　　　　B. 短期利润最大化
   C. 长期利润最大化　　　　　　　D. 销售数量最大化
2. 企业业绩评价的四类指标中,最重要的一类是( )。
   A. 资产营运　　B. 发展能力　　C. 偿债能力　　D. 财务效益
3. 在国资委对企业综合绩效评价指标体系中,资产负债率是评价企业( )的基本指标。
   A. 获利能力　　B. 资产质量　　C. 债务风险　　D. 经营增长
4. 销售利润率的标准值为20%,实际值为30%,该指标的单项指数为( )。
   A. 120%　　　B. 100%　　　C. 150%　　　D. 83.33%
5. ( )是综合性最强的财务指标,是企业综合财务分析的核心。
   A. 总资产周转率　　　　　　　　B. 总资产报酬率
   C. 销售净利率　　　　　　　　　D. 净资产收益率
6. 关于可持续增长率的计算公式正确的是( )。
   A. 总资产收益率×(1－股利支付率)
   B. 总资产收益率×(1＋股利支付率)
   C. 净资产收益率×(1－股利支付率)
   D. 净资产收益率×(1＋股利支付率)
7. 已知某企业的资产负债率为120%,该指标的得分为( )。
   A. 1　　　　　B. 0　　　　　C. 0.5　　　　D. 1.2
8. 下列指标中,属于正指标的是( )。
   A. 资产负债率　　　　　　　　　B. 流动比率
   C. 流动资产周转天数　　　　　　D. 资本收益率
9. 某企业总资产周转率的实际值是0.6,其上档标准值是0.7,本档标准值是0.5,该指标的功效系数是( )。
   A. 40%　　　B. 50%　　　C. 60%　　　D. 80%
10. 销售利润率的计算公式是( )。
    A. (营业收入－营业成本－税金及附加)÷净利润
    B. (营业收入－营业成本)÷营业收入
    C. 利润总额÷营业收入
    D. (营业收入－营业成本－税金及附加)÷营业收入
11. 下列指标中,属于综合绩效评价指标体系中财务绩效基本指标的是( )。
    A. 总资产增长率　　　　　　　　B. 速动比率
    C. 销售(营业)利润率　　　　　　D. 总资产周转率

12. 财务绩效单项修正系数控制修正幅度一般是( )。
   A. 0.2～1.2   B. 0.7～1.3   C. 0.5～1.7   D. 0.6～1.4
13. 计算各业绩指标单项指数时,下列各项指标中与其他指标选用公式不同的是( )。
   A. 存货周转率   B. 资产负债率   C. 流动比率   D. 速动比率
14. 下列指标中,不属于综合绩效评价指标体系中管理绩效定性评价指标的是( )。
   A. 战略管理   B. 发展创新   C. 风险控制   D. 资产质量
15. 财务绩效基本指标反映了企业的基本情况,其计分原理是( )。
   A. 净现值法   B. 专家打分法   C. 功效系数法   D. 比例插值法

二、多项选择题

1. 根据帕利普财务分析体系,与财务杠杆作用相关的指标有( )。
   A. 流动比率   B. 速动比率
   C. 负债与资本比率   D. 负债与资产比率
2. 经营业绩评价综合指数法中反映企业对国家或社会贡献水平的指标有( )。
   A. 资本保值增值率   B. 资产负债率
   C. 社会贡献率   D. 社会积累率
3. 影响可持续增长率的指标中,反映企业经营战略的有( )。
   A. 销售净利率   B. 总资产周转率
   C. 权益乘数   D. 资产负债率
4. 杜邦财务分析体系的特点是将反映企业( )的比率按其内在联系有机地结合起来。
   A. 盈利状况   B. 营运状况   C. 财务状况   D. 发展状况
5. 下列各项中,属于上交国家财政总额的有( )。
   A. 应交增值税   B. 应交税金及附加
   C. 应交所得税   D. 其他税收
6. 计算企业赊销净额时,需要从营业收入中扣减的项目包括( )。
   A. 现销收入   B. 销售折让   C. 销售退回   D. 销售折扣
7. 可持续增长率的假设前提有( )。
   A. 不增发新股或回购股份   B. 企业总资产周转率将维持当前水平
   C. 不改变目前的资本结构   D. 企业保持目前的利润留存率不变
8. 下列指标关系中,属于杜邦财务分析体系中第一层次的有( )。
   A. 净资产收益率＝总资产净利率×业主权益乘数
   B. 销售净利率＝(总收入－总成本费用)÷营业收入
   C. 总资产净益率＝销售净利率×总资产周转率
   D. 总资产周转率＝营业收入÷(流动资产＋非流动资产)
9. 企业实际增长率超过可持续增长率的原因可能有( )。
   A. 在保持其他因素不变的条件下,提高了销售净利率

B. 在保持其他因素不变的条件下,提高了总资产周转率
C. 在保持其他因素不变的条件下,提高了资产负债率
D. 在保持其他因素不变的条件下,提高了权益乘数

10. 关于业绩评价标准值,下列说法正确的有( )。
A. 一般地说,当评价企业经营计划完成情况时,可以企业计划水平为标准值
B. 当评价企业经营业绩水平变动情况时,可以企业前期水平为标准值
C. 设置标准值时,可以适当参照国际通用标准
D. 设置标准值时,可以参考我国企业在近三年的行业平均值

三、判断题

1. 财务业绩定量评价标准具有行业普通性和一般性。 （ ）
2. 业绩评价以财务分析为前提,财务分析以业绩评价为结论,财务分析离不开业绩评价。 （ ）
3. 股利支付率越高,可持续增长率就越高。 （ ）
4. 业绩评价标准值需要根据分析的目的和要求确定,可用某企业某年的实际数,也可用同类企业、同行业或部门平均值,还可以用国际标准值。 （ ）
5. 在运用综合经济指数法进行经营业绩综合评价时,选择的各项经济指标在评价标准上应尽量保持方向的一致性。 （ ）
6. 企业要想持续经营下去,必须追求一种快速的增长。 （ ）
7. 财政部颁布的企业经济绩效评价指标体系中选择的经济效益指标包含三方面的十项指标。 （ ）
8. 已知某企业的速动比率为 0.8,可以直接用该值除以速动比率的标准值求得其单项指标。 （ ）
9. 采用不封顶法计算综合经济指数时,其最高值为 100%。 （ ）
10. 总资产增长率属于财务绩效基本评价指标。 （ ）
11. 在计算各类业绩评价指标得分之前必须确定各项经济指标的权数。 （ ）
12. 担保余额和已贴现承兑汇票都属于或有负债。 （ ）
13. 总资产报酬率是用于衡量企业运用全部资产的获利能力,是杜邦分析的核心指标。 （ ）
14. 当标准值比较先进时,可选用指数封顶的方法;当标准值为平均值时,则应采取指数不封顶的方法。 （ ）
15. 根据综合评价计算的结果可知,企业的得分越高,企业的综合绩效评价结果就越好。 （ ）

四、简答题

1. 简述企业综合分析与业绩评价的目的与内容。
2. 分析杜邦分析体系的优点和局限性。
3. 简述综合评分法的分析程序。

五、计算分析题

1. 总资产报酬率的评价标准如表9-3所示。

表9-3　　　　　　　　　　总资产报酬率的评价标准表

标准系数	优秀(1)	良好(0.8)	平均值(0.6)	较低值(0.4)	较差值(0.2)
指标值	9.1%	7.3%	4.0%	2.2%	0.0%

东峰公司该项指标实际完成值为7.2%,该项指标的权数为14分。

要求:计算该公司总资产报酬率的得分。

2. 销售(营业)利润率的评价标准如表9-4所示。

表9-4　　　　　　　　　　销售(营业)利润率的评价标准表

标准系数	优秀(1)	良好(0.8)	平均值(0.6)	较低值(0.4)	较差值(0.2)
指标值	20.9%	18.4%	15.0%	11.4%	7.0%

易华公司销售(营业)利润率的实际值为17.2%,该项指标的权数为10分,盈利能力类指标的权数是34分,该类指标的实际得分是31分。

要求:计算该公司销售(营业)利润率的加权修正系数。

3. 发展创新能力评议指标的等级参数:优,1分;良,0.8分;中,0.6分;低,0.4分;差,0.2分,该指标的权数是15分。7名评议员的评议结果:优,3人;良,3人;中,1人。

要求:计算发展创新能力评议指标的得分。

4. 浩恒公司相关资料如表9-5所示。

表9-5　　　　　　　　　　浩恒公司综合经济指数计算表

经济指标	标准值	实际值	权数
销售利润率	15%	18%	15%
总资产报酬率	12%	9%	15%
资本收益率	18%	16%	15%
资本保值增值率	105%	102%	10
资产负债率	50%	40%	5%
流动比率	200%	180%	5%
应收账款周转率(次)	6	5.4	5
存货周转率(次)	5%	6.5%	5%
社会贡献率	25%	25%	10%
社会积累率	20%	20%	15%
综合经济指数	—	—	100

要求:请通过上述材料,按照封顶和不封顶的方法计算浩恒公司的综合经济指数,并对浩恒公司进行文字评价。

5. 恒华公司 2021 年相关资料如表 9-6 所示。

表 9-6　　　　　　　　　　恒华公司 2021 年相关资料　　　　　　　　单位：万元

资产	期初	期末
流动负债合计	380	480
非流动负债合计	260	320
所有者权益合计	460	500

已知恒华公司 2021 年度营业收入为 960 万元，税后净利润为 120 万元。已知该企业 2020 年度销售净利率为 15%，总资产周转率为 0.7 次，业主权益乘数为 2，净资产收益率为 21%。涉及资产负债表的数据均采用期初期末的算术平均数。

要求：

(1) 计算该公司 2021 年的净资产收益率、销售净利率、总资产周转率和业主权益乘数。

(2) 运用杜邦分析原理，比较该公司 2021 年与 2020 年的净资产收益率，用因素分析法依次计算销售净利率、总资产周转率和权益乘数对净资产收益率的影响，并作简要分析。

6. 江飞公司相关资料如表 9-7 所示。

表 9-7　　　　　　　　　　江飞公司财务指标　　　　　　　　　　单位：万元

项目	上年	本年
平均总资产	68 520	74 002
平均净资产	41 112	40 701
营业收入	51 390	57 722
净利润	3 083	3 215
现金股利支付额	1 233	1 125

其中，该公司本年的流动资产和固定资产周转率都比上年有所提升，且短期借款的比例也比上年有所增加。

要求：

(1) 请根据以上资料计算可持续增长率。

(2) 利用差额分析法对可持续增长率变动的原因进行分析。

7. 全美公司相关资料如表 9-8 至表 9-11 所示。

表 9-8　　　　　　　　　　全美公司财务绩效指标相关数据

基本指标	2021 年	修正指标	2021 年
净资产收益率	13.62%	销售利润率	2.81%
		盈余现金保障倍数（倍）	1.91
总资产报酬率	7.93%	成本费用利润率	5.86%
		资本收益率	26.54%
总资产周转率（次）	0.98	不良资产比率	4.30%

(续表)

基本指标	2021年	修正指标	2021年
应收账款周转率(次)	5.19	流动资产周转率(次)	1.21
		资产现金回收率	8.10%
资产负债率	70.15%	速动比率	112.34%
		现金流动负债比率	12.16%
已获利息倍数(倍)	2.73	带息负债比率	29.35%
		或有负债比率	5.00%
销售增长率	27.36%	销售利润增长率	27.78%
资本保值增值率	117.81%	总资产增长率	29.66%
		技术投入比率	1.80%

表9-9　　　　　　　　　全行业财务绩效基本指标标准值表

项目	优秀	良好	平均	较低	较差
	(1)	(0.8)	(0.6)	(0.4)	(0.2)
净资产收益率	11.6%	7.1%	0.8%	−4.6%	−10.8%
总资产报酬率	5.6%	3.2%	0.5%	−4.5%	−10.7%
总资产周转率(次)	2.3	1.7	1.0	0.8	0.7
应收账款周转率(次)	10.0	6.6	3.2	2.2	1.2
资产负债率	49.6%	59.5%	67.9%	82.2%	93.9%
已获利息倍数(倍)	7.3	4.9	1.0	−2.3	−5.5
销售增长率	20.2%	9.8%	3.5%	−8.7%	−19.5%
资本保值增值率	110.6%	105.6%	98.3%	91.4%	87.5%

表9-10　　　　　　　　　企业综合绩效评价指标及权重表

指标类别(100)	财务绩效定量指标 (权重70%)				管理绩效定性指标 (权重30%)	
	基本指标(100)		修正指标(100)		评议指标(100)	
一、盈利能力 (34)	净资产收益率 总资产报酬率	20 14	销售利润率 盈余现金保障倍数 成本费用利润率 资本收益率	10 9 8 7	战略管理 发展创新 经营决策 风险控制 基础管理 人力资源 行业影响 社会贡献	18 15 16 13 14 8 8 8
二、资产质量 (22)	总资产周转率 应收账款周转率	10 12	不良资产比率 流动资产周转率 资产现金回收率	9 7 6		
三、债务风险 (22)	资产负债率 已获利息倍数	12 10	速动比率 现金流动负债比率 带息负债比率 或有负债比率	6 6 5 5		
四、经营增长 (22)	销售增长率 资本保值增值率	12 10	销售利润增长率 总资产增长率 技术投入比率	10 7 5		

表 9-11		各类别修正系数		
项目	盈利能力状况	资产质量状况	债务风险状况	经营增长状况
类别修正系数	1.00	1.03	1.12	1.09

除此之外,已知管理绩效定性评价指标分数分别为 16.46、14、14、11、12、6、8、7。另外,企业综合绩效评价结果以 85、70、50、40 分作为类型判定的分数线,评价类型为优、良、中、低、差五类。

要求:请通过上述材料,计算全美公司单项指标得分、分类指标得分及综合评分,并进行简单评价。

第三部分 参 考 答 案

一、单项选择题

1	2	3	4	5	6	7	8	9	10
A	D	C	C	D	C	B	D	B	D
11	12	13	14	15					
D	B	A	D	C					

难点解析:

2. 盈利是企业的根本目的,因此在企业业绩评价的四类指标中,最重要的一类就是与盈利相关的财务效益指标。

4. 单项指数＝指标实际值÷指标标准值＝30%÷20%＝150%。

7. 如果资产负债率大于100%,指标得分为0。

8. 三项指数越高越好的为正指标,资本收益率越高越好,符合正指标的概念。

9. 功效系数＝(实际值－本档标准值)÷(上档标准值－本档标准值)＝(0.6－0.5)÷(0.7－0.5)＝50%。

11. 总资产增长率、速动比率、销售(营业)利润率属于综合绩效评价指标体系中财务绩效修正指标。

13. 存货周转率、资产负债率、流动比率、速动比率四个指标中仅有存货周转率是正指标,纯正和纯逆指标计算单项指数的公式与其他非纯正和非纯逆的指标不同。

14. 资产质量属于财务绩效定量评价指标。

二、多项选择题

1	2	3	4	5	6	7	8	9	10
ABCD	CD	AB	ABC	ABCD	ABCD	ABCD	AC	ABCD	ABCD

难点解析:

2. 经营业绩评价综合指数法中反映企业对国家或社会贡献水平的指标有社会贡献率

和社会积累率。

4. 杜邦财务分析体系的特点是将反映企业盈利状况、营运状况和财务状况的比率按其内在联系有机地结合起来。

5. 上交国家财政总额包括应交增值税、应交税金及附加、应交所得税和其他税收等。

6. 赊销净额＝营业收入－现销收入－销售退回、折扣、折让。

8. B项和D项是杜邦分析体系中的第二层次。

三、判断题

1	2	3	4	5	6	7	8	9	10
×	√	×	√	√	×	√	×	×	×
11	12	13	14	15					
√	√	×	√	√					

难点解析：

1. 管理业绩定性评价标准具有行业普遍性和一般性；财务业绩定量评价标准包括国内行业标准和国际行业标准。

3. 股利支付率越高，可持续增长率就越低。

6. 企业要想持续经营下去，必须追求一种稳定可持续的增长，而非快速的增长。

8. 单项指数＝指标实际值÷指标标准值，该公式仅适用于纯正或纯逆指标，速动比率不属于纯正或者纯逆指标，不适用于该公式计算单项指标。

9. 采用封顶法计算综合经济指数时，其最高值为100%。

10. 总资产增长率属于财务绩效修正评价指标。

13. 总资产报酬率是用于衡量企业运用全部资产的获利能力，但不是杜邦分析的核心指标，杜邦分析的核心指标是净资产收益率。

四、简答题

1.【参考答案】

综合分析与业绩评价的目的在于：

(1) 明确企业经营活动、投资活动和筹资活动的相互关系，找出制约企业发展的"瓶颈"。

(2) 评价企业财务状况与经营业绩，明确企业的经营水平、位置及发展方向。

(3) 为企业利益相关者进行投资决策提供参考。

(4) 为完善企业财务管理和经营管理提供依据。

综合分析与业绩评价至少应包括以下两方面内容：

(1) 财务目标与财务环节相互关联综合分析评价。企业的财务目标是资本增值最大化。资本增值的核心在于资本收益能力的提高，而资本收益能力受企业各方面、各环节财务状况的影响。本部分分析正是要以净资产收益率为核心，通过对净资产收益率的分解，找出企业经营各环节对其的影响及影响程度，从而综合评价企业各环节及各方面的经营业绩。

杜邦财务分析体系是进行这一分析的最基本的方法。

(2) 企业经营业绩综合评价分析。虽然财务目标与财务环节的联系分析可以解决单项指标分析或单方面分析给评价带来的困难,但未能采用某种计量手段对相互关联指标进行综合评价,因此往往难以准确得出公司经营业绩改善与否的定量结论。企业经营业绩综合分析评价正是从解决这一问题出发,利用业绩评价的不同方法对企业经营业绩进行量化分析,最后得出企业经营业绩评价的唯一结论。

2.【参考答案】

杜邦分析法的优点:

(1) 有助于企业管理层更加清晰地看到权益资本收益率的决定因素,以及销售净利润率与总资产周转率、债务比率之间的相互关联关系。

(2) 给管理层提供了一张清晰的考察公司资产管理效率和是否最大化股东投资回报的路线图。

杜邦分析法的缺点:

(1) 对短期财务结果过分重视,有可能助长公司管理层的短期行为,忽略企业长期的价值创造。

(2) 财务指标反映的是企业过去的经营业绩,衡量工业时代的企业能够满足要求。但在信息时代,顾客、供应商、雇员、技术创新等因素对企业经营业绩的影响越来越大,而杜邦分析法在这些方面是无能为力的。

(3) 在市场环境中,企业的无形知识资产对提高企业长期竞争力至关重要,杜邦分析法却不能解决无形资产的估值问题。

3.【参考答案】

运用综合评分法或功效系数法的一般程序或步骤包括:

(1) 选择业绩评价指标。
(2) 确定各项经济指标的标准值及标准系数。
(3) 确定各项经济指标的权数。
(4) 计算各类业绩评价指标得分。
(5) 计算经营业绩综合评价分数。
(6) 确定综合评价结果等级。

五、计算分析题

1.【参考答案】

本档基本分 $= 14 \times 0.6 = 8.4$ 分

本档调整分 $= \dfrac{7.2\% - 4.0\%}{7.3\% - 4.0\%} \times (14 \times 0.8 - 14 \times 0.6) = 2.72$ 分

总资产报酬率指标得分 $= 8.4 + 2.72 = 11.12$ 分

2.【参考答案】

功效系数 $= \dfrac{17.2\% - 15\%}{18.4\% - 15\%} = 0.65$

分析系数 $=\dfrac{31}{34}=0.91$

销售(营业)利润率的修正系数 $=1.0+(0.6+0.65\times0.2-0.91)=0.82$

销售(营业)利润率的加权修正系数 $=0.82\times(10\div34)=0.24$

3.【参考答案】

发展创新能力评议指标得分 $=\dfrac{1\times3+0.8\times3+0.6\times1}{7}\times15=12.86$ 分

4.【参考答案】

①销售利润率指数：$18\div15\times100\%=120\%$
②总资产报酬率指数：$9\div12\times100\%=75\%$
③资本收益率指数：$16\div18\times100\%=88.89\%$
④资本保值增值率指数：$102\div105\times100\%=97.14\%$
⑤资产负债率指数：$[50\%-(50\%-40\%)]\div50\%\times100\%=80\%$
⑥流动比率指数：$[200\%-(200\%-180\%)]\div200\%\times100\%=90\%$
⑦应收账款周转率指数：$5.4\div6\times100\%=90\%$
⑧存货周转率指数：$6.5\div5\times100\%=130\%$
⑨社会贡献率指数：$25\div25\times100\%=100\%$
⑩社会积累率指数：$20\div20\times100\%=100\%$

采用封顶的方法计算综合经济指数：
$100\%\times15\%+75\%\times15\%+88.89\%\times15\%+97.14\%\times10\%+80\%\times5\%+90\%\times5\%+90\%\times5\%+100\%\times5\%+100\%\times10\%+100\%\times15\%=92.30\%$

文字评价：采用封顶的方法进行计算，其综合经济指数最高值为100%，所以该公司综合经济指数为92.30%，较为接近100%，说明该公司取得了较好的经济效益，经营业绩总体水平较高。

采用不封顶的方法计算综合经济指数：
$120\%\times15\%+75\%\times15\%+88.89\%\times15\%+97.14\%\times10\%+80\%\times5\%+90\%\times5\%+90\%\times5\%+130\%\times5\%+100\%\times10\%+100\%\times15\%=96.80\%$

文字评价：采用不封顶的方法进行计算，其综合经济指数越高表明该公司的经济效益越好，通过计算可知该公司综合经济指数为96.80%，说明该公司取得了相对较好的经济效益，经营业绩总体水平较高。

5.【参考答案】

(1)
2021年平均净资产 $=$(期初净资产$+$期末净资产)$\div2=(460+500)\div2=480$ 万元
2021年净资产收益率 $=$净利润$\div$平均净资产$\times100\%=120\div480\times100\%=25\%$
2021年销售净利率 $=$净利润$\div$营业收入$\times100\%=120\div960\times100\%=12.5\%$
2021年平均总资产 $=$(期初总资产$+$期末总资产)$\div2$
$=(380+260+460+480+320+500)\div2=1\,200$ 万元
2021年总资产周转率 $=$营业收入$\div$平均总资产$=960\div1\,200=0.8$ 次

2021年业主权益乘数＝平均总资产÷平均净资产＝1 200÷480＝2.5

（2）

分析对象＝25%－21%＝4%

①由于销售净利率变动的影响：(12.5%－15%)×0.7×2＝－3.5%

②由于总资产周转率变动的影响：12.5%×(0.8－0.7)×2＝2.5%

③由于业主权益乘数变动的影响：12.5%×0.8×(2.5－2)＝5%

通过上述计算可以看出，该公司2020年的净资产收益率为21%，2021年上升到25%，上升了4%。其中销售净利率下降，导致净资产收益率下降了3.5%；总资产周转率上升，导致净资产收益率上升了2.5%；业主权益乘数上升，导致净资产收益率上升了5%，综合导致净资产收益率上升了4%。

6.【参考答案】

（1）

项目	上年	本年
销售利润率	3 083÷51 390×100%＝6.00%	3 215÷57 722×100%＝5.57%
总资产周转率	51 390÷68 520＝0.75（次）	57 722÷74 002＝0.78（次）
权益乘数	68 520÷41 112＝1.67	74 002÷40 701＝1.82
留存收益	1－1 233÷3 083×100%＝60%	1－1 125÷3 215×100%＝65%
可持续增长率	6%×0.75×1.67×60%＝4.51%	5.57%×0.78×1.82×65%＝5.14%

（2）

可持续增长率变动额＝5.14%－4.51%＝0.63%

利用差额分析法进行分析：

销售净利率变动的影响：(5.57%－6%)×0.75×1.67×60%＝－0.32%

总资产周转率变动的影响：5.57%×(0.78－0.75)×1.67×60%＝0.17%

权益乘数变动的影响：5.57%×0.78×(1.82－1.67)×60%＝0.39%

留存比率变动的影响：5.57%×0.78×1.82×(65%－60%)＝0.40%

四者共同作用产生的影响＝(－0.32%)＋0.17%＋0.39%＋0.40%＝0.63%

从上述计算中可以看出，该企业本年可持续增长率为5.14%，比上年升高0.63%，销售净利率降低了0.43%（具体计算为5.57%－6%），使可持续增长率降低了0.32%，总资产周转率升高了0.03次(0.78－0.75)，使可持续增长率升高了0.17%，权益乘数上升了0.15（具体计算为1.82－1.67），使可持续增长率升高0.39%，留存收益比率上升了5%(65%－60%)，使可持续增长率升高了0.40%，由此可以看出，销售净利率、总资产周转率、权益乘数以及留存收益比率变动均对可持续增长率产生影响。

7.【参考答案】

全美公司单项指标得分：

净资产收益率：20×1.0＝20.00 分

总资产报酬率：14×1.0＝14.00 分

总资产周转率：10×0.4＋[(0.98－0.8)÷(1.0－0.8)]＝5.80 分

应收账款周转率：12×0.6+[(5.19−3.2)÷(6.6−3.2)]＝8.60 分
资产负债率：12×0.4+[(70.15−82.2)÷(67.9−82.2)]＝6.82 分
已获利息倍数：10×0.6+[(2.73−1.0)÷(4.9−1.0)]＝6.89 分
销售增长率：12×1.0＝12 分
资本保值增值率：10×1.0＝10 分
分类指标得分：
盈利能力指标得分：20+14＝34 分
资产质量指标得分：5.80+8.60＝14.40 分
债务风险指标得分：6.82+6.89＝13.71 分
经营增长指标得分：12+10＝22 分
财务绩效定量评价指标总分＝34×1.00+14.83×1.03+13.71×1.12+22×1.09
　　　　　　　　　　　＝88.17 分
管理绩效定性评价指标总分＝16.46+14+14+11+12+6+8+7＝88.46 分
全美公司综合评分＝88.17×70%+88.46×30%＝88.26 分
全美公司的综合得分为 88.26 分，高于 85 分，其综合绩效等级属于优。

第十章　财务战略分析

第一部分　内容概要

一、企业财务战略分析概述
(一) 企业财务战略的含义
企业财务战略是指为谋求企业资金均衡有效地流动和实现企业整体战略,为增强企业财务竞争优势,在分析企业内外环境因素对资金流动影响的基础上,对企业资金流动进行全局性、长期性与创造性的谋划,并确保其执行的过程。狭义的财务战略仅指筹资战略,包括资本结构决策、筹资来源决策和股利分配决策等。

(二) 企业财务战略的特征
1. 财务战略的"战略"共性

企业财务战略的"战略"共性包括全局性、长期性、导向性、风险性、适应性和动态性。

2. 财务战略的"财务"个性

企业财务战略的"财务"个性包括在企业战略体系中的相对独立性、地位的从属性、谋划对象的特殊性和实施主体的全员性。

(三) 企业财务战略分析的意义
财务战略作为企业整体战略的一个子系统,具有重要意义,具体表现在以下方面:

(1) 提高了企业财务系统对环境的适应性。

(2) 提高了企业整体协调性,从而提高了企业的协同效应。

(3) 有助于创造并维持企业的财务优势,进而创造并保持企业的竞争优势。

二、企业财务战略的环境分析
(一) 企业外部环境分析
1. 宏观环境分析

宏观环境分析通常采用 PEST 分析模型,如图 10-1 所示。

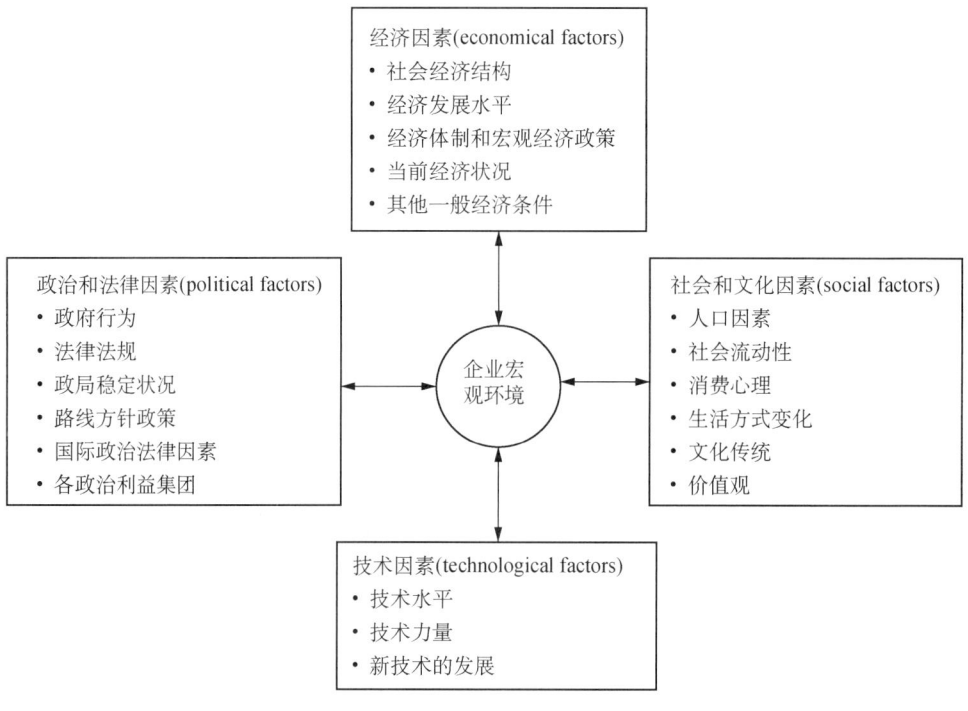

图 10-1　PEST 分析模型

2．行业环境分析

行业环境分析的目的在于分析行业的盈利水平与盈利潜力。主要从以下几个方面来看：

1）行业特征分析

（1）行业特征的影响因素。影响行业特征的一般因素如表 10-1 所示。

表 10-1　　　　　　　　　　　　行业特征的影响因素

竞争特征	需求特征	技术特征	增长特征	盈利特征
竞争企业数 竞争企业战略 行业竞争热点 资源的可得性 潜在进入者 竞争结构 产品差异化程度	需求增长率 顾客稳定性 产品生产周期 替代品可接受性 需求弹性 互补性	技术成熟程度 技术复杂性 相关技术的影响 相关的可保护性 研发费用 增长率 技术进步的影响	生产能力增长率 规模经济 新投资额 多元化速度	平均利润率 平均贡献率 平均收益率

（2）行业特征在财务报表中的体现。同一行业的企业因其经营活动的相似性，在资产结构、盈利水平等方面必然会表现出一定的相似性，最终表现为财务报表结构的相似性。行业特征分析不属于典型的战略分析的范畴。

2）行业经济结构分析

（1）完全竞争型市场。完全竞争型是指一个行业中有很多的独立生产者，他们都以相同的方式向市场提供同质产品。该市场具有以下特点：①企业是价格的接受者。②所有企业向市场提供的产品都是同质的、无差别的。③生产者众多，所有资源都可以自由流动。

④企业的盈利基本上是由市场对产品的需求决定的。⑤生产者和消费者对市场完全了解并且可随意进入或退出此行业。

(2) 垄断竞争型市场。垄断竞争是指一个行业中有许多企业生产同一种类但具有明显差别的产品。该市场具有以下特点：①企业生产的产品存在着差别，同种不同质，这是垄断竞争与完全竞争的主要区别。②企业对自己产品的价格有一定的控制能力。③生产者众多，所有资源可以流动，进入该行业比较容易。在国民经济各行业中，大多数产成品的市场类型都属于垄断竞争型市场。

(3) 寡头垄断型市场。寡头垄断是指一个行业中少数几家企业（称为"寡头"）控制了绝大部分的市场需求。该市场具有以下特点：①企业为数不多，而且相互影响，相互依存。②产品差别可有可无。③生产者较少，进入该行业十分困难。

(4) 完全垄断型市场。完全垄断型是指一个行业中只有一家企业生产某种特质产品。特质产品是指那些没有或基本没有其他替代品的产品。完全垄断可分为政府完全垄断和私人完全垄断两种类型。该市场具有以下特点：①一个行业仅有一个企业，其他企业进入这个行业几乎是不可能的。②产品没有或缺少合适的替代品。

3) 行业生命周期分析

行业生命周期是指从行业出现直到行业完全退出社会经济活动所经历的时间。行业生命周期的长短主要由社会对该行业的产品需求状况决定，其发展要经过 4 个阶段。这些阶段以销售额增长率曲线的拐点划分。行业生命周期各阶段的特征如表 10-2 所示。

表 10-2　　　　　　　　　行业生命周期各阶段的特征

特征	生命周期			
	导入期	成长期	成熟期	衰退期
产品特点	设计新颖，但质量有待提高，尤其是可靠性，价格弹性较小	质量参差不齐，产品在技术和性能方面有较大差异，价格最高	产品逐步标准化，差异不明显，技术和质量改进缓慢，价格开始下降	产品差别小，价格差异缩小，多数企业退出后价格才有望上扬
市场结构	只有很少的竞争对手	市场扩大，竞争者涌入	竞争激烈，对手成为寡头	取决于衰退的性质，或形成寡头或出现垄断
市场拓展	广告宣传，知名度，销售渠道	建立品牌信誉，开拓销售渠道	保护既有市场，渗入其他市场	选择市场区域，维护企业形象
投资需求	很大	大部分利润用于再投资	再投资减少	不投资或收回
生产经营	提高生产效率，开发产品标准	改进产品质量，增加花色品种	巩固客户关系，降低成本	削减生产能力，保持价格优势
财务政策	利用财务杠杆	集聚资源以支持生产	控制成本	提高管理控制系统的效率
人力资源	使员工适应新的生产和市场	发展生产和技术能力	提高生产效率	面向新的生产领域
研究开发	大量用于产品和生产过程	对产品的研究减少，继续生产过程研究	很少，只有必要时进行	除非生产过程或重振产品有需求，否则无支出
利润	亏损或微利	迅速增长	开始下降	下降或亏损
现金流	没有或极少	少量增长	大量增长	大量至衰竭

4)行业盈利能力分析

企业盈利水平的高低在很大程度上取决于产业平均收益率的高低,产业平均收益率的高低取决于产业竞争强度的高低,产业竞争强度的高低取决于产业竞争结构,产业竞争结构取决于五种力量及其相互作用,如图10-2所示。

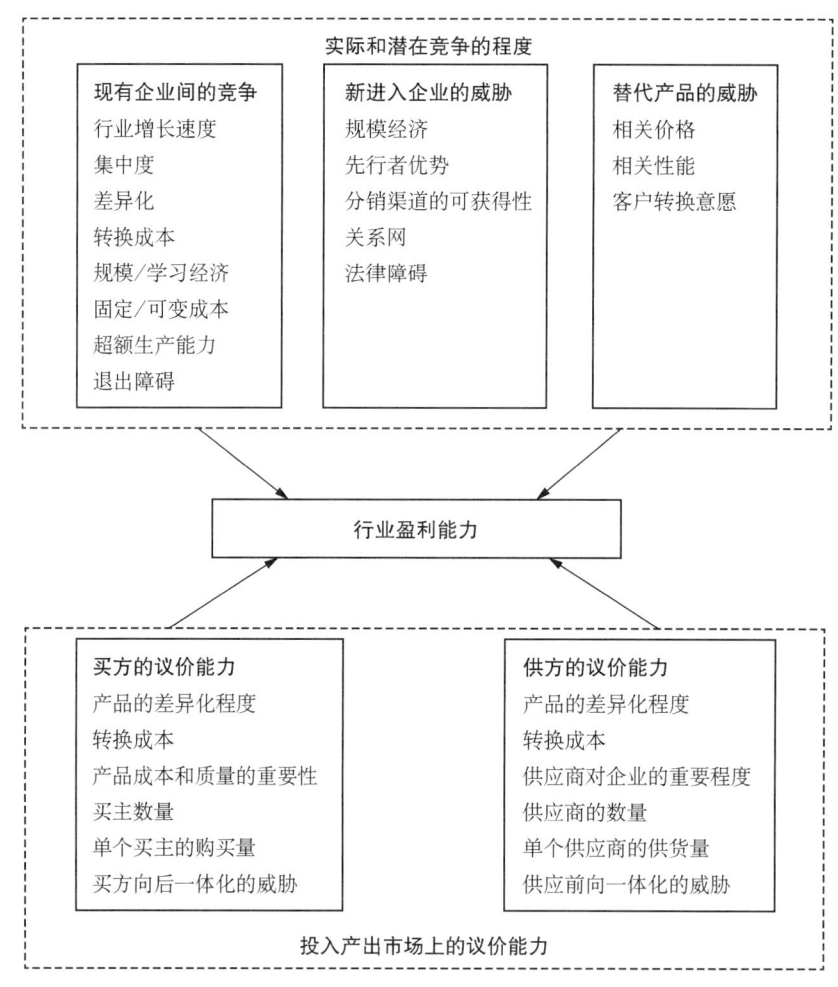

图10-2 波特五力模型在行业分析中的应用

(1) 现有企业间的竞争。以下因素决定了行业中现有企业间的竞争强度:①行业增长速度。②竞争者的集中和均衡。③产品的独特性和转换成本。④规模经济或学习成本、固定成本与变动成本的比率。⑤剩余生产能力和退出障碍。

(2) 新进入企业的威胁。新进入企业竞争威胁取决于其进入成本。如果进入一个行业的成本高于可能获得的利润,进入就不会发生;如果进入成本低于预期收益,进入就会发生,直到进入该行业所带来的利润低于进入成本。进入一个行业障碍大小的决定因素包括:①规模经济。②先行优势。③分销渠道和关系网。④法律障碍。

(3) 替代产品的威胁。替代产品的威胁主要取决于:①相关价格和相关性能,即产品的

"性能价格比"。②客户转换意愿。

（4）买方的议价能力。买方的议价能力主要受两个因素影响：①价格敏感性，影响购买者对价格的敏感性的因素有产品的独特性和转换成本、产品对购买者自身成本结构的重要性、产品对提高购买者产品质量的重要性等。②相对讨价还价能力。在交易中的相对讨价还价能力取决于各方不与对方做交易所需付出的成本、买方相对于供应商的数量、单一买方的购买数量、买方可选择的产品的数量、买方从一种产品转向另一种产品的转换成本以及买方向后整合的威胁等因素。

（5）供方的议价能力。供应商的议价能力主要受三个因素影响：①产品差异化和转换成本，若产品差异化明显且转换成本很高，则供应商议价的能力强。②供应商对企业的重要程度，若供应商提供的产品或服务对企业很重要，则供应商议价能力强。③相对讨价还价能力。若供应商的数量很少且单个供应商的供应量很多，则供应商议价能力强。

5）行业风险分析

行业风险分析整合了宏观和中观的分析内容，具体包括经济环境、产业政策、行业市场和行业运行四个方面，具体分析框架如表10-3所示。

表 10-3　　　　　　　　　　行业风险分析框架

类别	风险因素
经济环境	经济增长、宏观调控、货币调控、汇率变化等
产业政策	行业发展、技术政策、环保政策、政府指令等
行业市场	国际市场、市场竞争、价格竞争、上游行业、技术淘汰、多元化投资风险、并购风险等
行业运行	需求、供给、经济运行等

3. 企业间竞争环境分析

竞争环境分析包括两个方面：一是从个别企业视角观察分析竞争对手的实力；二是从产业竞争结构视角观察分析企业面对的竞争格局。

1）竞争对手分析

竞争对手分析包含四大要素：未来目标、假设、当前战略和能力，具体如图10-3所示。

2）战略群组分析

亨特认为，战略群组是由一个行业内目标市场和市场定位相似的竞争者组成的群体。战略群组之间采取的战略越接近，竞争的激烈程度可能也越大。

在识别战略群组的特征时可以考虑使用以下变量：差异化程度；各地区交叉的程度；细分市场的数目；所使用的分销渠道；品牌的数量；营销的力度；纵向一体化的程度；产品的服务质量；技术领先程度；研发能力；成本定位；能力的利用率；价格水平；装备水平；所有者结构；与政府、金融界等外部利益相关者的关系；组织规模。

为清楚地识别不同的战略群组，通常在上述特征中选择2~3项有代表性的特征绘制二维坐标图，按选定的特征把产业内的企业列在这个坐标图中，把大致相同战略空间的企业归为同一个战略群组，最后给每个战略群组画一个圆，使其半径与各个战略群组占整个行业销售收入的份额成正比，这样就得到了一张战略群组分析图。

在绘制战略群组分析图时，变量的选取要遵循以下方法：①选取的两个变量不能具有强相关性。②变量应当体现各企业的竞争目的有较大差异。③可采取多变量方式，从多个角度绘制战略群组分析图，反映行业中的竞争者地位。

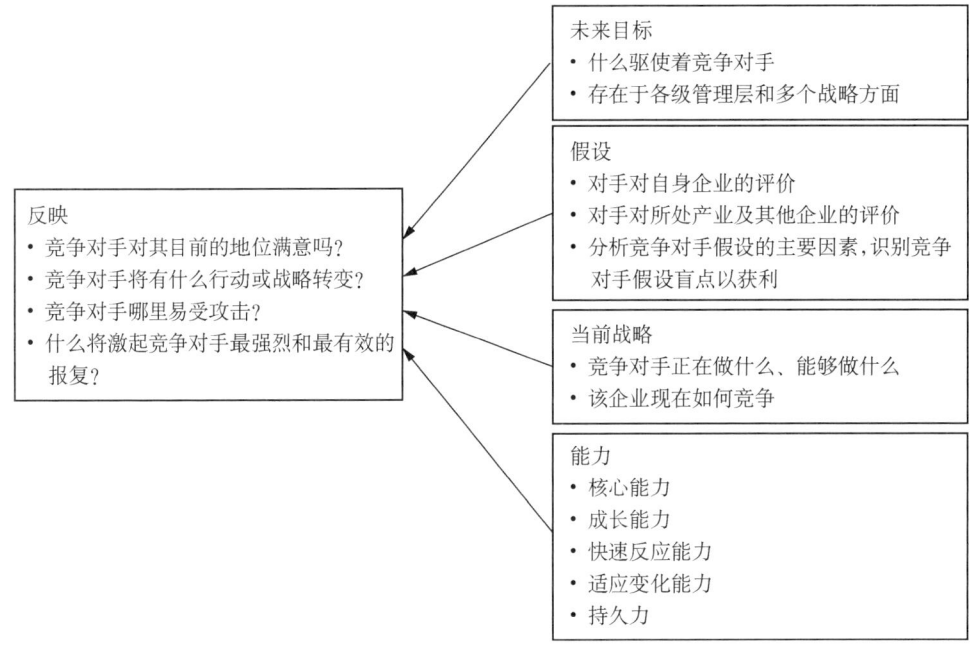

图 10-3　竞争对手分析内容

(二) 企业内部环境分析

1. 企业资源与能力分析

1) 企业资源分析

企业资源是企业可获取和整合的与企业价值创造活动有关的各种要素。从资源的内在属性来看，可分为以下三类：①有形资源，是指可见的、能用货币直接计量的资源。②无形资源，是指企业长期积累的、没有实物形态的，甚至无法用货币精确度量的资源。③人力资源，是指组织成员向组织提供的技能、知识以及推理和决策能力。决定企业竞争优势的企业资源判断标准如表 10-4 所示。

表 10-4　　　　　　　决定企业竞争优势的企业资源判断标准

资源的稀缺性	企业掌握了处于短缺供应状态的资源，而其他竞争对手又不能获取这种资源，则拥有这种稀缺性资源的企业便能获得竞争优势
资源的不可模仿性	物理上独特的资源
	具有路径依赖性的资源，即那些必须经过长期的积累才能获得的资源
	具有因果含糊性的资源
	具有经济制约性的资源，即企业的竞争对手已经具有复制其资源的能力，但因市场空间有限不能与其竞争的情况
资源的不可替代性	具有不可替代资源的企业能够获得竞争优势
资源的持久性	资源的贬值速度越慢，越有利于形成核心竞争力

2) 企业能力分析

企业能力是指企业配置资源,发挥其生产和竞争作用的能力,具体如表10-5所示。

表10-5　　　　　　　　　　　　企业的主要能力

研发能力	主要从研发计划、研发组织、研发过程和研发效果几方面进行衡量
生产管理能力	主要涉及生产过程、生产能力、库存管理、人力资源管理和质量管理
营销能力	指企业引导消费以占领市场、获取利润的产品竞争能力、销售活动能力和市场决策能力
财务能力	筹集资金的能力、使用和管理资金的能力
组织管理能力	从职能管理体系的任务分工、岗位责任、集权和分权的情况、组织结构、管理层次和管理范围的匹配几方面进行衡量

3) 企业的核心能力分析

核心能力是企业在具有重要竞争意义的经营活动中能够比其竞争对手做得更好的能力。辨别企业能力是否属于核心能力的关键性测试为:①对顾客是否有价值。②与企业竞争对手相比是否有优势。③是否很难被模仿或复制。

2. 价值链分析

价值链是指企业所有的互不相同但又相互关联的生产经营活动所构成的创造价值的动态过程。

(1) 价值链的两类活动。价值链分析将企业的生产经营活动分为两类:①基本活动,又称主体活动,是指生产经营的实质性活动,一般可分为内部后勤(进货物流)、生产经营、外部后勤(出货物流)、市场销售和服务。②支持活动,又称辅助活动,是指用以支持基本活动而且内部之间又相互支持的活动,包括采购管理、技术开发、人力资源管理和基础设施。

(2) 价值链的确定。价值链中的每一项活动都能进一步分解为一些相互分离的活动,分离这些活动的基本原则如下:①具有不同的经济性。②对产品差异化产生很大的潜在影响。③在成本中所占比例很大或所占比例在上升。如果分解一些活动对于揭示企业竞争优势的作用很明显,那么分解就非常重要;相反,如果分解一些活动被证明对揭示竞争优势无足轻重或这些活动具有相似的经济性,那么这些活动就没有必要分解。

(3) 企业资源能力的价值链分析。企业资源能力的价值链分析要明确以下几点:①确认那些支持企业竞争优势的关键性活动。②明确价值链内各种活动之间的联系。③明确价值系统内各项价值活动之间的联系。

3. 业务组合分析

1) 波士顿矩阵分析的基本原理

波士顿矩阵分析法将企业所有产品(或业务)从销售增长率和市场占有率角度进行再组合。在坐标图上,以纵轴表示企业市场增长率,横轴表示市场占有率,各以10%和20%作为区分高、低的中点,将坐标图划分为四个象限,依次为问题、明星、现金牛、瘦狗。

2) 波士顿矩阵分析的步骤

(1) 核算企业各种产品的销售增长率和市场占有率。

(2) 绘制四象限图。通过四象限图将产品划分为四种类型：①明星产品，是指处于高增长率、高市场占有率象限内的产品群。这类产品需加大投资，采用的发展战略是，积极扩大经济规模和市场机会，提高市场占有率，提升竞争地位。②现金牛产品，是指处于低增长率、高市场占有率象限内的产品群。财务特点是销售量大、产品利润率高、负债比率低，可为企业提供资金，而且增长率低，无须增大投资，因而能为企业回收资金，支持其他产品。可采用收获战略：把设备投资和其他投资尽量压缩，采用榨油式方法，争取在短时间内获取更多利润，为其他产品提供资金。对于这一象限内的销售增长率仍有所增长的产品，应进一步进行市场细分，维持现有市场增长率或延缓下降速度。③问题产品，是指处于高增长率、低市场占有率象限内的产品群。财务特点是利润率较低，所需资金不足，负债比率高。应采取选择性投资战略，对经过改进可能会成为明星的产品进行重点投资，提高市场占有率；对其他将来有希望成为明星的产品，在一段时期内采取扶持的对策。④瘦狗产品，也称衰退类产品，是指处在低增长率、低市场占有率象限内的产品群。财务特点是利润率低，处于保本或亏损状态，负债比率高，无法为企业带来收益。应采用撤退战略：首先减少批量，逐渐撤退，对那些销售增长率和市场占有率均极低的产品应立即淘汰；其次是将剩余资源向其他产品转移；最后是整顿产品系列，最好将瘦狗产品与其他事业部合并，统一管理。

（三）SWOT 分析

1. 基本原理

SWOT 分析是指基于内外部竞争环境和竞争条件的态势分析。其中，S 是指企业内部的优势，W 是指企业内部的劣势，O 是指企业外部环境的机会，T 是指企业外部环境的威胁。

2. SWOT 分析法的应用

(1) 增长型战略(SO)。该战略是利用公司的内部优势把握外部机会。企业应当采取增长型战略，如开发市场、增加产量等。

(2) 多种经营战略(ST)。该战略是利用企业的优势，回避或减少外部威胁的冲击。此时，企业应采取多种经营战略，利用自己的优势，在多样化经营中寻找长期发展的机会；或进一步增强自身竞争优势以对抗威胁。

(3) 扭转型战略(WO)。该战略旨在借助外部机会弥补内部劣势。企业应采用扭转型战略，充分利用环境带来的机会，设法消除劣势。

(4) 防御性战略(WT)。该战略是一种弥补内部劣势并规避外部威胁的防御性策略。企业应进行业务调整，设法避开威胁和消除劣势。

三、企业财务战略的制定分析

（一）财务战略的确定

1. 融资方式

一般来说，企业有四种融资方式，具体如表 10-6 所示。

2. 融资成本

估算融资成本有四种情况：①用资本资产定价模型估计权益资本成本。②用无风险利率估计权益资本成本。③长期债务资本成本。④加权平均资本成本。

表 10-6　　　　　　　　　　　融资方式及特点

项目		含义	优点	缺点
内部融资		使用内部留存利润进行再投资是企业最普遍采用的方式	不需要听取任何外部组织或个人的意见,可以节省融资成本	对企业盈利能力有较高要求,陷入财务危机的企业无太大内部融资空间
股权融资		指企业为了新的项目向现在的股东和新股东发行股票筹集资金	不需要定期支付利息和本金,适合在企业资金需求较大时使用	股份容易被恶意收购而引起控制权的变更,且股权融资方式的成本较高
债权融资	贷款	从银行或金融机构贷款是当今许多企业获得资金的普遍方式	融资成本较低、融资速度较快,并且方式较为隐蔽	当企业陷入财务危机或者企业不具备竞争优势时,还款的压力会增加企业的经营风险
	租赁	指企业租用一段时期资产的债务形式,可能拥有该资产在期末的购买期权	节约融资成本;可享有税收优惠;可通过减少总资本增加企业的资本回报率	企业使用租赁资产的权利是有限的
资产销售融资		指企业销售其部分有价值的资产进行融资	简单易行,且不用稀释股东权益	融资方式较激进,一旦开始操作就无回旋余地,若销售时机选择不准,销售的价值就会低于资产本身的价值

3. 资本结构决策

分析资本成本的最终目的是为企业作出最优资本结构决策提供帮助。最优资本结构是指公司在财务风险适当的一定时期内,使公司预期综合资本成本最低且公司价值最大的资本结构。

4. 股利分配策略

(1) 决定股利分配的因素:①留存供未来使用的利润的需要。②分配利润的法定要求。③债务契约中的股利约束。④企业的财务杠杆。⑤企业的流动性水平。⑥即将偿还债务的需要;⑦股利对股东和整体金融市场的信号作用。

(2) 实务中的股利政策:①固定股利政策。②固定股利支付率政策。③零股利政策。④剩余股利政策。

(二) 财务战略的选择

1. 基于产品生命周期的财务战略选择

1) 产品生命周期不同阶段的财务战略

企业在产品生命周期不同发展阶段的经营特征与财务战略选择如表 10-7 所示。

表 10-7　　　　　　企业在产品生命周期不同发展阶段的经营特征

项目	产品生命周期阶段			
	导入期	成长期	成熟期	衰退期
经营风险	非常高	高	中等	低
财务风险	非常低	低	中等	高
资本结构	权益融资	主要是权益融资	权益+债务融资	权益+债务融资

(续表)

项目	产品生命周期阶段			
	导入期	成长期	成熟期	衰退期
资金来源	风险资本	权益投资增加	保留盈余+债务	债务
股利	不分配	分配率很低	分配率高	全部分配
价格/盈余倍数	非常高	高	中	低
股价	迅速增长	增长并波动	稳定	下降并波动

2) 财务风险与经营风险的搭配

(1) 高经营风险与高财务风险搭配——总体风险高,会因找不到债权人而无法实现。

(2) 高经营风险与低财务风险搭配——总体风险中等,是一种可同时符合股东和债权人期望的现实搭配。经营风险高的企业,现金流量不稳定,企业经理人员愿意使用权益资本。

(3) 低经营风险与高财务风险搭配——总体风险中等,是一种可同时符合股东和债权人期望的现实搭配。

(4) 低经营风险与低财务风险搭配——总体风险低,不符合权益投资人的期望,是一种不现实的搭配。

2. 基于创造价值或增长率的财务战略选择

1) 影响价值创造的主要因素

(1) 市场增加值。在某一时点上,企业资本的市场价值与占用资本的账面价值之间的差额即市场增加值。在利率不变的情况下,企业市场增加值最大化与股东财富最大化具有同等意义。企业市场增加值的计算公式还可以写为:

$$企业市场增加值 = \frac{(投资资本回报率-资本成本) \times 投资资本}{资本成本-增长率}$$

$$经济增加值 = (投资资本回报率-资本成本) \times 投资资本$$

$$市场增加值 = \frac{经济增加值}{资本成本-增长率}$$

当"投资资本回报率-资本成本"为正值时,提高增长率使市场增加值变大;当"投资资本回报率-资本成本"为负值时,提高增长率使市场增加值变小。

(2) 销售增长率、筹资需求与价值创造。在资产周转率、销售净利率、资本结构、股利支付率不变且不增发和回购股份的情况下,企业可能出现现金短缺、现金剩余和现金平衡三种现象,具体如表10-8所示。

表10-8　　　　　　　现金短缺、现金剩余与现金平衡

现金短缺	销售增长率超过可持续增长率,即高速增长。这里的"现金短缺"是指在当期的经营效率和财务政策下现金不足以支持销售增长,需通过提高经营效率、改变财务政策或增发股份来平衡现金流动
现金剩余	销售增长率低于可持续增长率,即缓慢增长。这里的"现金剩余"是指在当前的经营效率和财务政策下现金超过了支持销售增长的需要,剩余的现金需要投资于可创造价值的项目,或者还给股东

(续表)

现金短缺	销售增长率超过可持续增长率,即高速增长。这里的"现金短缺"是指在当期的经营效率和财务政策下现金不足以支持销售增长,需通过提高经营效率、改变财务政策或增发股份来平衡现金流动
现金平衡	销售增长率等于可持续增长率,即均衡增长。有序的"现金平衡"是指在当前的经营效率和财务政策下现金与销售增长的需要可以保持平衡。这是一种理论上的状态,现实中的平衡是不存在的

从财务战略目标考虑,必须区分两种现金短缺:一种是创造价值的现金短缺,另一种是减损价值的现金短缺。对于前者,应当设法筹资以支持高增长,创造更多的市场增加值;对于后者,应当提高可持续增长率以减少价值减损。同理,也有两种现金剩余:一种是创造价值的现金剩余,企业应当用这些现金提高股东价值增长率,创造更多的价值;另一种是减损价值的现金剩余,企业应当把现金还给股东,避免更多的价值减损。

2)价值创造和增长率矩阵

财务战略矩阵可以作为评价和制定战略的分析工具,具体如图10-4所示。

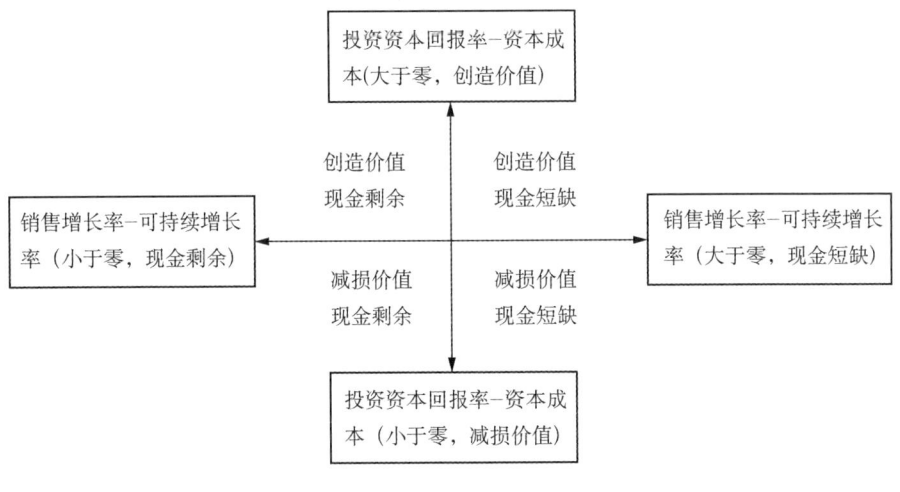

图10-4 财务战略矩阵

(1)第一象限:增值型现金短缺的财务战略选择如图10-5所示。

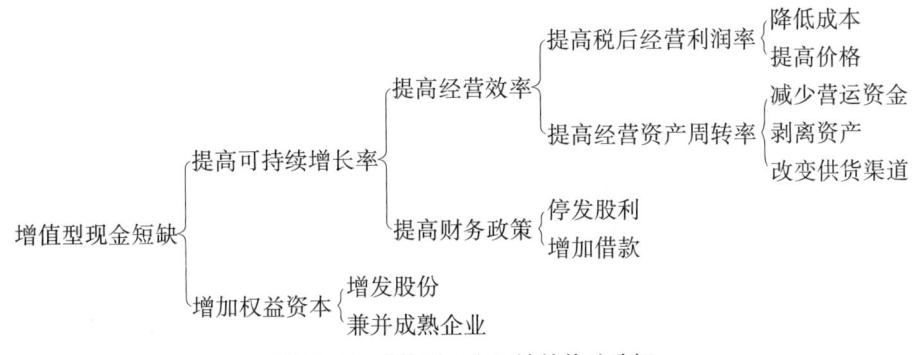

图10-5 增值型现金短缺的战略选择

(2) 第二象限:增值型现金剩余的财务战略选择如图 10-6 所示。

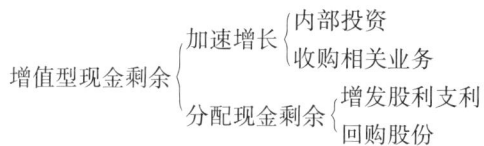

图 10-6 增值型现金剩余的战略选择

(3) 第三象限:减损型现金剩余的财务战略选择如图 10-7 所示。

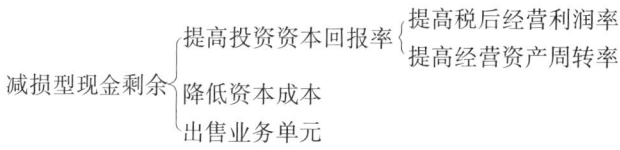

图 10-7 减损型现金剩余的战略选择

(4) 第四象限:减损型现金短缺可以选择彻底重组或出售的财务战略选择。

第二部分 练 习 题

一、单项选择题

1. 甲公司计划通过设立合资企业的形式进入某发展中国家乙国,并进行了宏观环境分析:
(1) 乙国近年来 GDP 稳定增长;
(2) 乙国汇率波动较大;
(3) 乙国政府鼓励外国企业来本国进行投资;
(4) 乙国人民的生活方式与我国有很大的相似之处。
甲公司进行宏观环境分析的因素不包括( )。
A. 政治和法律环境 B. 经济环境
C. 社会和文化环境 D. 技术环境

2. 秉着"思考全球化,行动本土化"的宗旨,K 公司进军中国市场前,首先选择了和中国人饮食习惯相近的新加坡作为进军中国市场前的试点。这说明 K 公司在全球化策略中考虑了( )。
A. 政治和法律环境因素 B. 社会和文化环境因素
C. 技术环境因素 D. 经济环境因素

3. 下列各项中,属于产品生命周期中导入期特征的是( )。
A. 需求大于供应,产品价格最高,单位产品净利润也最高
B. 产品用户很少,虽然设计新颖,但质量有待提高
C. 产品价格开始下降,毛利率和净利润率均下降,利润空间适中
D. 产品差别小,价格差异也缩小,产品质量可能会出现问题

4. 乙公司主业为化纤原料生产及成衣制造。企业管理者近几年发现,消费者回归自然,关注健康的消费理念日益普及,各种纯天然的成衣大量涌入市场,使得整个化纤成衣的

市场明显萎缩。很多化纤成衣制造厂商开工严重不足,大量设备闲置。这种局势造成一些化纤厂商开始缩小生产规模,甚至转产。这种情况表明化纤原料及成衣制造产业开始进入( )。

    A. 导入期   B. 成长期   C. 成熟期   D. 衰退期

5. 甲企业看好远程教育领域,打算于2022年进军远程教育产业,在外部环境分析中,甲企业发现产业内的领头羊乙公司有着良好的信誉和口碑,已经占领了远程教育行业的大半壁江山,占有近70%的市场。据此甲企业认为,进入这个产业的障碍是( )。

    A. 规模经济   B. 转换成本   C. 先行优势   D. 法律障碍

6. 根据产品生命周期理论,产业从导入期到进入衰退期,其经营风险( )。

    A. 不断提高   B. 先提高后下降

    C. 先下降后提高   D. 不断下降

7. 以生物药品研发为主营业务的康力公司多年来不断完善科研管理体制建设,为科研人才的创造性活动奠定了坚实的基础,使公司在激烈的市场竞争中获得明显优势,康力公司的竞争优势来源于( )。

    A. 具有路径依赖性的资源   B. 物理上独特的资源

    C. 具有因果含糊性的资源   D. 具有经济制约性的资源

8. 东海公司为了提升公司的信息化管理水平,聘请某著名咨询公司为其开发一套管理信息系统。东海公司的上述活动属于价值链支持活动中的( )。

    A. 采购管理   B. 人力资源管理   C. 基础设施   D. 技术开发

9. 下列关于波士顿矩阵的表述中,错误的是( )。

    A. 纵轴表示企业销售额增长率

    B. 横轴表示企业在产业中的相对竞争地位

    C. 市场增长率是决定企业产品结构是否合理的外在因素

    D. 波士顿矩阵事实上暗含了一个假设,企业的市场份额与投资回报是正相关的

10. 实行多元化经营的达梦公司在家装行业有很强的竞争力,市场占有率在50%以上。近年来家装市场进入低速增长阶段,根据波士顿矩阵原理,下列各项中,对达梦公司的家装业务表述正确的是( )。

    A. 该业务应采用撤退战略,将剩余资源向其他业务转移

    B. 该业务应由对生产技术和销售两方面都很内行的经营者负责

    C. 该业务需要增加投资以加强竞争地位

    D. 该业务能为企业回收资金,支持其他产品

11. 下列战略分析工具中,用来分析企业外部环境的是( )。

    A. 波士顿矩阵   B. 成功关键因素分析

    C. SWOT分析   D. 通用矩阵

12. 甲公司是一家复印机生产企业。下列关于甲公司的价值链表述中,不正确的是( )。

    A. 进货材料搬运、部件装配、订单处理、广告、售后服务等活动属于基本活动

    B. 原材料采购、信息系统开发、招聘等活动属于支持活动

C. 价值链的每项活动对甲公司竞争优势的影响是不同的

D. 公司的基础设施包括厂房、建筑物等

13. A公司是一家奶制品生产公司,该公司聘用具有专业能力的专家对其内部资源与外部环境进行了分析。下列说法中正确的是( )。

A. 该企业所占的地理位置优越属于外部的机会

B. 企业所处的市场中出现新的竞争对手对于该企业来说是劣势

C. 若该企业要走向国际化,国际贸易壁垒消除可以看作是机会

D. 该企业在消费者中的声誉败坏是威胁

14. 国内著名钢笔厂商美丽公司的钢笔市场份额近两年稳居国内钢笔市场前三名,是凌厉钢笔公司的主要竞争对手。近期凌厉公司为提升市场份额而进行了刺激性降价,因为美丽公司通过市场份额数据相信自己的产品拥有市场上最高的顾客忠诚度,认为凌厉公司降价不会影响自己的市场份额,所以并没有实施相应的降价来应对。但一个月之后,美丽公司发现已经丢失了一大片市场。上述情况属于竞争环境分析中的( )。

A. 竞争对手未来目标分析　　　　B. 竞争对手假设分析

C. 竞争对手的现行战略　　　　　D. 竞争对手的能力

15. 爱视公司发明了一款供视障患者使用的智能眼镜。使用者在对这种眼镜发出去往某目的地的指令后,就能在行走过程中不断收到眼镜发出的引导信息,从而避开障碍物,保持正确的行走路线。目前,该眼镜价格较高,性能还有待完善,因此销量小,公司净利润率较低。爱视公司现阶段的资金来源应是( )。

A. 债务　　　B. 权益投资增加　　　C. 风险资本　　　D. 保留盈余+债务

16. 甲燃气公司负责某市的民用天然气供给业务。近年来该市的民用天然气需求量比较稳定,甲燃气公司主要通过向银行贷款取得更新设备所需的资金。该公司财务风险与经营风险的搭配属于( )。

A. 高经营风险与低财务风险　　　B. 高经营风险与高财务风险

C. 低经营风险与高财务风险　　　D. 低经营风险与低财务风险

17. 甲公司对2022年的财务进行了预测。预测结果如下:①公司销售增长率为60%;②公司可持续增长率为45%;③公司投资资本回报率为25%;④资本成本为15%。下列财务政策中,甲公司可以采用的是( )。

A. 增加债务比例　　　　　　　　B. 支付现金股利

C. 降低资本成本　　　　　　　　D. 重组

18. B公司是计算机相关行业内的一家私营企业。该公司已创立5年,并由其主要股东,即最初的创始人管理。无论利润如何,该公司一直按照每股0.6元人民币的比率派发股利。根据以上信息可以判断,该公司采取的股利政策是( )。

A. 固定股利政策　　　　　　　　B. 固定股利支付率政策

C. 零股利政策　　　　　　　　　D. 剩余股利政策

19. 某创业三年的净水器生产企业,大股东以其拥有的国内先进的渗透膜技术以及部分现金投入企业进行生产经营。近两年销售额年均增幅在25%以上。为了获得拓展污水处理工程业务所需的资金,并将长期借款置换为权益资本,企业刚完成向机构投资者募集资

金。根据财务风险与经营风险搭配理论,该企业属于( )。
　　A. 高经营风险与高财务风险　　　B. 低经营风险与高财务风险
　　C. 高经营风险与低财务风险　　　D. 低经营风险与低财务风险
　20. H公司是一家大型的上市公司。该公司的各级管理人员及一线员工向公司提供的各项技能、知识以及推理决策能力等,属于企业的( )。
　　A. 有形资源　　B. 人力资源　　C. 无形资源　　D. 财务资源

二、多项选择题

1. 甲公司是一家医药保健产品的生产销售企业。近年来国民教育水平逐步提高,越来越多的人愿以科学的眼光看待药品和保健品,且各种新型的萃取技术可能在制药领域得到广泛应用,这对于甲公司的影响因素有( )。
　　A. 政治与法律环境　　　　　　　B. 经济环境
　　C. 社会文化环境　　　　　　　　D. 技术环境

2. 近年来,国内饮料企业面临着巨大的竞争压力:第一,国际饮料企业大量兼并国内企业,并且直接建厂进入国内市场;第二,资金成本、劳动力成本上涨,利润空间变窄;第二,各种创新性食品对传统饮料形成部分替代。从五种竞争力角度考察,国内饮料生产企业面临的竞争压力包括( )。
　　A. 产业内现有企业的竞争　　　　B. 潜在进入者的进入威胁
　　C. 供应者讨价还价　　　　　　　D. 替代品的替代威胁

3. H公司是全球最大的婴儿米粉和瓶装食品的生产制造商之一。根据五种竞争力模型,下列选项中,表明H公司议价能力较强的情况有( )。
　　A. H公司是产业内少数几家能够提供独有H科学配方的产品,且没有替代品
　　B. H公司打算进军种稻米种植和奶牛饲养等行业
　　C. H公司的主要原料供应商L公司计划进入婴儿食品制造行业
　　D. H公司是原料供应商L公司最大的客户,采购量占其80%以上

4. 近年来国内洗涤品生产企业面临日益沉重的竞争压力:国外著名洗涤品公司加快进入中国市场的步伐;原材料及用工成本不断上涨;国内洗涤品生产企业众多,产品差异较小,消费者选择余地大;新型洗涤品层出不穷,产品生命周期缩短,原有洗涤品不断遭到淘汰。从产业五种竞争力角度考察国内洗涤品生产企业面临的竞争压力包括( )。
　　A. 买方的议价能力　　　　　　　B. 现有企业间的竞争
　　C. 新进企业的威胁　　　　　　　D. 供方的议价能力

5. 甲公司是一家有机蔬菜生产供应商,通过分析普通蔬菜生产商对有机蔬菜行业盈利能力的影响,认为普通蔬菜生产商的影响力主要是波特五力模型中所提及的( )。
　　A. 购买商的议价能力　　　　　　B. 潜在进入者的威胁
　　C. 替代产品的威胁　　　　　　　D. 供应商的议价能力

6. 下列关于企业资源能力的价值链分析的表述中,正确的有( )。
　　A. 支持企业竞争优势的关键性活动是企业独特能力之一
　　B. 选择或构筑价值链各项活动之间的最佳联系方式,有利于提高价值创造和战略能力

C. 价值链分析适用于多元化经营企业对企业资源能力进行考察

D. 价值活动的联系既存在于企业价值链内部，也存在于企业与企业的价值链之间

7. 甲公司是一家以乳制品业务为主体的多元化经营企业，业务范围涉及乳制品、煤化工、房地产、新能源等。甲公司对其业务发展状况进行分析，以下各项符合SWOT分析的有（　　）。

 A. 乳制品行业增长缓慢，公司市场占有率高，应采用SO战略

 B. 房地产行业不景气，公司市场占有率低，应采用WT战略

 C. 新能源行业具有广阔的发展前景，公司在该行业不具有竞争优势，应采用WO战略

 D. 煤化工行业近年来发展势头明显回落，公司在该行业中具备一定优势，应采用ST战略

8. 甲公司是国内火力发电装备制造行业的龙头企业，拥有雄厚的资金实力和品牌优势。2022年，甲公司在国家政策支持下，投资开展了为核电企业提供配套设备的新业务，由于相关技术研发力量不足，且市场竞争激烈，该业务一直处于亏损状态。下列对甲公司所作的SWOT分析并提出的相应战略中，正确的有（　　）。

 A. 甲公司新业务的相关技术研发力量不足，且市场竞争激烈，应将新业务出售，此为WT战略

 B. 甲公司虽然新业务的相关技术研发力量不足，但面对国家政策的支持，应寻找有实力的公司，结成战略联盟，此为ST战略

 C. 甲公司拥有雄厚的资金实力和品牌优势，但自身研发能力不足，应寻求有实力的公司，结成战略联盟，此为WO战略

 D. 甲公司拥有雄厚的资金实力和品牌优势，应借国家政策支持的东风，加强技术攻关力度，争取新业务，尽快扭亏为盈，此为SO战略

9. 甲公司是一家互联网叫车平台公司，目前经营处于培育客户的阶段。该公司通过支付大量的营销费用来培养客户通过互联网叫车的习惯。下列各项中，属于甲公司现阶段经营特征的有（　　）。

 A. 经营风险非常高而财务风险非常低

 B. 具有中等的股利分配率

 C. 价格/盈余倍数非常高

 D. 主要资金来源是风险资本

10. 百利公司是一个家电企业。经过分析发现该公司的投资资本回报率高于资本成本，但是其销售增长率却低于公司的可持续增长率，据此可以判断（　　）。

 A. 该公司处于增值型现金短缺状态

 B. 该公司可以通过加速增长来增加股东财富

 C. 该公司的策略可以是增发股份

 D. 如果该公司加速增长后，找不到进一步投资的机会，可以回购股份

三、判断题

1. P公司是一家主营电脑、手机的生产企业。为了迎合顾客追求新鲜的需求，该公司每年都会开发出一款样式和功能新颖的手机产品，这种行为考虑的是社会文化环境因素中的

消费心理。（　）

2. 企业战略具有多元化结构的特征，它不仅包括企业整体意义上的战略，而且包括职能层次上的战略。财务战略属于企业职能战略之一。（　）

3. 企业内部环境分析包括宏观环境分析、行业环境分析和企业间的竞争环境分析。（　）

4. 宏观环境分析通常采用PEST分析模型。其中，S代表的是经济因素。（　）

5. 消费心理分析属于社会和文化环境的分析内容。（　）

6. 行业特征分析不属于典型的战略分析的范畴。（　）

7. 根据经济结构的不同，行业基本上可以分为完全竞争、垄断竞争、寡头垄断和完全垄断四种市场类型。（　）

8. 完全竞争市场中，企业是价格的制定者。（　）

9. 行业生命周期的长短主要由社会对该行业的产品需求状况决定，其发展要经过导入期、成长期、成熟期和衰退期4个阶段。这些阶段以销售量增长率曲线的拐点划分。（　）

10. 行业增长速度越快时，现有企业间的竞争越激烈。（　）

11. 供应的产品差异化越明显且转换成本越高，则供应商议价的能力就越强。（　）

12. 行业风险分析整合了宏观和中观的分析内容，具体包括经济环境、产业政策、行业市场和行业运行四个方面。（　）

13. 在绘制战略群组分析图时，选取的两个变量应该具有强相关性。（　）

14. 有形资源是企业核心竞争力的重要来源。（　）

15. 在价值链分析中，人力资源管理属于企业生产经营活动中的基本活动。（　）

16. 明星产品是指处于低增长率、高市场占有率象限内的产品群。（　）

17. 增长性战略(SO)是利用公司的内部优势把握外部机会。（　）

18. 债权融资需要定期支付利息和本金，适合在企业资金需求较大时使用。（　）

19. 剩余股利政策指只有在没有现金净流量为正的项目的时候才会支付股利。这在那些处于成长阶段，不能轻松获得其他融资来源的企业中较为常见。（　）

20. 高经营风险与高财务风险的搭配因不符合股东利益而无法实现。（　）

四、简答题

1. 简述企业财务战略的含义及其特征。
2. 简述企业资源的含义及决定企业竞争优势的企业资源的判断标准。
3. 简述增值型现金短缺的财务战略选择。
4. 简述五力模型中现有企业间的竞争强度的影响因素。

五、计算分析题

1. 兴茂有限公司成立之初，创始人孔总认为，虽然房地产业属于资金投入大，经管周期长、环节多的高风险行业，但在中国经济快速增长的背景下，中国房地产业未来会步入一个较长的黄金发展期。孔总判断，未来房价、地价都会大幅上涨，因此公司快速、高价拿地，四处出击。公司自有资金不足6亿元，剩余资金全部由银行贷款解决，负债率偏高。

2020年,公司销售增长率为90%,可持续增长率为30%,投资资本回报率为11%,资本成本为7%。

2021年,公司销售增长率大幅下降为30%,可持续增长率下降为10%,投资资本回报率下降为3%,资本成本上升为14%。

公司在2022年年初陷入了财务危机。

要求:

(1) 简要分析兴茂有限公司经营风险和财务风险的搭配情况,并提出相关建议。

(2) 简要分析2020年兴茂公司的业务在财务战略矩阵中所属的象限及财务状况,并说明假设从长期增长角度来看可采取的应对措施。

(3) 简要分析2021年兴茂公司的业务在财务战略矩阵中所属的象限及财务状况,并说明假设从长期增长角度来看可采取的应对措施。

2. 维亚公司成立于2020年,是一家在我国南方地区从事水果零售的连锁企业。维亚公司旗下的甲品牌主要面向中高端消费群。

作为农业重要组成部分的水果产业,国家一直给予政策支持。同时,国家也高度重视水果线上零售的发展,并在政策层面给予大力支持。

近年来,我国国内生产总值逐步增加,恩格尔系数持续下降,人民生活水平显著提高。我国人口的增加和城镇化水平的提高,也推动了人均消费能力的提升,而消费水平的升级驱动消费观念发生较大变化,消费正在向品质化、品牌化、个性化、多样化转变。

冷链物流的快速发展提升了生鲜产品的流通效率,促进了对保鲜要求较高的水果的消费。同时互联网工具的加入,催生了生鲜电商的兴起,改变了水果的销售业态:从过去的路边摊、个人店、农贸市场到超市,再到连锁专卖店、生鲜电商,呈现出多元化发展态势。但是,水果种植的自动化程度依然较低,在产品标准化程度、生产率方面仍需改进。

要求:根据资料,简要分析维亚公司面临的宏观环境中的有利因素与不利因素。

第三部分 参 考 答 案

一、单项选择题

1	2	3	4	5	6	7	8	9	10
D	B	B	D	C	D	A	A	A	D
11	12	13	14	15	16	17	18	19	20
B	D	C	B	C	C	A	A	C	B

难点解析:

1. (1)和(2)属于经济环境因素,(3)属于政治和法律环境因素,(4)属于社会和文化环境因素。

2. 饮食习惯属于文化传统,因此考虑饮食习惯是对社会和文化环境的考虑,所以选项B正确。

3. 选项A属于成长期的特征,选项C属于成熟期的特征,选项D属于衰退期的特征。

4. 产业生命周期各阶段特征如下：

(1) 导入期的产品用户很少,只有高收入用户才会尝试新产品。产品质量有待提高,由于产品刚刚出现,前途未卜,产品类型、特点、性能和目标市场尚在不断发展变化中,经营风险最高。只有很少的竞争对手,导入期的产品营销成本最高,由于销量小,产能过剩,生产成本高。

(2) 成长期产品销量增加,客户群扩大,消费者对产品的质量要求不高。各厂家的产品在技术和性能方面存在较大差异。广告费用较高,生产能力不足,向大批量生产转换,建立大宗分销渠道。由于市场扩大,竞争者涌入,开始出现兼并现象;产品价格最高;经营风险有所下降。

(3) 成熟期竞争者之间出现价格战。新客户减少,主要靠老客户的重复购买。产品逐步标准化,差异不明显;生产能力过剩,产品价格开始下降;经营风险进一步降低。

(4) 衰退期客户对产品性价比要求很高。各企业的产品差别小,产品质量出现问题。生产能力大大过剩。有些竞争者先于产品退出市场;产品的价格、毛利很低;经营风险最低。

题目表明化纤市场萎缩,设备闲置,生产能力过剩,一部分竞争对手退出市场,说明属于衰退期。

5. 本题考核五力模型。进入障碍中的现有企业的市场优势主要表现在品牌优势上,这是产品差异化的结果,产品差异化是指由于顾客或用户对企业产品的质量或商标信誉的忠实程度不同而形成的产品之间的差别。本题中由于乙公司的良好信誉和口碑,说明乙公司会有一定的消费者忠诚度,所以选项 C 的说法正确。

6. 四个阶段的经营风险持续呈现下降趋势,因此选项 D 正确。

7. 公司多年来不断完善科研管理体制建设,为科研人才的创造性活动奠定了坚实的基础。与制度、管理、人员有关的且是长期形成的属于具有路径依赖性的资源,选项 A 正确。

8. 采购管理是指采购企业所需投入产品的职能,而不是被采购的投入品本身。这里的采购是广义的,既包括生产原材料的采购,也包括其他资源的投入管理。例如,企业聘请咨询公司为企业进行广告策划、市场预测、管理信息系统设计、法律咨询等属于采购管理,所以选项 A 正确。

9. 本题考查的是关于波士顿矩阵的基本知识,涉及基本构成、横纵维度定义和矩阵模型的局限性。选项 A,纵轴表示的是市场增长率,而非企业的销售额增长率。

10. "市场占有率在50%以上"说明相对市场占有率高,"近年来家装市场进入低速增长阶段"说明市场增长率低,因此达梦公司的家装业务属于现金牛业务,选项 D 正确。选项 A 是瘦狗业务的策略,选项 BC 是明星业务的策略。

11. 选项 AD 属于企业内部资源与能力的分析,而选项 C 属于外部环境和内部条件分析的结合模型。

12. 进货材料搬运属于内部后勤(进货物流),部件装配属于生产运营,订单处理属于外部后勤(出货物流),广告属于市场销售,售后服务属于服务,上述均属于基本活动,选项 A 正确;原材料采购属于采购管理,信息系统开发属于技术开发,招聘属于人力资源管理,上述均属于支持活动,选项 B 正确;虽然价值链的每项活动包括基本活动和支持活动,都是企业成功所必经的环节,但是这些活动对企业竞争优势的影响是不同的。在关键活动的基础上建立和强化这种优势很可能使企业获得成功,选项 C 正确;公司的基础设施包括企业的组织结构、惯例、控制系统及文化活动,选项 D 错误。

13. 企业地理位置优越属于优势,选项 A 错误。企业所处的市场中出现新的竞争对手属于企业的威胁,选项 B 错误。声誉败坏属于企业的劣势,选项 D 错误。

14. 竞争对手分析包括竞争对手的未来目标分析、竞争对手假设分析、竞争对手的现行战略、竞争对手的能力。因为美丽公司通过市场份额数据相信自己的产品拥有市场上最高的顾客忠诚度,认为凌厉公司降价不会影响自己的市场份额,所以并没有实施相应的降价来应对。属于竞争对手关于公司情形的假设可能正确也可能不正确,不正确的假设可造成令他人感兴趣的战略契机,选项 B 正确。

15. "目前,该款眼镜价格较高,性能还有待完善,因此销量小,公司净利润率较低"表明产品目前处于导入期,导入期的资金来源是风险资本,选项 C 正确。

16. "需求量比较稳定"体现的是低经营风险,"主要通过向银行贷款取得更新设备所需的资金"体现的是高财务风险,选项 C 正确。

17. 甲公司销售增长率大于可持续增长率,投资资本回报率大于资本成本,所以属于增值型现金短缺,可以通过提高可持续增长率来解决,而提高可持续增长率可以通过增加借款来解决,选项 A 正确。

18. 该公司一直按照每股 0.6 元人民币的比率派发股利,因此属于固定股利政策。

19. 该企业将长期借款置换为权益资本,企业刚完成向机构投资者募集资金,属于低财务风险。根据财务风险与经营风险搭配理论,该企业属于高经营风险与低财务风险的搭配,选项 C 正确。

20. 人力资源是指组织成员向组织提供的技能、知识以及推理和决策能力,选项 B 正确。

二、多项选择题

1	2	3	4	5	6	7	8	9	10
CD	BCD	ABD	ABCD	BC	ABD	BCD	AD	ACD	BD

难点解析:

1. 国民教育水平的逐步提高属于社会和文化环境因素中人口因素里的教育水平,各种新型的萃取技术可能在制药领域得到广泛应用,属于技术环境因素,因此本题正确答案为 CD。

2. 本题考核"五种竞争力模型"的知识点。"国际饮料企业大量兼并国内企业,并且直接建厂进入国内市场"体现的是"潜在进入者的进入威胁";"原料成本、用工成本不断上涨"体现了"供方的议价能力";"各种创新性食品对传统饮料形成部分替代"体现了"替代品的替代威胁"。

3. 本题考核五种竞争力分析。H 公司的供应者计划实行前向一体化战略,表明供应者议价能力较强,选项 C 错误。

4. 国外著名洗涤品公司加快进入中国市场的步伐,体现了潜在进入者的进入威胁大,选项 C 正确。原材料及用工成本不断上涨,体现了供应者的议价能力强,选项 D 正确。国内洗涤品生产企业众多,产品差异较小,消费者选择余地大,体现了产业内现有企业的竞争激烈和购买者讨价还价能力强,选项 AB 正确。

5. 作为有机蔬菜生产商,首先,普通蔬菜生产商体现的是替代品的威胁。其次,普通蔬菜生产商也可以进入有机蔬菜产业,属于潜在进入者的威胁。因此,选项 BC 正确。

6. 价值链分析有助于对企业的能力进行考查,这种能力来源于独立的产品、服务或业务单位。但是,多元化经营的公司还需要将企业的资源和能力作为一个整体来考虑,应当运用业务组合分析方法。选项 C 错误。

7. 乳制品行业增长缓慢属于威胁,公司市场占有率高属于优势,所以应该采用 ST 战略,选项 A 错误。

8. 本题考核的是 SWOT 分析的内容,SWOT 分析的战略一定是内部环境和外部环境的组合,所以不可能出现 SW 组合和 OT 组合,而选项 C 表述的是内部环境(拥有雄厚的资金实力和品牌优势属于优势,自身研发能力不足属于劣势),而不涉及外部环境,所以选项 C 一定是错误的。"研发能力不足"属于内部环境中的劣势,而"国家政策支持"属于外部环境中的机会,所以是 WO 组合,选项 B 错误。

9. 互联网叫车产业处于培育客户阶段,即导入期。导入期经营风险非常高、财务风险非常低,不分配股利,价格/盈余倍数非常高,主要货币资金来源是风险资本,选项 ACD 正确。

10. 该公司的投资资本回报率高于资本成本,销售增长率却低于公司的可持续增长率,处于财务战略矩阵的第二象限,属于增值型现金剩余,选项 A 不正确;处于第二象限的企业可以为股东创造价值,但是增长缓慢,因此通过加速增长可以增加股东财务,选项 B 正确;资金有剩余,所以公司应该将多余的资金用于投资,并不需要再次增发股份,选项 C 不正确;如果该公司加速增长后,找不到进一步投资的机会,应该把多余的钱还给股东,可以通过增加股利支付和回购股份来实现,选项 D 正确。

三、判断题

1	2	3	4	5	6	7	8	9	10
√	√	×	×	√	√	√	×	×	×
11	12	13	14	15	16	17	18	19	20
√	√	×	×	×	×	√	×	√	×

难点解析:

1. 本题考核的是社会和文化环境因素。消费心理对企业战略也会产生影响。一部分顾客的消费心理是在购物过程中追求有新鲜感的产品多于满足其实际需求。因此,企业应当有不同的产品类型以满足不同顾客的需求。

3. 企业外部环境分析包括宏观环境分析、行业环境分析和企业间的竞争环境分析;企业内部环境分析包括企业资源与能力分析、价值链分析和业务组合分析。

4. 宏观环境分析通常采用 PEST 分析模型。其中,P 代表宏观政治和法律环境,E 代表经济环境,S 代表社会和文化环境,T 代表技术环境。

8. 完全竞争市场中,企业是价格的接受者,而不是价格的制定者,即企业不能够影响产品的价格。

9. 行业生命周期的长短主要由社会对该行业的产品需求状况决定,其发展要经过 4 个阶段:导入期、成长期、成熟期和衰退期。这些阶段以销售额增长率曲线的拐点划分。

10. 行业增长速度缓慢甚至负增长时,现有企业间的竞争激励。

13. 在绘制战略群组分析图时,选取的两个变量不能具有强相关性。

14. 有形资源通常可以被竞争对手轻易取得,不能成为企业竞争优势的来源,但具有稀缺性的有形资源能使公司获得竞争优势。而无形资源一般难以被竞争对手了解、购买、模仿或替代,是企业核心竞争力的重要来源。

15. 在价值链分析中,采购管理、技术开发、人力资源管理和基础设施属于企业生产经营活动中的辅助活动;内部后勤(进货物流)、生产经营、外部后勤(出货物流)、市场销售和服务属于企业生产经营活动中的基本活动。

16. 明星产品是指处于高增长率、高市场占有率象限内的产品群;现金牛产品是指处于低增长率、高市场占有率象限内的产品群。

18. 股权融资不需要定期支付利息和本金,适合在企业资金需求较大时使用。

20. 高经营风险与高财务风险的搭配不符合债权人的要求,因找不到债权人而无法实现。

四、简答题

1.【参考答案】

(1)企业财务战略是指为谋求企业资金均衡有效流动和实现企业整体战略,为增强企业财务竞争优势,在分析企业内外环境因素对资金流动影响的基础上,对企业资金流动进行全局性、长期性与创造性的谋划,并确保其执行的过程。狭义的财务战略仅指筹资战略,包括资本结构决策、筹资来源决策和股利分配决策等。

(2)企业财务战略的特征:

①财务战略的"战略"共性包括全局性、长期性、导向性、风险性、适应性和动态性。

②财务战略的"财务"个性包括在企业战略体系中的相对独立性、地位的从属性、谋划对象的特殊性和实施主体的全员性。

2.【参考答案】

(1)企业资源是企业可获取和整合的与企业价值创造活动有关的各种要素。从资源的内在属性来看,企业资源可分为有形资源、无形资源和人力资源。

(2)决定企业竞争优势的企业资源的判断标准:①资源的稀缺性。企业掌握了处于短缺供应状态的资源,而其他竞争对手又不能获取这种资源,则拥有这种稀缺性资源的企业便能获得竞争优势。②资源的不可模仿性。资源的不可模仿性主要有以下四种形式:物理上独特的资源,具有路径依赖性的资源,具有因果含糊性的资源和具有经济制约性的资源。③资源的不可替代性。④资源的持久性。

3.【参考答案】

对于增值型现金短缺业务单位,首先应判明这种高速增长是暂时性的还是长期性的。

如果高速增长是暂时的,企业应通过借款来筹集所需资金,等到销售增长率下降后企业会有多余现金归还借款。如果预计这种情况会持续较长时间,不能用短期周转借款来解决,则企业必须采取战略性措施解决资金短缺问题。长期性高速增长的资金问题有两种解决途径:

(1) 提高可持续增长率,使之向销售增长率靠拢。具体途径包括提高经营效率和改变。其中,提高价格、降低成本可以提高税后经营利润率进而提高经营效率;减少营运资金、剥离资产、改变供货渠道可以改变财务政策进而提高经营效率。停发股利、增加借款可以改变财务政策。

(2) 增加权益资本,提供增长所需的资金。具体途径包括增发股份和兼并成熟企业。

4.【参考答案】

以下因素决定了行业中现有企业间的竞争强度:

(1) 行业增长速度。行业增长速度慢甚至是负增长,现有企业间的竞争强度大。

(2) 竞争者的集中和均衡。同行业中的企业越均衡,现有企业间的竞争强度越大。

(3) 产品的独特性和转换成本。同行业中各种产品越相似,转换成本越低,现有企业间的竞争强度越大。

(4) 规模经济或学习成本、固定成本与变动成本的比率。学习曲线越陡或行业中规模经济效应越明显,现有企业间的竞争强度越大;固定成本与变动成本的比率越高,企业就可能诉诸价格战,以充分利用剩余生产能力,现有企业间的竞争强度越大。

(5) 剩余生产能力和退出障碍。行业生产能力超过市场需求,企业就会产生强烈的降价动机,以充分利用其生产能力,现有企业间的竞争强度越大;企业从行业中退出障碍越大,剩余生产能力问题可能加剧,现有企业间的竞争强度可能加大。

五、计算分析题

1.【参考答案】

(1) 公司采取了高经营风险和高财务风险的搭配类型。公司所在地的房地产业资金投入大,经营周期长,经营环节多,因此经营风险高。在财务上负债率高,导致流动性压力大,属于高财务风险政策。高经营风险和高财务风险的搭配加大了公司面临的总风险,一旦经营方面出现销售下滑或资金回收不力等问题,公司的资金链很容易断裂,进而陷入不能偿还到期债务的财务危机。

建议:公司采用高经营风险和低财务风险的搭配,才能使公司总风险处于中等程度,这是一种可以同时符合股东和债权人期望的现实搭配。

(2) 公司在2020年销售增长率高于可持续增长率,投资资本回报率高于资本成本,处于财务战略矩阵的第一象限,属于增值型现金短缺业务,可以为股东创造价值,但自身经营产生的现金流量不足以支持销售增长。

公司解决资金短缺问题可选择的应对措施有:①提高公司可持续增长率,使之向销售增长率靠拢。具体途径包括提高经营效率和改变财务政策。其中,提高价格、降低成本可以提高税后经营利润率进而提高经营效率;减少营运资金、剥离资产、改变供货渠道可以改变财务政策进而提高经营效率。停发股利、增加借款可以改变财务政策。②增加权益资本,提供增长所需资金。具体途径包括增发股份和兼并成熟企业。

(3) 公司在2021年销售增长率高于可持续增长率,投资资本回报率低于资本成本,处于财务战略矩阵的第四象限,属于减损型现金短缺业务,为股东减损价值,而且自身经营产生的现金流量不足以支持销售增长。由于股东价值和现金都在被吞食,需要快速解决问题。

公司可选择的应对措施有:①对业务进行重组。②直接出售企业。

2.【参考答案】

(1) 政治环境因素:①国家一直以来对水果产业给予政策支持(有利因素)。②国家高度重视水果线上零售的发展,并在政策层面给予大力支持(有利因素)。

(2) 经济环境因素:①我国国内生产总值逐步增加,恩格尔系数持续下降,人民生活水平显著提高(有利因素)。②我国人均消费能力不断提升(有利因素)。

(3) 社会环境因素:①消费观念发生较大变化,消费向品质化、品牌化、个性化、多样化转变(有利因素)。②我国人口的增加,城镇化水平的提高(有利因素)。

(4) 技术环境因素:①冷链物流的快速发展提升了生鲜产品的流通效率(有利因素)。②互联网工具的加入,催生了生鲜电商的兴起,改变了水果的销售业态,呈现出多元化发展态势(有利因素)。③我国水果种植的自动化程度依然较低,在产品标准化程度、生产率方面仍需改进(不利因素)。

第十一章 财务分析报告

第一部分 内容概要

一、财务分析报告概述

(一) 财务分析报告的含义

财务分析报告是财务分析人员主要依据特定财务主体的一定会计期间的财务报表(或报告)以及其他相关资料,运用一系列财务分析方法,对该财务主体的财务活动表现和财务计划(或预算)执行情况等,从特定财务分析视角,进行分析与评价而形成的总结性书面文件。

(二) 财务分析报告与财务报告的关系

财务报告是财务分析报告的数据分析基础,提供财务分析最具核心内容的信息资料;而财务分析报告既依赖财务报告,又独立于财务报告而形成的经济活动中特定的财务活动文书,它延伸了财务报告的应用范围和作用。

(三) 财务分析报告的作用

财务分析报告的作用可以从不同的利益相关者角度进行分析:

(1) 企业所有者。财务分析报告提供了被投资企业的获利能力、运营能力、投资风险以及企业未来的发展趋势,可据此判断企业经营者的经营管理水平,以决定是否进一步投资。

(2) 债权人。债权人通过阅读财务分析报告可了解企业偿债能力、盈利能力、资本结构等状况,作为判断企业偿债能力、进行信用评级及信贷决策、商品交易决策的重要依据。

(3) 政府、社会机构代表。通过研究企业的财务分析报告,税务机关可了解企业纳税申报的执行情况;工商、财政等机构可获得与制定国家宏观经济政策有关的信息。

(4) 企业经营管理者。企业经营管理者可利用财务分析报告评价企业的财务状况和经营成果,以及企业在历年中的经营管理水平的高低,评估自己作为受托管理者的经营业绩;可以发现企业在经营、理财上存在的问题,从而对企业经营方针与投资策略进行调整,不断提高经营管理水平。

(5) 职工代表。企业职工更关注财务分析报告中的获利能力以及未来的发展趋势。

二、财务分析报告的类型

按不同的标准,财务分析报告可划分为不同的类型:

(1) 按照财务分析主体是否为企业内部人员,可分为内部分析报告和外部分析报告。

(2) 按照分析视角不同或阅读者的不同,可分为内部管理分析报告或管理者视角财务分析报告、投资分析报告或投资者视角财务分析报告、信贷分析报告或债权人视角分析报告等。

（3）按照分析报告内容，可分为综合分析报告、专题分析报告、项目分析报告和简要分析报告等。

（4）按照分析时间，可分为定期分析报告与不定期分析报告。

三、财务分析报告的内容

一般来说，财务分析报告通常为五段论式的内容，但在实际撰写分析报告时要根据具体的目的、要求及内容而有所取舍。

（1）概要段。一般应包括的内容有企业名称（如为上市公司，要标明上市地点、上市时间、证券代码等）、性质、公司的发展历史、企业的规模、企业主营业务范围、主要产品、职工人数、企业生产经营特点、企业所处行业以及行业发展态势、企业股权结构和公司组织结构等。如果是为企业管理层而报送编制的财务分析报告，该段可以省略。

（2）陈述与说明段。该段通常包括两部分内容：①企业运营及财务现状的陈述内容，主要包括财务报告期的企业运营情况、主要经营业绩、财务状况、主要经营指标与财务指标的完成情况，企业取得的成绩及存在的问题等，应特别关注当前企业的营运重点。②财务分析报告编制的若干事项说明，主要包括财务分析的主要依据、分析的侧重点、分析的时间与空间范围、分析运用的主要方法以及需要说明和注意的其他事项等。

（3）分析段。该段主要运用定性与定量相结合的财务分析方法、紧扣企业生产经营活动，站在分析报告使用者的视角来透视问题、分析问题，以达到解决问题的目的。综合分析报告一般应包括战略分析、会计分析、财务分析和前景分析等内容。专题分析报告主要针对专题所涉及的内容来确定分析重点。

（4）评价与结论段。该段要根据分析结果，对企业财务状况、经营成果、现金流量等从公正和客观的角度给予评价。财务评价要从正面和负面两个方面进行。评价既可以单独分段进行，也可以将评价内容穿插在说明部分和分析部分。首先应有一个总体结论，然后将支撑总体结论的分项结论——列示出来。

（5）建议段。该段是针对"分析段"分析发现的问题及成因，以及"评价与结论段"所作的客观公正的评价和结论，财务分析人员从专业角度为使用者所提供的一套解决问题的具体、可行的意见或建议，以实现财务分析的目的。

四、财务分析报告的格式

财务分析报告的格式或结构，主要包括标题、摘要、目录、正文、落款、参考文献、附件等方面。

（1）标题。标题没有统一的标准和固定的模式，应根据具体的分析内容而定。一般由单位名称、时限、文种三要素构成，或由时限、文种两要素构成。

（2）摘要。摘要有归纳型、描述型和混合型三种类型。一般来说，摘要应包含分析研究意义、分析研究过程、分析研究方法、分析结论和建议等内容。

（3）目录。目录告诉阅读者本分析报告所分析的内容及所在页码。

（4）正文。正文一般包括三个部分：①开头。开头应包括概要段、陈述与说明段的内容，主要是概述财务主体的基本情况、战略目标、行业背景，以及财务重要数据和指标、经营特点与态势、取得的成绩与存在的主要问题等,也可以作出初步评价。此外,报告开头还应该包含财务分析报告编制的说明事项或阅读财务分析报告的注意事项等。②正文。正文是财务分析报告的分析部分,分析内容因报告类型不同而有所不同。分析时既要肯定成绩、总结经验,又要指出问题、找出问题形成的原因。分析原因时一定要注意分清主客观原因、内外部原因、浅表原因和深层次原因,特别要找出问题生成的主要原因。③结尾。针对存在的问题和问题形成的原因,提出改进的意见、建议或措施。

(5) 落款。落款一般包括报告单位名称、负责部门和撰写人姓名,并标明报告完成日期等,可放在封面下面或报告的最后。

(6) 参考文献。在正文后面列示撰写财务分析报告所参考、借鉴和引用的文献资料。

(7) 附件。附件一般包括财务分析涉及的各年度的完整财务报表、财务计划或预算书等重要财务信息资料,以及分析过程中形成的内容太过详细的计算、分析工作底表。

五、财务分析报告的撰写要求与步骤

(一) 财务分析报告的撰写要求

1. 撰写财务分析报告的一般要求

财务分析人员在撰写财务分析报告时,应遵循的一般要求包括:①弄清财务分析报告的阅读对象和使用对象。②掌握财务分析报告阅读对象和使用对象的信息需求与偏好。③把握分析范围和分析侧重点。④财务分析报告撰写前应有清晰的分析思路和框架。⑤关注宏观经济环境变化,捕捉、搜集同行业竞争对手的资料。⑥了解企业所处行业背景与变化趋势。⑦财务分析报告一定要与公司经营业务紧密结合。⑧准确理解企业发展的方向、目标。⑨从企业战略与结构层面、制度与文化的高度来审视企业存在的或分析发现的问题,分析结论与建议。⑩建立健全财务分析报告常态化工作机制。

2. 撰写财务分析报告的具体要求

财务分析人员撰写的财务分析报告应满足以下具体要求:①注重时效,及时报告。②报告清楚,文字简练。③数据可靠,证据可信。④积累信息,职责明确。⑤数据说话,分析到位。⑥突出重点,兼顾一般。⑦客观公正,观点鲜明。⑧结论准确,建议可行。

(二) 财务分析报告的撰写步骤

财务分析报告的撰写通常包括以下步骤:

(1) 编写前的准备工作。①搜集资料。资料既包括间接的书面资料,又包括直接可以从企业取得的第一手资料,具体包括各类政策和法规性文件、历年财务会计报告、财务分析报告、各类报纸和杂志公布的有关资料、统计资料或年度财务计划。②整理核实资料。在这一阶段,分析人员应根据分析的内容要点做些摘记、分类,以便查找和使用。

(2) 确定财务分析报告标题。财务分析报告的标题应准确、简明和醒目。

(3) 起草。这阶段的首要工作是围绕标题和结构起草报告。

(4) 修改和审定。审定后的财务分析报告应填写单位和编制日期,并加盖单位公章。

(5) 注意事项。①建立台账和数据库。分析人员平时需做大量的数据统计工作,对分析的项目按性质、用途、类别、区域、责任人,按月度、季度、年度进行统计,建立台账,以便在编写财务分析报告时有据可查。②关注重要事项。财务人员对经营运行财务状况中的重大变动事项要勤于做笔录,记载事项发生的时间、计划、预算、责任人及发生变化的各影响因素。必要时马上作出分析判断,并将各类各部门的文件归类归档。③关注经营运行。财务人员应尽可能多参加相关会议,了解生产、质量、市场、行政、投资、融资等各类情况。财务人员参加会议,听取各方面意见,有利于财务分析和评价。④定期收集报表。财务人员除了收集会计核算方面的有些数据,还应要求公司各相关部门及时提交可利用的其他报表。

第二部分 练 习 题

一、单项选择题

1. 下列各项中,( )不属于按照分析视角不同或阅读者的不同划分的财务分析报告类型。
   A. 内部管理分析报告或管理者视角财务分析报告
   B. 投资分析报告或投资者视角财务分析报告
   C. 信贷分析报告或债权人视角分析报告
   D. 综合分析报告

2. 下列各项中,( )不属于财务分析人员在撰写财务分析报告时应满足的具体要求。
   A. 数据说话,分析到位
   B. 弄清财务分析报告的阅读对象和使用对象
   C. 客观公正,观点鲜明
   D. 报告清楚,文字简练

3. 下列各项中,不属于分析段的内容的是( )。
   A. 战略分析　　B. 前景分析　　C. 会计分析　　D. 公司基本情况

4. 报告的开头包括( )。
   A. 陈述与说明段的内容　　　　B. 分析段的内容
   C. 评价与结论段的内容　　　　D. 建议段的内容

5. 下列各项中,( )不属于财务分析人员在撰写财务分析报告时应遵循的一般要求。
   A. 关注宏观经济环境变化,捕捉、搜集同行业竞争对手的资料
   B. 通晓企业所处行业背景与变化趋势
   C. 注重时效,及时报告
   D. 准确理解企业发展的方向、目标

6. ( )是对主要经济指标在一定时期内存在的主要或比较突出的问题,进行概要分析而形成的书面财务分析报告。它具有简明扼要、切中要害的特点。
   A. 综合分析报告　　B. 专题分析报告　　C. 简要分析报告　　D. 项目分析报告

7. 下列关于评价与建议段的说法中,不正确的是( )。
   A. 财务评价要从正面和负面两个方面进行
   B. 评价既可以单独分段进行,也可以将评价内容穿插在说明部分和分析部分

C. 评价与建议段应有一个总体结论
D. 评价与建议段包括对企业运营及财务现状的陈述

8. 下列关于财务分析报告的说法中,不正确的是(   )。
   A. 财务分析报告延伸了财务报告的应用范围和作用
   B. 报告的正文一般是提出改进的意见、建议或措施
   C. 按照分析的时间来划分,财务分析报告可分为定期分析报告与不定期分析报告
   D. 财务分析报告应包含概要段、陈述与说明段、分析段、评价与结论段和建议段

9. 财务分析报告的摘要不包含(   )。
   A. 被分析单位简介   B. 分析研究意义
   C. 分析研究过程和方法   D. 分析结论和建议

10. 财务分析报告不仅是对现有的经营成果和财务状况进行评价,更重要的是,通过分析和研究财务活动中的薄弱环节,找到影响财务成果和财务状况的不利因素与风险,并消除这些不利因素与风险,巩固和发展有利因素,不断挖掘潜力,改善财务管理,提高经济效益。这体现财务分析报告(   )的应用价值。
   A. 评价经营业绩和经济责任   B. 进行财务预测和财务决策
   C. 进行财务预警和风险防范   D. 进行价值评价和风险规避

二、多项选择题

1. 财务分析报告的撰写步骤包括(   )。
   A. 撰写前的准备工作   B. 确定财务分析报告标题
   C. 起草   D. 修改和审定

2. 财务分析报告的标题要素一般包括(   )。
   A. 时限   B. 单位名称   C. 编制日期   D. 文种

3. 财务分析报告的正文包括(   )。
   A. 开头   B. 目录   C. 主体   D. 结尾

4. 按照分析报告内容,财务分析报告可分为(   )。
   A. 综合分析报告   B. 专题分析报告
   C. 项目分析报告   D. 简要分析报告

5. 下列各项中,属于概要段的内容的有(   )。
   A. 企业的基本情况介绍
   B. 企业的经营特点介绍
   C. 企业所处行业发展态势介绍
   D. 企业各项经济指标完成情况

三、判断题

1. 财务分析报告是财务分析主体根据企业管理层的需求和偏好,从专业视角为其量身打造的,且对其决策有用的财务分析信息载体。(   )

2. 财务分析报告是财务报告的数据分析基础。(   )

3. 所有者可以根据财务分析报告判断企业经营者的经营管理水平,以便决定是否进一步投资。( )

4. 按照分析报告内容,财务分析报告可分为综合分析报告、专题分析报告、项目分析报告和简要分析报告等。( )

5. 专题分析报告是财务分析主体针对财务主体的某个具体经营管理项目、投资项目或财务报告中某个项目或指标的情况所作的书面分析评价报告。( )

6. 财务分析报告的内容有概要段、陈述与说明段、分析段和建议段。( )

7. 财务分析报告的标题模式是统一的。( )

8. 财务分析报告一定要与公司经营业务紧密结合。( )

9. 财务分析报告的正文一般包括开头、主体和结尾三个部分。( )

10. 财务分析报告的落款只能在财务分析报告的最后。( )

11. 分析段是整个财务分析报告最重要也是最难的内容。( )

12. 财务评价要从正面和负面两个方面进行。评价既可以单独分段进行,也可以将评价内容穿插在说明部分和分析部分。( )

13. 项目分析报告是财务分析主体针对财务主体的某个具体经营管理项目、投资项目或财务报告中某个项目或指标的情况所作的书面分析评价报告。( )

14. 审定后的财务分析报告应填写单位和编制日期,并加盖单位公章。( )

15. 编写财务分析报告仅依靠凭证、账簿、报表的数据即可。( )

四、简答题

1. 简述财务分析人员在撰写财务分析报告时应遵循的一般要求。
2. 简述财务分析报告的基本结构及每部分的撰写要求。
3. 简述财务分析报告的分类。
4. 简述财务分析报告中陈述与说明段包含的内容。

第三部分 参 考 答 案

一、单项选择题

1	2	3	4	5	6	7	8	9	10
D	B	D	A	C	C	D	B	A	C

难点解析:

1. 按此标准,财务分析报告可以划分为内部管理分析报告或管理者视角财务分析报告、投资分析报告或投资者视角财务分析报告、信贷分析报告或债权人视角分析报告等。选项 D 属于按照分析报告内容划分的类型。

2. 财务分析人员撰写的财务分析报告应满足以下具体要求:①注重时效,及时报告。②报告清楚,文字简练。③数据可靠,证据可信。④积累信息,职责明确。⑤数据说话、分析到位。⑥突出重点,兼顾一般。⑦客观公正,观点鲜明。⑧结论准确,建议可行。选项 B 属于撰写财务分析报告应遵循的一般要求。

3. 公司基本情况属于概要段内容,因此选 D。

4. 报告的开头应包括财务分析报告的概要段、陈述与说明段的内容,选项 A 正确。

5. 财务分析人员在撰写财务分析报告时,应遵循的一般要求包括:①弄清财务分析报告的阅读对象和使用对象。②掌握财务分析报告阅读对象和使用对象的信息需求与偏好。③把握分析范围对象和分析侧重点。④财务分析报告撰写前应有清晰的分析思路和框架。⑤关注宏观经济环境变化,捕捉、搜集同行业竞争对手的资料。⑥通晓企业所处行业背景与变化趋势。⑦财务分析报告一定要与公司经营业务紧密结合。⑧准确理解企业发展的方针议长向、目标。⑨从企业战略与结构层面、制度与文化的高度来审视企业存在的或分析发现的问题,分析结论与建议。⑩建立健全财务分析报告常态化工作机制。选项 C 属于财务人员在撰写财务分析报告时应遵循的具体要求。

7. 企业运营及财务现状的陈述内容属于陈述与说明段的内容,选项 D 不正确。

8. 报告的结尾,一般是在对正文分析的评价与总结之后,针对存在的问题及其形成原因,提出改进的意见、建议或措施,选项 B 不正确。

9. 一般来说,摘要主要应包含分析研究意义、分析研究过程、分析研究方法、分析结论和建议等内容,选项 A 不正确。

二、多项选择题

1	2	3	4	5
ABCD	ABD	ACD	ABCD	ABC

难点解析:

1. 财务分析报告的撰写步骤包括撰写前的准备工作、财务分析报告标题的确定、起草、修改和审定,选项 ABCD 都正确。

2. 标题一般由单位名称、时限、文种三要素构成,选项 ABD 正确。

3. 财务分析报告的正文一般包括开头、主体和结尾三个部分,选项 ACD 正确。

4. 按照分析报告内容,财务分析报告可分为综合分析报告、专题分析报告、项目分析报告和简要分析报告等,选项 ABCD 都正确。

5. 概要段概括企业的基本情况、经营特点与行业发展态势等,让财务分析报告使用主体对财务主体形成比较全面的了解,选项 ABC 正确。选项 D 属于陈述与说明段的内容。

三、判断题

1	2	3	4	5	6	7	8	9	10
×	×	√	√	×	×	×	√	√	×
11	12	13	14	15					
×	√	√	√	×					

难点解析：

1. 财务分析报告是财务分析主体根据财务分析使用主体的需求和偏好，从专业视角为财务分析信息使用者量身打造的，且对其决策有用的财务分析信息载体。

2. 财务报告是财务分析报告的数据分析基础，提供财务分析最核心的信息资料。

5. 项目分析报告是财务分析主体针对财务主体的某个具体经营管理项目、投资项目或财务报告中某个项目或指标的情况所作的书面分析评价报告。

6. 财务分析报告应包含概要段、陈述与说明段、分析段、评价与结论段和建议段。

7. 标题是对财务分析报告最精炼的概括，因此，财务分析报告的标题应准确、简明和醒目。由于财务分析报告的内容不同，其标题也就没有统一标准和固定模式，应根据具体的分析内容而定。

10. 财务分析报告的落款可以放在财务分析报告封面的下面，也可放在财务分析报告的最后。

11. 建议段是整个财务分析报告最重要也是最难的内容。

15. 通过会计核算形成的会计凭证、会计账簿和会计报表是编写财务分析报告的重要依据。但是编写财务分析报告仅靠这些凭证、账簿、报表的数据往往是不够的。例如，在分析经营费用与营业收入的比率增长原因时，分析人员往往需要分析不同区域、不同商品、不同责任人实现的收入与费用的关系，但这些数据不能从账簿中直接得到。这就要求分析人员平时就做大量的数据统计工作，对分析的项目按性质、用途、类别、区域、责任人，按月度、季度、年度进行统计，建立台账，以便在编写财务分析报告时有据可查。

四、简答题

1.【参考答案】

财务分析人员在撰写财务分析报告时，应遵循的一般要求包括：

(1) 弄清财务分析报告的阅读对象和使用对象。

(2) 掌握财务分析报告阅读对象和使用对象的信息需求与偏好。

(3) 把握分析范围和分析侧重点。

(4) 财务分析报告撰写前应有清晰的分析思路和框架。

(5) 关注宏观经济环境变化，捕捉、搜集同行业竞争对手的资料。

(6) 了解企业所处行业背景与变化趋势。

(7) 财务分析报告一定要与公司经营业务紧密结合。

(8) 准确理解企业发展的方向、目标。

(9) 从企业战略与结构层面、制度与文化的高度来审视企业存在的或分析发现的问题，分析结论与政策建议。

(10) 建立健全财务分析报告常态化工作机制。

2.【参考答案】

财务分析报告的结构，主要包括标题、摘要、目录、正文、落款、参考文献、附件等方面。

(1) 标题。标题没有统一的标准和固定的模式，应根据具体的分析内容而定。它一般由单位名称、时限、文种三要素构成，或由时限、文种两要素构成。

(2)摘要。摘要有归纳型、描述型和混合型三种类型。一般来说,摘要应包含分析研究意义、分析研究过程、分析研究方法、分析结论和建议等内容。

(3)目录。目录体现分析报告所分析的内容及所在页码。

(4)正文。正文一般包括三个部分:①开头。开头应包括概要段、陈述与说明段的内容,主要是概述财务主体的基本情况、战略目标、行业背景,以及财务重要数据和指标、经营特点与态势、取得的成绩与存在的主要问题等,也可以作出初步评价。此外,报告开头还应该包含财务分析报告编制的说明事项或阅读财务分析报告的注意事项等。②正文。正文是财务分析报告的分析部分,分析内容因报告类型不同而有所不同。分析时既要肯定成绩、总结经验,又要指出问题、找出问题形成的原因。分析人员在分析原因时一定要注意分清主客观原因、内外部原因、浅表原因和深层次原因,特别要找出问题生成的主要原因。③结尾。针对存在的问题及问题形成的原因,提出改进的意见、建议或措施。

(5)落款。落款一般包括报告单位名称、负责部门和撰写人姓名,并标明报告完成日期等,可放在封面下面或报告的最后。

(6)参考文献。在正文后面列示撰写财务分析报告所参考、借鉴和引用的文献资料。

(7)附件。附件一般包括财务分析涉及的各年度的完整财务报表、财务计划或预算书等重要财务信息资料,以及分析过程中形成的内容太过详细的计算、分析工作底表。

3.【参考答案】

按照不同的标准,财务分析报告可划分为不同的类型:

(1)按照财务分析主体是否为企业内部人员,可分为内部分析报告和外部分析报告。

(2)按照分析视角不同或阅读者的不同,可分为内部管理分析报告或管理者视角财务分析报告、投资分析报告或投资者视角财务分析报告、信贷分析报告或债权人视角分析报告等。

(3)按照分析报告内容,可分为综合分析报告、专题分析报告、项目分析报告和简要分析报告等。

(4)按照分析时间,可分为定期分析报告与不定期分析报告。

4.【参考答案】

陈述与说明段通常包括两部分内容:

(1)企业运营及财务现状的陈述内容,主要包括财务报告期的企业运营情况(如公司正在进行的新产品开发或投产、市场开发等)、主要经营业绩、财务状况、主要经营指标与财务指标的完成情况,企业取得的成绩及存在的问题等,应特别关注当前企业的营运重点。

(2)财务分析报告编制的若干事项说明,主要包括财务分析的主要依据(财务报表和审计报告说明、会计制度说明等)、分析的侧重点、分析的时间与空间范围、分析运用的主要方法以及需要说明和注意的其他事项。